KONVERGENTA
PUBLISHING

Über den Autor:

Gunter Pauli, geb. 1956, studierte Betriebswirtschaft an der Managerschmiede INSEAD in Frankreich. Zunächst war Pauli als Unternehmer erfolgreich, gründete und verkaufte mehrere Unternehmen in Europa. Auf Einladung der japanischen Regierung ging er 1994 nach Tokyo an die United Nations University, wo er die Zero Emissions Research Initiative (ZERI) ins Leben rief, die gemeinsam mit der japanischen Regierung und der UNO Konzepte für eine Wirtschaft des Stoffstrommanagements entwickelte.

Im Rahmen der EXPO 2000 in Hannover wurde das ZERI-Konzept in einem eigenen Pavillon aus Bambus präsentiert - mit 6,4 Millionen Besuchern die meistbesuchte Ausstellungsfläche der gesamten Expo.

Gunter Pauli glaubt an den Wert von Bildung: er ist Professor an der Politecnico in Turin und hat 36 ZERI-Fabeln für Kinder geschrieben. Über 200 Zeitungs- und Zeitschriftenartikel entstammen Gunter Paulis Feder. Seine 16 Bücher wurden in 27 Sprachen veröffentlicht, bis heute wurden über 17 Millionen Exemplare weltweit verkauft. 2009 wurde sein Buch „The Blue Economy - 10 years, 100 Innovations, 100 million Jobs" als Bericht an den Club of Rome angenommen.

Gunter Pauli ist Mitglied des Club of Rome und wurde vom Weltwirtschaftsforum Davos zum "Global Leader of Tomorrow" gewählt.

GUNTER PAULI

NEUES WACHSTUM
Wenn grüne Ideen nachhaltig „blau" werden
Die ZERI Methodik als Startpunkt einer Blue Economy

Grundlegend überarbeitete Taschenbuch-Neuausgabe September 2010
©1998 Gunter Pauli
Die Originalausgabe erschien 1999 unter dem Titel "Upcycling"
Alle Rechte vorbehalten. Das Werk darf - auch teilweise - nur mit Genehmigung des Autors wiedergegeben werden.

Konvergenta Publishing UG (haftungsbeschränkt)
Redaktion: ZERI Germany e.V.
Druck und Bindung: Schaltungsdienst Lange oHG (Berlin)
Printed in Germany
ISBN: 978-3-942276-00-9

Inhalt

VORWORT	**11**
VORWORT ZUR NEUAUSGABE	**13**
EINLEITUNG	**17**

1. Homo non sapiens — 23
Derjenige, der eigentlich wissen sollte, wie man Arbeitsplätze schafft, die Produktivität steigert und Umweltverschmutzung vermeidet, um schließlich ein Homo sapiens zu werden.

Zero-Emissions und Totalproduktivität der eingesetzten Rohstoffe	25
Homo non sapiens und Umweltmanagement	30
Die Aufspaltung erneuerbarer Ressourcen	32
Die Generative Wissenschaft	35
Immunity Management	36
Schlussfolgerung	38

2. Über Darwin und die Entropie — 39

Das Gesetz der Entropie	42

3. Die Prinzipien der Generativen Wissenschaft — 45

Grundlegende Prinzipien	50

4. Revolutionen, auf die wir alle gewartet haben — 55

Aufstieg und Untergang der ersten grünen Revolution	56
Die Magie der großen Zahlen	59
Das Ende des Abfall- und Verschwendungskonzepts	60
Vom linearen Denken zur Konstruktion von Systemen	62
Die zweite grüne Revolution	63
Das Ende der Trennung	66

5. Die strategische Achse unserer Zukunft — 71
Von Pilzen zu Regenwürmern

Die weiße Revolution	72
Die rote Revolution	79
Die blaue Revolution	83
Die gelbe Revolution	85
Die „regenbogenfarbene Revolution"	87

6. Produktivität und Beschäftigung in Bioraffinerien — 89

Die Strategien der Kernaktivität: Erdöl kontra Naturprodukte — 92
Moderne Forschung und Entwicklung — 92
Biodiversität, DDT und Brandrodung — 93
Nachhaltigkeit für Plantagen — 95
Ein Managementsystem für die Zukunft: Zero-Emissions — 96
Die Produktivität forstwirtschaftlicher Plantagen — 97
Die Abwertung des Kreislaufs, Recycling und Wertschöpfung — 99
Fasern — 101
Plantagen als Kohlenstoffspeicher — 103
Die Zertifizierung von Kohlenstoffspeichern — 104
Erweiterte Lebenszyklusanalyse in der agro-forstwirtschaftlichen Industrie — 105
Die Portfolio-Strategie — 108
Ausblick — 109

7. Freier Warenverkehr und Reichtum für alle — 111

Freier Informationszugang — 113
Information und ihre Vermittler — 114
Eine aufstrebende Mittelschicht — 116
Der Homo non sapiens — 116
Algen — 116
Grüne Reinigungsmittel — 118
Landwirtschaft und Handel: das Beispiel Zucker — 119
Der Protektionismus und die Schweiz — 121
Japan und die Terms of Trade — 122
David gegen Goliath — 123
Überangebot und Standardisierung — 124
Freier Handel mit biologischen Produkten — 125
Umgehung des Zwischenhandels — 128
Der elektronische Handel — 129
Biodiversität und Marketing — 130
Ausblick — 131

8. Von ersten Schritten bis zum endgültigen Ziel — 133
Produktion in Einklang mit dem Design und dem Verbraucher — 135
Wenn der erste Schritt im Widerspruch zur Zielsetzung steht — 136
Von einfachen zu komplexen Systemen — 139
Papier in China: Vergleich zwischen „sauberer Produktion" und Zero-Emissions — 141
Der Zero-Emissions-Ansatz — 143
Die Bambus-Option — 146

9. Die Methodologie des Upsizing — 151
Zero-Emissions ist das Ziel und Upsizing der Weg dorthin — 152
Die ZERI-Methodologie — 154
Schritt 1: Input-Output-Tabellen — 155
Schritt 2: Output-Input-Tabellen — 156
Schritt 3: Die Zusammenfassung von Industrien — 161
Die richtige Größe finden — 162
Schritt 4: Identifizierung geeigneter Technologien — 163
Schritt 5: Ausarbeitung einer industriellen Politik — 164
Due Diligence oder „gebotene Sorgfalt" nach ZERI-Kriterien — 166
Unternehmenszerschlagung oder Bildung von Aktiva? — 168
Ausblick — 168

10. Systeme für ein Immunity Management — 171
Inspiration für die Zukunft — 172
Gehirne und Gene — 173
Zentralisiertes Management — 173
Großrechner und Gehirne — 174
Das Immunsystem — 175
Multicasting und Datentransfer — 177
Strategische Planung von Informationstechnologien — 179
Das Ende der Firmenzentralen — 180
„Sokrates online" — 181
Zusammenschluss von Industrien — 183
Wie man die Menschen glücklich machen kann — 185

11. Erste Erfolge — 189

Las Gaviotas	189
Das autarke Krankenhaus	191
Fortschritte in größerem Maßstab	192
Wiederaufforstung und Klimawandel	192
Entwicklung sinnvoller Technologien	194
Wertschöpfung	194
Konkurrenz durch Qualität	195
Von einer sauberen Produktion zu Zero-Emissions	195
Schaffung von Arbeitsplätzen	196
Unterstützung der indigenen Bevölkerung	196
Wasser und Gesundheit	196
Neue Einkommensquellen	197
Harmonie	200
Die 10 Gebote zur Eindämmung der Armut	201
Die Schule von Montfort Boys Town auf den Fidschi-Inseln	201
Bier und Pilze	203
Die Fidschi-Inseln und Zucker	207
Business im namibischen Tsumeb	210
Wasserhyazinthen in Afrika	212
Afrika und die Pilze	216
Machbarkeitsstudien	217
Modelle für eine nachhaltige Wirtschaft	219
Gotland	221
Karotten aus Gotland	222
Die touristische Anziehungskraft der Brauerei von Gotland	224
Ein lebendes Labor	225

EPILOG 227

Blog April 2010 229
über den Stand der Entwicklung der weltweiten Upsizing-Projekte

Bambus: Vom Baumaterial zur Gestaltung von Schulen	229
Von einem Pilotprojekt auf den Fidschi-Inseln zu einer Grundausrichtung in Brasilien	230
Eine Waise aus Simbabwe teilt ihr unternehmerisches Wissen mit mit der Welt	231
Von Fabeln zu einem Unterrichtssystem	232
Von der Wiederaufforstung des Urwalds zu einem großartigen Projekt, das die ganze Welt inspiriert	233
Träume werden wahr	235

GLOSSAR 237

ABBILDUNGEN 241

TABELLEN 241

LITERATUR 243

VORWORT

Wenn wir Ökosysteme genauer betrachten, stellen wir fest, dass die in ihnen lebenden Organismen keine Produkte oder Dienstleistungen verkaufen, sondern alle irgendetwas produzieren. Sie produzieren Abfall – ebenso wie wir als Individuen oder mithilfe der Industrie. Aber in einem Ökosystem gibt es einen Abfallkreislauf. Der Abfall der einen Spezies ernährt eine andere, so dass innerhalb des Systems praktisch alle Abfälle ständig recycelt werden. Dieses Prinzip können wir auf unsere betriebliche Produktion übertragen und uns auf diese Weise die Natur zum Vorbild machen. Wir können – und müssen sogar – Stoffströme und Wirtschaftsaktivitäten neu konzipieren, damit der Abfall des einen Industriezweigs zur Ressource für den nächsten wird.

Um das zu erreichen, müssen die wirtschaftlichen Aktivitäten geographisch zusammengefasst werden, so dass ein Netzwerk von Transaktionen entstehen kann. Jeder Aktivitätsbereich ist dann in einem „Wirtschafts-Öko-System" verankert, innerhalb dessen der Abfall des einen Betriebes zum Rohstoff für einen anderen wird. In einem solchen nachhaltigen industriellen System muss der gesamte Ausstoß eines Betriebes – Produkte wie auch Abfall – als das System durchlaufende Ressourcen betrachtet und behandelt werden.

Derartige ökologische Industriecluster sind unter der Schirmherrschaft von Zero Emissions Research and Initiatives (ZERI) in mehreren Teilen der Welt bereits entstanden. Im vorliegenden Buch beschreibt ZERI-Gründer Gunter Pauli detailliert den Denkansatz, der zu diesen bahnbrechenden Pilotprojekten führte, und erläutert anhand zahlreicher Beispiele wie dieses Konzept an vielen Orten weltweit erfolgreich umgesetzt wird.

Fritjof Capra

VORWORT ZUR NEUAUSGABE

Als ich 2002 zum ersten Mal von Gunter Pauli und ZERI hörte war die Zeit der Agenda 21 Prozesse in Deutschland. Das Wort „Nachhaltigkeit" kam in aller Munde und Variationen vor. Ich selbst war auf der Suche nach einer Perspektive, durch nachhaltiges Wirtschaften neue Möglichkeiten für meine Selbständigkeit zu finden. In allen Diskussionen mit den Vordenkern der Agendaprozesse hörte ich immer wieder die Zielsetzung des gesellschaftlichen Wandels, der Neustrukturierung von Wirtschaftsprozessen wurde aber nur eine untergeordnete Rolle zugesprochen. „Der Konsument muss über die Forderung von nachhaltigen Produkten Druck auf die Märkte ausüben" war der einheitliche Tenor, nicht aber, die Wirtschaft solle über neue Wertschöpfungsmodelle ein gesteigertes Eigeninteresse an einem nachhaltigen Produktsortiment haben. Somit war Nachhaltigkeit bestimmt von Idealisten und Entwicklern der Gesellschaftspolitik, und nicht Motor einer neuen Wirtschaftskultur.

Diesen Sprung von gesellschaftlicher Verantwortung hin zum unternehmerischen Handeln fand ich im Buch von Gunter Pauli „Upcycling". Die Essenz: Keine Verschwendung von Ressourcen, kein Abfall, sondern die Möglichkeit, aus Abfall neue Wertschöpfungsketten so zu erzeugen, dass eine tausendfache Potenz betriebswirtschaftlicher Ergebnisse möglich erscheint. Schnell stellte sich mir die Frage, ob dies nur Ideen sind oder ob es der Realität entspricht. Aber da waren ja die vielen Beispiele weltweit die solche Prozesse schon umgesetzt hatten.

Warum wird ein solches System nicht konsequent in der Wirtschaft umgesetzt? Warum wird eine solche Idee nicht zu Leitidee einer ganzen Gesellschaft? Erschrocken las ich, dass auf der Expo 2000 all dieses Potenzial schon einmal präsentiert wurde. Die Begeisterung war schon einmal da, Regierungschefs wie Gerhard Schröder oder Wissenschaftler wie Ernst Ulrich von Weizsäcker, alle bejahten diese neue Denkweise: Ein systemischer Ansatz, der Abfälle zu Rohstoffen deklariert und damit einen Kreislauf der Stoffströme erzeugt. Aber wieso ist wieder alles eingeschlafen, wieso hat sich in Deutschland nichts bewegt? Aus dieser Fragestellung heraus hat sich eine Gruppe von Menschen auf den Weg gemacht, die von Gunter Pauli aufgezeigte Denkweise dauerhaft in Deutschland zu manifestieren.

Mein besonderer Dank gilt hier dem 2008 verstorbenen Prof. Dr. Volker Volkholz. Er war es, der über Jahre hinweg den Gedanken von ZERI in Deutschland am Leben erhalten hat. Wie kein anderer formulierte und verbreitete er immer wieder die Denkweise „keine Verschwendung von Natur und Humanressourcen" als Leitbild einer öko-humanen Gesellschaftskultur. Er war es, der mir persönlich das Buch Upcycling und die Thesen von Gunter Pauli nahegebracht hat und so den Grundstein für den heutigen Verein ZERI Germany legte.

Doch worum geht es bei diesen Ideen und Projekten rund ZERI? Meiner Meinung nach geht es um die Einfachheit. Über mehrere Jahrzehnte wurde die Losung nach Spezialisierung ausgeben. Nur die Spitze bringt Gewinn: Maximaler Profit bei minimaler Breite. Wir halten uns an Effizienzwerten einzelner Technologien auf anstatt ganzheitliche Technologie mit etwas niedriger Effizienz aber vielfach höherer Wertschöpfung zu realisieren.

Gerade hier liegt die besondere Chance für kleine und mittelständische Unternehmen, sich neu und zukunftsfähig auf den Weltmärkten zu positionieren. Denn die Welt hat sich verändert: Globalisierung, schnellere Produktzyklen und Produkte für unterschiedlichste Weltmarktstrukturen benötigen neue Allianzen in der Zusammenarbeit.

Hierzu hat ein Team in Deutschland rund um ZERI in den letzten acht Jahren geforscht, experimentiert und zusammen mit Gunter Pauli an der ZERI Methodik gearbeitet – immer mit dem Ziel vor Augen, nicht theoretische Modelle zu erforschen, sondern praxisbezogene Beispiele aufzubauen oder in der Welt als Vorlage zu finden. Wir identifizierten Unternehmensstrukturen die aufzeigen, dass sich diese Denkweise auszahlt und sich ein hoher unternehmerischer Erfolg durch die konsequente Nutzung von Stoffstromkreisläufen und naturnaher Prozesse einstellt. Weltweit sind in den letzten Jahren auf diese Weise 3.000 Beispiele gesammelt worden, die diese Perspektiven aufzeigen. Die ersten konnten in marktreife Produkte überführt werden. 2008 stellten wir in Bonn bei der Biodiversitäten Konferenz die ersten Beispiele der Öffentlichkeit vor und erfuhren eine umwerfende Resonanz. 2009 wurden 100 Beispiele als Report an den Club of Rome veröffentlicht. Um dieser Entwicklung einen Rahmen zu geben sprechen wir heute daher von einer „Blue Economy": Wir gehen den Schritt von der grünen Nachhaltigkeit zur blauen Allianz.

Ziel der Allianz ist es, alle Beteiligten in ihren Kernkompetenzen zu unterstützen, dabei jedoch durch einen erweiterten Blickwinkel mit neuen Impulsen für eine erweiterte Wertschöpfungskette zu inspirieren. Dann entsteht neues Wachstum aus der Balance der Wirtschaft, getrieben von nachhaltigen Innovationen, mit ausgewogener Verortung und gesunder Finanzierung. Die Gesetze der Natur werden respektiert. Nur so wird sind wir in der Lage, bei steigenden Bevölkerungszahlen und wachsendem Hunger der Wirtschaft nach Ressourcen eine Gleichberechtigung von Natur und Wirtschaft zu erlangen.

Ziel dieser Vorgehensweise ist nicht, die Menschen dieser Erde auf Verzicht zu trimmen, vielmehr geht es um neue Produktinnovationen, die nachhaltigen Konsum ermöglichen.

Das Buch „ Neues Wachstum" ist die völlige Überarbeitung von Upcycling aus dem Jahr 1999. Lang Zeit hat es von ZERI Germany keine Publikation für den deutschsprachigen Raum gegeben. Jetzt 2010 sehen wir die Chance, mit einer Serie von Büchern das Bewusstsein für die ZERI Methodik und der „Blue Economy" im deutschsprachigen Raum zu entfachen und beginnen mit dem Basiswerk „Neues Wachstum".

Mein herzlicher Dank gilt dabei dem Team der mia in Ahlen und Ulrike Weber für die tatkräftige Mitarbeit sowie Andrea Preißler-Abou el Fadil für das Lektorat. Danke auch an Haiko Pieplow für die Inspiration zu gemeinsamen Projekten sowie Udo Blum und dem Netzwerk rund um den Berliner Innovationskreis für den kreativen Input. Dank zu guter Letzt den vielen Menschen in Deutschland und in aller Welt, die ZERI seit Jahren unterstützen, vorantreiben und mit aller Überzeugungskraft an einer neuen Wirtschaft und einem neuen Wachstum arbeiten.

Markus Haastert

EINLEITUNG

Ich muss zugeben, dass ich mich lange Zeit für einen Pionier hielt um dann schließlich feststellen zu müssen, dass ich gar keiner war. Schlimmer noch, ich war naiv und unwissend. Als ich die Verantwortung für den Bau des ersten ökologischen Produktionsbetriebes in Europa übernahm, dachte ich, ich könnte damit in der ganzen Welt Schule machen. Ich war so arrogant anzunehmen, dass ich genau wusste, was ich tat: Waschmittel aus tropischem Palmöl herstellen, im Einklang mit der Natur.

Doch eines Tages kam das böse Erwachen: Ich hatte herausgefunden, dass der pflanzliche Rohstoff, den wir verarbeiteten, weniger als fünf Prozent der Biomasse der für die Produktion erforderlichen Palmbäume entsprach. So leistete ich zwar einen kleinen Beitrag zur Sauberhaltung der Flüsse in Europa, aber durch den Kauf der notwendigen biologisch abbaubaren Komponenten erzeugte ich gleichzeitig große Mengen pflanzlicher Abfälle, von denen das meiste einfach verbrannt wurde. Das hatte ich nicht gewusst. Ich war ein Homo non sapiens.

Und es kam noch schlimmer: Als ich nach Indonesien reiste, stellte ich fest, dass der steigende Verbrauch von Palmöl die Behörden dazu veranlasst hatte, immer mehr Regenwald abholzen und Palmbäume anpflanzen zu lassen. Wie konnte ich rechtfertigen, dass für die Produktion eines biologisch abbaubaren Waschmittels der Lebensraum von Orang-Utans zerstört wurde? Das war absurd.

Mir wurde klar, dass ich, um ein echter Pionier zu sein, einen Weg finden musste, die komplette Biomasse zu nutzen und nicht nur die fünf Prozent, die den unmittelbaren Interessen meiner wirtschaftlichen Aktivitäten dienten. Die übrigen 95 Prozent waren, wie ich später herausfand, alles Mögliche nur kein Abfall, und hätten nie verbrannt werden dürfen. Um ein echter Pionier zu sein, musste ich Rohstoffe finden, die den Fortbestand des Regenwalds nicht bedrohen. In punkto ökologisches Bewusstsein war ich nicht besser als zahllose andere Unternehmer, die Rohstoffe abbauen und im Übrigen alles entsorgen, was für sie nicht interessant ist. Die Tatsache, dass ich im Gegensatz zu anderen nur erneuerbare Ressourcen genutzt hatte, ließ mich nicht gleich zum Pionier werden. Diese Erkenntnis, die mich am Ende aus meinem Dornröschenschlaf erwachen ließ, habe ich damals in meinem Buch, Breakthroughs[1], beschrieben.

---

1 *Breakthroughs: What Business Can Offer Society*, EAFIT, Paperback, 1996

Nach Jahren gründlichen Nachdenkens bin ich heute der Ansicht, dass die Ära des Downsizings[2] zu Ende geht und das Zeitalter des Upsizing[3] angebrochen ist. Kein Zweifel: Wurden Unternehmen auf der Suche nach versteckten Aktiva bislang zerschlagen, wird mittlerweile nach anderen Wegen gesucht, um die Produktivität zu erhöhen. Nachdem über Jahre hinweg die Arbeitskosten zur Steigerung der Dividenden immer weiter gesenkt worden sind, stellen nun Unternehmen wieder ein, um alle am produzierten Mehrwert partizipieren zu lassen. Nach Jahren intensiver Forschung mit dem Ziel, potenzielle Risiken und Probleme aufzuzeigen, verweisen die neuesten Analysen nun auf viel versprechende Chancen. Nachdem den Studenten jahrelang beigebracht wurde, sich auf das Kerngeschäft zu konzentrieren, steht heute Diversifikation ganz oben auf den Lehrplänen. Nach Jahrzehnten des Glaubwürdigkeits- und Legitimitätsverlustes ist die Wirtschaftswelt nun nicht mehr ausschließlich mit der Schaffung von Reichtum beschäftigt, sondern sieht sich auch in Hinblick auf Community Development[4] und der eigenen Verantwortung gegenüber der Gesellschaft angesprochen. Nachdem die Reichen jahrelang reicher und die Armen ärmer geworden sind, haben zunehmend mehr Menschen die Gelegenheit, sich auf bisher ungeahnte Weise zu entwickeln.

Wie soll das geschehen? Indem man die Kunst des schnellen Handelns im Management mit grundlegender wissenschaftlicher Forschung verbindet. In einem Kontext, der sich ganz klar verändert hat, bietet dieses Buch sowohl den Reichen als auch den Armen einen neuen Ansatz. Ein neues Managementkonzept, das ich Immunity Management[5] nennen möchte, kann Unternehmenslenkern die notwendige Inspiration liefern. Seit langem schon wird das zentrale Nervensystem als Metapher für die Darstellungen des Organisationsaufbaus benutzt. Doch nun sollten das Immunsystem und die Gene als Modell für die

---

2 *Downsizing*: engl. für Gesundschrumpfung, Effizienzsteigerung; in der Praxis bedeutet das Reduktion der Ausgaben – z.B. durch Entlassungen – bei gleichzeitiger Beibehaltung des Outputs. Dadurch wird die Produktivität pro Mitarbeiter gesteigert.

3 *Upsizing*: Aufbau von wirtschaftlichen Aktivitäten durch Industriecluster, die den Abfall des einen als Wertschöpfungsinput für die anderen nutzen.

4 *Community Development*: Entwicklung und Unterstützung eigenständiger lokalökonomischer Lösungen insbesondere in sozial und ökonomisch benachteiligten städtischen und ländlichen Gebieten.

5 *Immunity Management*: Das Management für die Zukunft basiert auf einer höchst dezentralen Struktur mit einer gut im Netzwerk verteilten Intelligenz.

von Harvard oder INSEAD[6] propagierten Managementkonzepte dienen. Das soll nicht heißen, dass das Gehirn in dieser Hinsicht ausgedient hat, doch mit Organisationsschemata, die an die Arbeitsweise des Immunsystems angelehnt sind, lässt sich mehr erreichen und auf einfachere Weise: Dezentralisierung plus direkter Zugriff auf sämtliche Informationen. Eine neue Disziplin, die „Generative Wissenschaft", wird beispielhaft beweisen, dass sich unterschiedliche Fachgebiete wie Biologie, Wirtschaftswissenschaften, Ingenieurwissenschaften, Chemie und Physik gegenseitig ergänzen. Sie zeigt auf, wie Unternehmen ihre grundlegenden Unternehmensziele mit den Bedürfnissen der Gesellschaft in Einklang bringen können: Versorgung mit Wasser und Nahrung, Gesundheitswesen, Bereitstellung von Wohnraum und genügend Energie und schließlich die Schaffung von Arbeitsplätzen – kurz: alles, was eine auf Lebensqualität basierende Gesellschaft erst möglich macht.

Aber Managementstrategien und wissenschaftliche Grundlagen allein sind nicht ausreichend. Der Ansatz muss praktisch und auf jede Aktivität anwendbar sein, damit er Nachahmung findet. Daher ist der in diesem Buch beschriebene Ansatz ein direkter; er kann von jedermann umgesetzt und perfektioniert werden. Die Methodik des Upsizing ist zielgerichtet und pragmatisch. Unser derzeitiges kapitalistisches System ist vielleicht das Beste, das wir im Moment haben, aber die Welt könnte wesentlich mehr leisten und es ist höchste Zeit, dass wir damit anfangen. Dieses Buch zeigt auf, dass Wettbewerb nicht darin besteht, genauso gut wie die Konkurrenz, sondern sehr viel besser zu sein. Und es wird hier auch ein Thema angesprochen, das wir nur zu gut kennen: Wachstum.

Es geht nicht darum, zu wachsen, zu schrumpfen oder Abfall zu recyceln. Es geht auch nicht darum, Konzerne nach dem Muster von General Electric unter Jack Welch[7] aufzubauen oder wirksame Strategien für Konzerne wie Samsung oder Mitsubishi mithilfe komfortabler staatlicher Förderung zu entwickeln. Es geht darum, mehr Vielfalt zu erzeugen, anstatt sie in Reservaten zu schützen. Es

---

6 *INSEAD*: Institut Européen d'Administration des Affaires; 1957 gegr., eine der weltweit größten und renommiertesten Business Schools mit Standorten in Fontainebleau (Frankreich) und Singapur.

7 Welch steigerte den Umsatz von General Electric von 27 Milliarden US-Dollar im Jahr 1981 auf 130 Milliarden US-Dollar im Jahr 2001, gleichzeitig verringerte sich die Anzahl der weltweiten Mitarbeiter von 400.000 auf 300.000. Sein Managementansatz war „Fix, Close or Sell".

geht darum, Arbeitsplätze zu schaffen, anstatt sie zu streichen. Es geht um nichts weniger, als einen neuen Wirtschaftsansatz in diesem beginnenden Jahrtausend.

Wenn wir begreifen, dass wir mehr Nutzen aus dem ziehen können, was die Erde uns bietet, stehen wir am Anfang einer Revolution. Es handelt sich dabei nicht nur um eine „grüne Revolution"[8], die den Hungernden zu ausreichend Nahrung verhilft. Es handelt sich vielmehr um eine „bunte Revolution". Immunity Management, das Konzept des Upsizing und die Prinzipien der Generativen Wissenschaft liefern uns Theorie, Vision und Instrumente, damit die Zukunft in allen Farben des Regenbogens leuchten kann. Diese Revolution will dem Unternehmertum keineswegs Fesseln anlegen. Sie erlaubt der Wirtschaft, ihrer Bestimmung treu zu bleiben und eröffnet ihr zugleich den Zugang zu einer Wertschöpfung, von der wir alle profitieren. Was dieses Buch aufzeigt, ist die Tatsache, dass uns trotz nachhaltigen Konsums und Abfallrecyclings noch immer nicht klar geworden ist, wie verschwenderisch wir im Grunde sind. Wachstum muss nicht gebremst werden. Wenn wir jedoch endlich einsehen, dass das aktuelle System radikal verbessert werden kann, wird es nicht nötig sein, auf Schwarzseher zu hören, Krisen herbei zu beschwören und Sturm zu läuten. Was wir heute sehen, ist nur eine vorläufige Version der Welt, die morgen und übermorgen existieren wird. Denn wir können ein starkes Wirtschaftswachstum erreichen, ohne dabei die Ozonschicht zu schädigen, Ökosysteme zu schwächen und das Klima zu verändern. Es setzt jedoch voraus, dass wir bereit sind, unsere Vorstellung von der Realität zu ändern.

Die Umweltschutzbewegung hat zwar viel geleistet und erreicht, doch das ist nicht genug. Umweltfreundliche Produktionsverfahren, mehr Verantwortungsbewusstsein, die „3 R" (reduce, reuse, recycle[9]), Faktor-4- und Faktor-5-Konzepte[10], indu-

---

8 Die (erste) Grüne Revolution: Bestreben der Weltbank seit 1960 in Indien sowie in unterentwickelten Ländern Asiens, Afrikas, Lateinamerikas durch moderne Agrartechnik die Armut zu bekämpfen und die Ernährungssicherheit einer stark wachsenden Bevölkerung sicherzustellen.. Als zweite Grüne Revolution wird heute oft die grüne Gentechnik angesehen. G. Pauli entwickelte jedoch bereits 1998 in seinem Buch „UpCycling" die Vision einer zweiten Grünen Revolution auf der Basis wertschöpfender Nutzung von Abfall, sowie einer Korrektur ineffizienter Produktionsweisen und der Schaffung größerer Vielfalt. (A.d.Ü.)

9 Dt.: Reduzieren, Wiederverwenden, Recyceln.

10 Konzept der Dematerialisierung durch 4-fach effizientere Nutzung bzw. 5-fach effizientere Verwertung von Ressourcen; von Friedrich Schmidt-Bleek und Ernst-Ulrich von Weizsäcker am

strielle Ökologie und industrieller Metabolismus[11]: All das sind richtige Schritte hin zu einer Industrie, die die Natur respektiert. Heutzutage muss die Industrie jedoch nicht nur die Bedürfnisse der Natur, sondern auch die der Gesellschaft berücksichtigen. Wir brauchen sowohl einen innovativen und kreativen Ansatz, als auch entsprechende Initiativen seitens der Unternehmer.

Die Wirtschaft muss unterschiedliche Interessen miteinander verknüpfen, Projekte zusammenführen und abschätzen, welchen Einfluss ihr Tun auf die Gegenwart künftiger Generationen haben wird. Der Profit wird nicht auf sich warten lassen, und die Investoren werden sich entscheiden müssen, ob sie weiterhin auf althergebrachte Konzepte setzen wollen, oder aber die Pioniere auf dem Weg zum Upsizing unterstützen. Dies birgt zweifellos Risiken und vor Fehlern ist niemand gefeit. Es wird manches Mal nur ein Vorantasten sein und hin und wieder werden wir dabei stolpern, aber das Risiko ist es wert, eingegangen zu werden.

Dieses Buch wird seinen Zweck erfüllt haben, wenn es den einen oder anderen dazu ermutigt, den Weg einzuschlagen, den ZERI-Teams[12] seit Jahren in Japan, im Südpazifik, in den Vereinigten Staaten, in Lateinamerika und in Afrika beschreiten. Wir brauchen Menschen, die keine Risiken scheuen, um die Zukunft als echte Homos sapiens zu gestalten: als Menschen, die wissen, um was es geht!

Wuppertalinstitut für Klima, Umwelt und Energie entwickelt.

11 Engl: industrial metabolism oder societal metabolism; Das Konzept des „Gesellschaftlichen Stoffwechsels" basiert auf den thermodynamischen Gesetzen über die Erhaltung von Materie und Energie.

12 *Zero Emissions Research and Initiatives* – vgl. www.zeri-germany.de

1. Homo non sapiens

Derjenige, der eigentlich wissen sollte, wie man Arbeitsplätze schafft, die Produktivität steigert und Umweltverschmutzung vermeidet, um schließlich ein Homo sapiens zu werden.

Jeder Politiker und jeder Unternehmensleiter sollte wissen, dass es möglich ist, die Produktivität eines Unternehmens zu verbessern indem man Arbeitsplätze schafft und zugleich im großen Stil die Verschmutzung der Umwelt reduziert. Für die Befürworter des Downsizings mag das gewagt klingen, wo doch ihrer Meinung nach Produktivität darin besteht, mit weniger Arbeitskraft mehr zu produzieren. Seit Jahren rühmten sich Manager insbesondere dafür, ein immer höheres Niveau an Kapital pro Arbeitskraft erzielt zu haben. Aktionären zu Reichtum zu verhelfen bedeutet heute Abbau von Arbeitsplätzen – als wäre die Arbeitsproduktivität das einzige, das sich steigern ließe. Reichtum für einige wenige zu erzeugen, und dabei die Armut vieler fortbestehen zu lassen[13], ist jedoch weder ethisch noch produktiv. Dieses Beharren auf Arbeitsproduktivität und Downsizing ist ein unvollständiger, ja ungeeigneter Weg zur Wettbewerbsfähigkeit. Denn es lässt sowohl die Produktivität der Rohstoffe als auch die Chancen, die integrierte Produktionssysteme bieten, gänzlich außer Acht.

Doch neuerdings findet die Produktivität von Rohstoffen immer mehr Befürworter. Das beste Vorbild für die Erzielung von Höchstleistungen ist nicht schwer zu finden: die Natur um uns herum kennt bereits alle Antworten. Es ist an der Zeit, dass die Ingenieure begreifen, dass Produktions- und Verarbeitungsmethoden auf Respekt vor den Leistungen der Natur sowie auf ihrer Imitation beruhen müssen. Und dabei handelt es sich nicht um eine utopische Suche, sondern schlicht um gesunden Menschenverstand. Der Mensch ist die einzige Spezies auf diesem Planeten, die Abfälle produziert, die niemand haben will, und dazu noch in gewaltigen Mengen. Dieser Abfall ist oft giftig und nicht nur schädlich für den Menschen, sondern auch für die Natur insgesamt. So etwas nennt man Selbstzerstörung. Kein anderes Lebewesen auf diesem Planeten ist sonst dazu imstande.

---

13 Zu Beginn des 21. Jahrhunderts waren weltweit ca. 1 Milliarde Menschen auf der Suche nach Arbeit.

Wer will eigentlich Dioxine haben? Niemand. Im Gegenteil: Jeder gut informierte Verbraucher macht einen großen Bogen darum. Warum also produziert die Industrie weiterhin chlorierte Kunststoffe, deren Nebenprodukte keiner haben will? Ebenso wenig gibt es Käufer für Nuklearabfälle. Im Gegenteil: Die Erzeuger sind sogar bereit, viel Geld für ihre Lagerung auszugeben (und entsprechende Lagermöglichkeiten werden immer knapper). Warum also produzieren die betroffenen Regierungen bzw. die Industrien immer noch auf diese Art Energie? Niemand will Schwermetalle in Wasser, Boden oder Luft. Warum stellt die Automobilindustrie weiterhin Lacke her, die die Atmosphäre mit Schwermetallen belasten? Diese Liste ließe sich noch endlos fortsetzen. Wenn wir einmal über das Ausmaß an Abfällen und Giftstoffen nachdenken, die die Industrie produziert, beginnen wir uns zu fragen, wer sich dieses vollkommen irrationale System überhaupt ausgedacht hat.

Während die Gefahren durch Dioxine, Asbest, Nuklearabfälle und Schwermetalle hinreichend bekannt sind, werden die Verbraucher über andere Schadstoffe bzw. schädliche Herstellungsprozesse weiterhin im Dunkeln gelassen. Das Prinzip Prävention verkauft sich gut, doch es wird selten in die Praxis umgesetzt. Ein Beispiel sind optische Aufheller in Waschmitteln. Ein Hemd wird nur „weißer als weiß", wenn der Waschmittelhersteller einen chemischen Zusatz auf Benzolbasis hinzufügt. Dieser setzt sich in den Fasern des Kleidungsstücks fest und entfaltet bei Licht seine Wirkung, indem es die weiß-graue Farbe des Stoffes durch eine bläuliche ersetzt, die das Hemd weiß leuchten lässt. Aber wenn der Verbraucher nichts von den möglichen schädlichen Nebenwirkungen wie z.B. Allergien weiß, und der Hersteller auch nicht – was unter Umständen der Fall sein kann – dann sind beide Opfer eines Mangels an Informationen und Verständnis bezüglich der realen Auswirkungen der industriellen Revolution auf unsere Gesellschaft.

1776 schrieb Adam Smith in seinem Buch „Der Wohlstand der Nationen"[14], dass der freie und uneingeschränkte Informationszugang Voraussetzung für eine funktionierende Marktwirtschaft sei. Doch einen freien Informationsaustausch gibt es erst, seit das Internet Millionen von Haushalten und Unternehmen die Möglichkeit zur Vernetzung bietet. Solange der Verbraucher keinen Zugang zu Informationen über die Schädlichkeit von Produkten oder Produktionsverfahren

---

14 Smith, Adam: *Der Wohlstand der Nationen. Eine Untersuchung seiner Natur und seiner Ursachen*, dtv, München 1996 (1776).

hat, kann er keine weitreichend selbstständigen Entscheidungen treffen. Solange es keine Informationen darüber gibt, wie man aus Abfällen Produkte mit Wertschöpfung herstellt, wird sich die Industrie keine besseren Produktionsverfahren einfallen lassen. Das Internet könnte das ändern, denn eines Tages wird es unmöglich sein, nicht informiert zu sein. Die Zeit des Homo sapiens steht kurz bevor.

Zu Beginn dieses neuen Jahrtausends ist der Mensch noch nicht der Homo sapiens, der er seit mehr als fünftausend Jahren vorgibt, zu sein. Er ist nach wie vor Homo non sapiens. Dieser insbesondere männliche Vertreter ignoriert die schädlichen Auswirkungen seines Tuns. Sonst würde er seine Produkte auf ganz andere Art und Weise herstellen. Die Industrie hat oft bewiesen, dass sie nicht weiß, was sie tut und dass es ihr auch egal ist; ihre Prioritäten sind möglichst schneller Return on Investment und die Beschränkung auf das Kerngeschäft in den jeweiligen Marktsegmenten.

Die Botschaft des Upsizing jedoch ist die, dass diese grundlegenden Aktivitäten nicht Selbstzweck sind, wie viele Unternehmensstrategen annehmen, sondern ein Anfang. Um noch weiter zu gehen, muss man Vielfalt und Kooperation miteinander kombinieren.

ZERO-EMISSIONS UND TOTALPRODUKTIVITÄT DER EINGESETZTEN ROHSTOFFE

Um den Ansatz des Upsizing umzusetzen, müssen wir aufhören, darauf zu bauen, dass die Erde mehr produziert, und endlich damit beginnen, das, was sie produziert, besser zu nutzen. Bei einem durchschnittlichen Abfallaufkommen von 95 Prozent werden kaum 5 Prozent der agro-forstwirtschaftlichen Produktion tatsächlich genutzt. Wenn wir auf ein Wirtschaftssystem umstellen würden, in dem 95 oder sogar 100 Prozent genutzt werden, könnten wir zwanzigmal mehr materielle Bedürfnisse befriedigen, ohne dass die Erde mehr produzieren müsste. Dadurch entstünde gleichzeitig eine gigantische Jobmaschine. Die Industrie wäre produktiver und das Abfallaufkommen verschwindend gering. Und wir näherten uns einer Welt ohne Umweltverschmutzung nach dem Vorbild der natürlichen Ökosysteme.

Sobald wir uns auf die Methode Zero-Emissions und Null-Verschwendung einlassen (die später noch im Detail beschrieben wird), hat der Prozess des Upsizing begonnen. Warum?

Das 1994 an der Universität der Vereinten Nationen in Tokio gegründete „Zero Emission Research Institute"[15] hat sich mit seinen Aktivitäten anfangs auf kleinere Modellprojekte konzentriert, die leicht zu kopieren sind. Der Erfolg stellte sich rasch ein und die Erfahrungen, die bei diesen Pilotprojekten gemacht wurden, waren durchweg positiv. Seither haben sich ca. 2.800 japanische Firmen darum bemüht, das Ziel Zero-Emissions zu erreichen. Das Prinzip ist einfach: Eliminierung des Konzepts Abfall an sich. Jeder in einem Prozess entstandene Abfall muss Eingang in einen anderen Prozess finden, um auf diese Weise einen Mehrwert zu erzeugen. Es entstehen neue Prozesse, die neue Produkte und Dienstleistungen generieren, wenn sich die Industrien an der Natur orientieren und untereinander vernetzen, wobei die Nebenprodukte der einen Industrie zum Rohstoff der anderen werden. Die Gesamtproduktivität der Wirtschaft wird im Hinblick auf Kapital, Arbeit **und** Rohstoffe gesteigert. Zero-Emissions ist zwar das Endziel, aber Upsizing das unmittelbare Ergebnis.

Nehmen wir einen Baum als Beispiel. Er besteht nicht nur aus Lignocellulose – dem Grundstoff für Papierbrei – sondern auch aus anderen Materialien. In Laubbäumen sind nur 20 Prozent, in Nadelhölzern nicht mehr als 30 Prozent Lignocellulose enthalten. Der Rest – hauptsächlich Lignin und Hemicellulose – wird nach einer chemischen Behandlung als „Schwarzlauge" bezeichnet und in der Regel verfeuert und nur selten als Biotreibstoff wiederverwertet.

Die Hemicellulose – 30 Prozent der Reste – ist Grundnahrung der Bäume. Wird sie durch Hydrolyse gespalten (durch Zugabe von Wasserstoffmolekülen), entsteht ein anderes biochemisches Produkt mit interessanten Eigenschaften: Xylan. Es kann als natürliches Verpackungsmaterial Aluminium ersetzen. Aus Xylan lässt sich auch Xylitol gewinnen, ein Zuckeraustauschstoff mit niedrigem Kaloriengehalt und kariesreduzierender Wirkung. Man muss kein Marketingexperte sein, um zu erkennen, dass es sich hierbei um ein gewinnbringendes Produkt handelt.

---

15 Institut für Forschung und Projekte zu Zero-Emissions. Siehe www.zeri.org

Eine der Hauptquellen für Zucker, das Zuckerrohr, liefert uns ein viel verwendetes Nahrungsmittel, das über lange Zeit von der Europäischen Union subventioniert wurde. Zucker ist jedoch Hauptverursacher von Plaque, die zu Karies führen kann. Der Zucker entspricht nur 17 Prozent der Biomasse des Zuckerrohrs. Die restlichen 83 Prozent – die so genannte Bagasse – werden meistens verheizt und fördern so den Treibhauseffekt.

Warum interessiert sich niemand für die Kunststoffe und den Zucker, den man aus Bäumen gewinnen kann? Oder für die Bagasse, ein weitaus interessanterer Bestandteil des Zuckerrohrs, der bislang jedoch vernachlässigt wird?

Die Fasern der Bagasse könnten als organischer Zusatz für Zement wiederverwertet oder zur Herstellung von Gipsfaser-Platten verwendet werden. Zur Schonung von Nadelhölzern könnte man sogar Papier daraus herstellen: Während ein Nadelbaum erst nach 50 Jahren ausgewachsen ist, benötigt Zuckerrohr gerade einmal ein Jahr. Man könnte das gesamte Fasermaterial zwecks Wertschöpfung zu biochemischen Produkten wie Lipiden, Ethanol und Furfural verarbeiten. Diese Komponenten könnten die Grundlage für die Produktion von Reinigungsmitteln, Wasserenthärtern und sogar Plastik sein, wobei all diese Derivate größtenteils biologisch abbaubar sind.

Kehren wir zurück zu den Bäumen: Lignin – das Bindemittel für die Baumfasern – hat einen hohen Heizwert. Man kann es noch vor der Lignocelluloseproduktion extrahieren und als sauberen Brennstoff verwenden. Es könnte auch als eine natürliche Alternative zu synthetischen Klebstoffen eingesetzt werden, bei deren Herstellung krebsauslösender Formaldehyd verwendet wird.

Die Erhaltung der Wälder gilt heute als wichtiges Ziel. Die Zertifizierung nachhaltiger Forstwirtschaft durch Organisationen wie Forest Stewardship Council[16] nimmt zu. Produzenten und Händler beginnen, sich zu engagieren. Aber solange 70 Prozent des Rohstoffs für Zellstoff als Abfall behandelt werden, ist es kaum von Bedeutung, wie „nachhaltig" die Forstwirtschaft arbeitet. Anstatt Projekte

---

16 *Forest Stewardship Council:* internationale gemeinnützige Organisation, die ein System zur Zertifizierung nachhaltiger Forstwirtschaft geschaffen hat, betreibt und weiterentwickelt. „FSC" wird auch synonym für das Zertifizierungssystem oder das Gütesiegel verwendet, mit dem Holz-Produkte als Erzeugnisse von nach FSC-Kriterien zertifizierten Forstbetrieben gekennzeichnet werden.

zur Wiederaufforstung ins Leben zu rufen und dabei gleichzeitig die Abholzung voranzutreiben, sollte man sich erst einmal Gedanken über die vollständige Nutzung von Biomasse machen. Die zweifellos höchst verführerischen Möglichkeiten der Biotechnologie erlauben es heute, die DNA von Bäumen zu manipulieren, so dass ihr Gehalt an Lignocellulose steigt. Das ist nicht unbedingt die schlechteste Idee, doch führt sie an den Möglichkeiten zur Nutzung der restlichen Biomasse vorbei – einer wahren Herausforderung und einem echten systemischen Ansatz. Wir brauchen dringend Ingenieure, die neue Technologien entwickeln und Investoren, um sie umzusetzen. Die Idee, Lignocellulose, Hemicellulose und Lignin, also drei marktfähige Produkte statt einem, zu verwerten und dadurch Einkünfte zu erhöhen, Umweltverschmutzung zu reduzieren und Arbeitsplätze zu schaffen, sollte nicht allzu schwer zu „verkaufen" sein.

Die Welt des 21. Jahrhunderts sieht sich mit zahllosen Krisen konfrontiert. Der Bericht einer Ende 2002 von den Vereinten Nationen in Johannesburg veranstalteten Konferenz bestätigt, dass es mehr als einer Milliarde Menschen nicht möglich ist, ihre Grundbedürfnisse zu befriedigen: sei es durch ausreichend Nahrung, Wasser, Energie, Gesundheitsversorgung, Wohnraum oder Arbeit. Während die Weltbevölkerung jedes Jahr um 80 Millionen Menschen wächst, stellen die Konsumbedürfnisse einer aufstrebenden Mittelschicht, besonders in China und Indien, eine zusätzliche Herausforderung dar. Bis zum Jahr 2021 wird es allein in Asien ca. 400 Millionen Verbraucher mehr geben. Ihre Nachfrage wird sich auf die gesamte Wirtschaft auswirken. Wieso?

Diese neuen Verbraucher werden über ausreichend Kaufkraft verfügen, um sich alles kaufen zu können, was sie möchten. Sie könnten jeden Tag einen US-Dollar für ihre Zeitung ausgeben. Umso besser für die Papierindustrie! Sie werden sich vier- bis fünfmal pro Woche ein Hühnchen leisten können, wodurch die Weltmarktpreise für Geflügel in die Höhe schießen. Sie werden bereit sein, einen US-Dollar für eine Flasche Bier zu bezahlen. Das wird die Produzenten von Gerste freuen: In Amerika bezahlt man zwei US-Dollar für einen Sechserträger! Wenn jeder Chinese pro Woche nur eine Flasche Bier mehr tränke, würden Großhändler aus Shanghai oder Peking um dieser Nachfrage zu beggnen, Australiens gesamte Gerstenernte aufkaufen. Die Kaufkraft, die Europa im Laufe eines Jahrhunderts erreicht hat, wird dort binnen dreißig Jahren erreicht sein. Wie wird der Rest der Welt wohl darauf reagieren?

Die industrialisierte Welt, insbesondere Europa, steht vor einem anderen Problem: Arbeitslosigkeit. Innerhalb der Europäischen Union liegt der offizielle Durchschnitt bei über 10 Prozent. Diese Quote ist in letzter Zeit gesunken, aber die Situation gibt nach wie vor Anlass zu Besorgnis; zu großer Besorgnis sogar, wenn man an die Gewalt in französischen Vorstädten denkt, wo mehr als die Hälfte der Jugendlichen keine Arbeit findet. In einigen Regionen Spaniens wie z.B. Andalusien überschreitet die Arbeitslosenquote mittlerweile 30 Prozent. Für die Jugend sieht die Situation noch schlimmer aus. In der süditalienischen Region Campania sind 66 Prozent der unter 25-Jährigen ohne Arbeit. Wir haben eine Generation in die Welt gesetzt, der die Gesellschaft nichts anzubieten hat. Zählt man diejenigen Menschen hinzu, die sich in Umschulungsmaßnahmen oder im Vorruhestand befinden, und die, die sich aus Frustration auf andere Weise beschäftigen oder sich einfach vom Arbeitsmarkt zurückgezogen haben, so wird ungefähr einem Viertel der gesamten aktiven Bevölkerung mehr oder weniger signalisiert, dass ihre Intelligenz, ihre Kreativität, ihre Motivation und ihr Arbeitswille nicht gebraucht werden. Hier wird die Verschwendung menschlicher Potenziale durch Nicht- oder Fehlnutzung offensichtlich.[17]

Politische Führer, nationale und subnationale, sprechen oft darüber, die Arbeitslosigkeit in den Griff zu bekommen – dies ironischerweise in einer Zeit, da Downsizing zur Unternehmensstrategie geworden ist. Kündigt ein Unternehmen Entlassungen an, steigt augenblicklich seine Börsennotierung. Worin besteht dann also die soziale Verantwortung, von der Führungskräfte so oft sprechen?

Für eine funktionierende Weltwirtschaft, die weder Inflation noch exzessiver Konsumsteigerung ausgeliefert ist – was erbitterte Kämpfe um knappe Ressourcen zur Folge hätte – muss die Industrie damit aufhören, so zu produzieren, wie sie es in den vergangenen hundert Jahren getan hat. Um jedoch die Zielvorstellungen der Unternehmer zu realisieren, müssen wir uns auf Experimente einlassen und eine Reihe von Ressourcen und Produkte durch andere ersetzen. Dies soll jedoch nicht durch Ausplünderung der Biodiversität geschehen, sondern durch Rationalisierung agro-industrieller Verfahren, die seit langem alles andere als rational sind. Und es gibt vieles zu rationalisieren! An diesem historischen Wendepunkt,

---

17 Nicht-Nutzung: offene oder verdeckte Arbeitslosigkeit; Fehlnutzung: Unterforderung und/oder Überforderung; nach Volkholz, Volker: *Wertschöpfung, Gesundheit und Lernen – Berichte von Erwerbstätigen*, HBS-Arbeitspapier 159 der Hans-Böckler-Stiftung, Mai 2008.

an dem die Verwendung petrochemischer Produkte aufgrund der Erderwärmung ernsthaft in Frage gestellt ist, müssen wir endlich von der Natur über die Verwertbarkeit (und zumeist Erneuerbarkeit) von Ressourcen lernen, die für uns bislang nur Abfall waren.

HOMO NON SAPIENS UND UMWELTMANAGEMENT

Mittlerweile haben die Industriellen der westlichen Länder Strategien für die Verbesserung ihrer Umweltschutzmaßnahmen eingeführt: sauberere Produktion, Programme zur Abfallbehandlung, Einführung des Prinzips „Der Verschmutzer zahlt", Ökoeffizienz, die Lebenszyklusanalyse sowie eine Zertifizierung nach existierenden Umweltmanagementsystemen (ISO 14001)[18]. Die zugrunde liegende Logik ist die der Veränderung durch Verbesserung. Jede dieser Initiativen bewegt sich in die richtige Richtung, jedoch nur sehr langsam. Sich für eine umweltfreundlichere Produktion einzusetzen ist ein erster Schritt, aber nicht mehr: Sauberer ist niemals 100 Prozent sauber. In den meisten Fällen ist es sogar immer noch recht schmutzig. Weniger Schlechtes tun ist immer noch schlecht. Weniger verschmutzen bedeutet immer noch Verschmutzung. Wäre ein Dieb etwa akzeptabel, wenn er sich bereit erklärte, weniger zu stehlen? Die Durchführung von Lebenszyklusanalysen ist nicht nur zeitaufwändig, sie bringt auch lediglich nur Annäherungswerte. Eine sehr viel gründlichere Analyse, die gleichermaßen Umfeld und Inhalt berücksichtigt, ist notwendig. Umweltmanagement im Kontext dieser Logik der Veränderung durch Verbesserung ist die Herausforderung für den Homo non sapiens. Warum?

Betrachten wir das Verschmutzer-Zahler-Prinzip. Die meisten Unternehmen stimmen hier mit den Umweltschützern überein. Aber nur wenige darunter sind KMU[19], so dass das Prinzip dazu verleitet, dass nur „die Reichen sich Umweltverschmutzung erlauben können, weil letztendlich der Kunde zahlt".

Die Natur behandelt Abfälle auf völlig andere Weise. Man muss nur einen Baum im Wald betrachten. Jedes Jahr verliert der Baum seine Blätter. Das Werkzeug für die Photosynthese ist nutzlos geworden und fällt zu Boden. Was würde

---

18 Die internationale Norm ISO 14001 ist die weltweit bedeutendste Vorgabe dessen, was ein "Umweltmanagement" in Unternehmen und anderen Organisationen beinhalten und leisten soll. Die Umweltmanagementnormen ISO 14001: 2004 (bzw.EMAS) sind ähnlich strukturiert wie die Norm ISO 9001 für Qualitätsmanagementsysteme.

19 Kleine und mittelständische Unternehmen

geschehen, wenn die Natur ihr Ökosystem nach dem Verschmutzer-Zahler-Prinzip aufgebaut hätte? Der Baum müsste seine Blätter einsammeln und in eine Deponie bringen, oder sie sogar vor dem Abtransport behandeln. Diese Vorstellung ist natürlich lächerlich. Der Baum könnte seine Blätter niemals transportieren oder behandeln. Schlimm wäre es, sollte es ihm, auf welche Weise auch immer, gelingen. Denn dann würde das Mikrosystem der Pflanzen- und Tierwelt darunter leiden, die sich von dem zu Boden gefallenen Laub ernährt. Und ohne ein funktionierendes Ökosystem um die Wurzeln des Baumes herum, wären weitere Mikroorganismen ohne Nahrung.

Glücklicherweise gilt in der Natur nicht das Verschmutzer-Zahler-Prinzip. Das Ökosystem, das den Baum umgibt, ist zwar anfällig, aber gut ausbalanciert. Die Natur hat rund um den Baum herum die Aktivitäten zahlloser Mikroorganismen und Schimmelpilze angesiedelt. Fallen die Blätter zu Boden, zersetzen Schimmelpilze, Pilze, Würmer, Insekten und Bakterien dieses Manna an Fasern und Hemicellulose einfach zu Humus. Was für eine dieser Arten Abfall ist, wird zur Nahrung der anderen, und jede nimmt für sich das, was sie braucht und hinterlässt der nachfolgenden die Reste. Dieses System hat mit dem viel gepriesenen Kerngeschäft[20] nichts gemein.

Wie weit muss der Homo non sapiens gehen, um ein derartiges System nachzuahmen? Betrachten wir das folgende Beispiel: Als wir die Flüsse Europas sauberer machen wollten, haben wir „grüne" Reinigungsmittel mit einem biologisch schnell abbaubaren Aktivstoff hergestellt. Das fand allgemein Anklang. Leider haben wir uns keine Gedanken darüber gemacht, dass die zur Produktion notwendigen Fettsäuren aus Palmöl gewonnen werden, das erst über tausende von Kilometern zu uns transportiert werden muss. Seitdem die Zahl der „grünen" Verbraucher im Anschluss an den Weltgipfel von Rio de Janeiro im Jahre 1992 gestiegen ist, wächst die Nachfrage nach entsprechenden Produkten. Die von den Produzenten in Auftrag gegebenen Lebenszyklusanalysen belegen ihre Umweltfreundlichkeit, aber in keiner der Analysen steht geschrieben, dass von der jährlich anfallenden Biomasse nur ein winziger Teil, nämlich weniger als fünf Prozent, genutzt werden. Für die übrigen 95 Prozent war keine Analyse erstellt worden. Mit anderen Worten: Um Europas Flüsse sauberer zu machen,

---

20 Engl.: core business; eine Strategie, nach der sich Unternehmen ausschließlich auf eine bestimmte Aktivität spezialisieren und alles andere ausblenden.

hat man Regenwälder abgeholzt und durch Palmenplantagen ersetzt und auf diese Weise eine noch größere Verschwendung von Biomasse in Entwicklungsländern herbeigeführt.

Ziehen wir nun den Vergleich mit einer Substanz wie Alkylbenzolsulfonat (ABS), die häufig in Fußbodenreinigern vorkommt, und die aus Derivaten der Petrochemie hergestellt werden. Das ABS ist nur schwer abbaubar und an der Bildung von Schaum beteiligt, der unsere Flüsse verschmutzt. Immerhin ist es Teil eines Prozesses, bei dem fast die gesamte Menge des – allerdings nicht erneuerbaren – Rohstoffes genutzt wird. Welcher Inhaltsstoff ist nun der am wenigsten belastende für die Umwelt? Haben sich da die grünen Verbraucher in Europa nicht ganz einfach täuschen lassen? Ihre lokalen Umweltprobleme wurden kurzerhand in ein Entwicklungsland exportiert! Keines der beiden Produkte verdient letztendlich die Bezeichnung „umweltfreundlich".

Während man daraufhin das Ziel verfolgte, petrochemische Substanzen durch solche aus erneuerbaren Ressourcen zu ersetzen, war das Ergebnis ein immenses Abfallaufkommen und zusätzlich die Zerstörung großer Regenwaldflächen. Das ist keine Lösung. Die optimale Lösung ist einzig die Nachahmung der Natur – und zwar nach der Art der Wissenschaftler, die Systeme zur Nutzung aller Bestandteile petrochemischer Produkte entwickelt haben – durch Verwertung von Nebenprodukten und Abfällen. Fragen wir uns doch auch, warum ein Wald so kühl ist und dort niemand ein Deodorant braucht. Oder warum wir die einzige Spezies sind, die sich für eine saubere Luft chemischer bzw. biochemischer Produkte bedient. Das bringt nur der Homo non sapiens fertig.

DIE AUFSPALTUNG ERNEUERBARER RESSOURCEN

Wie ist es möglich, dass ein synthetischer, nicht erneuerbarer Rohstoff jährlich mehr Gewinn einbringt als ein natürlicher, erneuerbarer? Die Antwort ist einfach: Wir haben für Erdöl Destillations- und Fraktionierungsprozesse ausgearbeitet, die die Nutzung aller Bestandteile ermöglichen. Für eine vergleichbare Verwertung erneuerbarer Ressourcen fehlen solche Prozesse. Wir nutzen folglich nur einen kleinen Prozentsatz der Biomasse und werfen den Rest einfach auf den Müll.

Sowohl für die Umwelt als auch für die Wirtschaft wird es erst eine optimale Lösung geben, wenn wir Biomasse wesentlich effizienter zu nutzen wissen und wenn diese Entwicklung in den Ländern, in denen die Biomasse produziert wird, zum Motor für Wachstum wird. Die Nachahmung natürlicher Ökosysteme kann zum Dreh- und Angelpunkt einer Wirtschaft werden, die auf den Konzepten von Zero-Emissions und Upsizing basiert. Ein systemischer Ansatz ist hier unabdingbar.

Die Kurzstudie eines Upsizing-Teams hat gezeigt, dass allein um die Palmölproduktion herum zehn neue Industriezweige entstehen könnten. Sich ausschließlich auf Laurylethersulfat für die Herstellung von Reinigungsmitteln zu konzentrieren, ist keine gute Idee. Zum einen mangelt es ihr an globaler Weitsicht, zum anderen werden einfache Grundlagen der Biologie vernachlässigt sowie Fakten, die Botanikern seit Jahrzehnten bekannt sind. Stellen wir uns ein Extraktionssystem vor, dass in der Lage wäre, alle Proteine, Vitamine, Antioxidantien und Beta-Carotine zu extrahieren, die über die Produktionsprozesse der industriellen Landwirtschaft verfügbar sind. Die Kosten und der Verkaufspreis dieser Stoffe würden sinken und sie für diejenigen, die sie am dringendsten brauchen, erschwinglich machen. Bei gleichzeitig höherem Gewinn könnten wir so Qualitätsprodukte zu geringeren Herstellungspreisen anbieten.

Momentan wird eine der wichtigsten potenziellen Vitamin-E-Quellen bei der Gewinnung von Palmöl zerstört. Während Amerikaner und Europäer bereit sind, 65.000 US-Dollar für eine Tonne Antioxidantien zu zahlen, bleiben in der Industrie die besten Vitamin-E-Quellen ungenutzt. Palmöl besitzt einen hohen Vitamin-E-Anteil, aber vor seiner Extraktion wird das Holz bei hohen Temperaturen getrocknet, wodurch die Vitamine und Antioxidantien zerstört werden. Dieses Verfahren stammt noch aus einer Zeit, als Kokosfleisch getrocknet und als Kopra zur Weiterverarbeitung nach Europa verschifft wurde. Im Gegensatz zu den frischen Nüssen waren die getrockneten sehr lange haltbar. Seit ca. fünfzig Jahren werden die Nüsse nicht mehr zur Ölextraktion nach Europa gebracht, doch ihre Verarbeitung beruht noch immer auf diesem veralteten Trocknungsverfahren.

Auch Palmöl besitzt einen hohen Beta-Carotin-Gehalt, aber bei der Abtötung von Enzymen und Insekten mithilfe von Dampf werden auch das Beta-Carotin und die übrigen Vitamine zerstört. Das Ergebnis ist ein wirkstoffarmes Öl.

Eine Temperatursenkung beim Dampfverfahren würde den Herstellern schon beträchtliche Zusatzeinkünfte bringen. Und eine geringere Temperatur bedeutet auch geringere Energiekosten. Auf diese Weise könnte man zugleich ein gesundheitsförderndes Produkt zu einem günstigen Preis anbieten.

Prüfen wir, was fünf Millionen Hektar Palmpflanzungen weltweit einbringen könnten. Pro Hektar fallen jährlich 25 bis 40 Tonnen Abfälle an, eine Biomasse von 200 Millionen Tonnen. Diese Menge entspricht dem Ausstoß einer großen Erdölraffinerie. Das Potenzial für eine Bio-Raffinerie wäre demnach gegeben, und zwar nicht in den nördlichen, sondern in den südlichen Ländern. Diesen Ländern, die über große Vorkommen an natürlichen Ressourcen verfügen, kommt eine Schlüsselposition bei der Entwicklung von Strategien zur Beseitigung der Armut zu.

Ein weiteres Beispiel: Die Fasern der Sisalpflanze gehören zu den strapazierfähigsten Fasern, die die Natur produziert. Seile und Fischernetze wurden früher fast ausschließlich aus Sisal hergestellt. Der Preis dieser Naturfaser ist auf ca. 200 Euro pro Tonne gefallen, ohne dabei der Konkurrenz durch synthetische Fasern standhalten zu können. Der Verkaufspreis deckt kaum die Produktionskosten. Warum? Die Hersteller nutzen bloß 2 Prozent der Biomasse und betrachten die restlichen 98 Prozent als Abfall, der weggeworfen wird. Synthetische Fasern hingegen sind ein Nebenprodukt aus Erdöl, einer Ressource, deren Bestandteile fast alle einen Mehrwert generieren.

Es ist an der Zeit, dass der Homo non sapiens verschwindet. Eine 1996–1997 an der Universität von Daressalam durchgeführte, von der UNESCO finanzierte, Studie hat gezeigt, dass man durch Fermentation der Biomasse aus Abfällen der Sisalpflanze Zitronen- und Milchsäure gewinnen kann. Somit konnte eine wichtige potenzielle Einnahmequelle nachgewiesen werden, die die der Fasern sogar übertreffen würde. Die Herstellungskosten für die Sisalfaser könnten fast vollständig durch die Vermarktung der übrigen Pflanzenbestandteile gedeckt werden (eine Tonne Zitronensäure erbringt durchschnittlich 3.000 Euro). Der Preis für die Faser könnte somit von 200 auf 100 Euro pro Tonne gesenkt werden, ein Preis- und Leistungsniveau, mit dem Sisal die Kunstfaser eindeutig schlagen würde.

DIE GENERATIVE WISSENSCHAFT

Der Homo non sapiens denkt linear, konzentriert sich auf das Detail und fühlt sich der Darwin'schen Theorie im Sinne des „der Stärkste überlebt" verpflichtet. Die Interpretation dieser Theorie hat zu einem großen Missverständnis über die wahre Funktionsweise der Natur geführt. In der Natur überleben Arten nicht, weil sie die stärksten sind. Sie überleben, weil sie mit anderen kooperieren. So verschaffen sie sich Nahrung, Energie und Unterschlupf. Innerhalb der von ihnen geschaffenen Systeme sorgen sie für die Wiederverwendung von allem, was produziert wird und auf diese Weise kann alles wachsen und sich weiterentwickeln. Überleben wird durch die Kooperation mehrerer Spezies ermöglicht, die nichts zu verbinden scheint, die aber alle aktive Teilnehmer des Systems sind. Wir Menschen können von der Natur lernen, nicht indem wir versuchen, die Stärksten zu sein, sondern indem wir mit ihr kooperieren, Austausch zwischen Rassen und Kulturen pflegen, Unterschiede akzeptieren und einsehen, dass wir nur durch Kooperation aus einer begrenzten Menge an Ressourcen Überfluss für alle schaffen können.

Die Vorgehensweise der traditionellen Wissenschaft gründet auf linearer Kausalität. Sie regt in der Regel Produktionsverfahren an, bei denen – auf ein einzigartiges Produkt zugeschnitten – Materialien oder Substanzen aus unterschiedlichen Rohstoffen verarbeitet werden. Dieser auf einem kartesianischen Denkmuster beruhende Ansatz führt zu einer geringen Wertschöpfung der zur Erreichung des Ziels verwendeten Mittel. Umweltverschmutzung und große Abfallmengen sind das Ergebnis, zahlreiche Möglichkeiten bleiben unentdeckt. Lautet die Maxime „der Zweck heiligt die Mittel", wird die Optimierung dieser Mittel nur selten diskutiert. Dieses Buch stellt einen neuen Forschungsansatz vor, die Generative Wissenschaft, die erst aufhört, die Mittel zu hinterfragen, bis eine vollständige Optimierung erreicht ist. In der Generativen Wissenschaft wird besonderes Augenmerk auf die mögliche Schädlichkeit von Emissionen und Abwässern gelegt, ebenso wie auf Nebenprodukte, die hier Abhilfe schaffen können. Die Generative Wissenschaft beweist Kreativität, um sicher zu gehen, das nichts verloren geht: Sie fordert die totale Integration der Mittel und des Zwecks.

Die Grundüberlegung ist die, dass bei jeder Rohstoffverarbeitung auch der mögliche Mehrwert der Nebenprodukte untersucht wird, und dass das System so angelegt ist, dass es immer bessere Lösungen hervorbringt. Die Ergebnisse werden stets analysiert, um mithilfe eines komplexen Rückkopplungskreislaufs Möglichkeiten für eine Produktionssteigerung zu identifizieren. Ein Prozess entsteht aus dem anderen, und das Resultat ist ein „Ökosystem der Prozesse", das die Ingenieure zur Funktionsfähigkeit bringen müssen. Die Generative Wissenschaft stellt sich unablässig die Frage: Was wollen und was brauchen wir tatsächlich? Fallen bei einem Herstellungsprozess Materialien an, die für das Endprodukt nicht gebraucht werden, wird der Prozess einer Prüfung unterzogen, um ihn zu verbessern und neu auszurichten. Die gleichen Fragen werden bei der Wasser-, Luft- und Bodennutzung gestellt. Das ist die Basis für einen systemischen wissenschaftlichen Ansatz.

Wenn eine Papierfabrik 100 Tonnen Wasser benötigt, um eine Tonne Papier herzustellen, oder zuweilen sogar 160 Tonnen Wasser, um eine Tonne Papier zu recyceln, sollten wir uns fragen, warum wir überhaupt so viel Abfall produziert haben. Wenn wir nur 8 Prozent der Nährstoffe aus Gerste extrahieren und die restlichen 92 Prozent inklusive der Proteine ungenutzt lassen[21], kann von Effizienz keine Rede sein. Wenn sich Konsumsteigerung weiterhin nur über den Preis einer solchen Verschwendung erreichen lässt, werden die schlimmsten Erwartungen der Pessimisten bald übertroffen sein.

IMMUNITY MANAGEMENT

Die Natur arbeitet dezentralisiert, konkret und pragmatisch, mit einer außerordentlichen Intelligenz, die auf Millionen Jahren von Erfahrung basiert. Sehr oft bietet die Natur Systeme, die nicht nur ihre eigenen, sondern auch die Bedürfnisse der Menschheit befriedigen. Damit sind nicht Autos, Videorecorder, Fernseher oder ein Jahresurlaub gemeint, sondern die grundsätzlichen Bedürfnisse: Wasser, Nahrung, Wohnraum, Gesundheitsversorgung, Energie und Arbeit.

Wenn wir die Wunder der Natur bis auf den Grund erforschen, gelangen wir zur Generativen Wissenschaft. In dem Moment wo der Mensch begreift, wie vielfältig, interaktiv und intelligent die Natur ist[22], wird er das Beste daraus zu imitieren suchen, insbesondere das faszinierendste Modell für Managementsysteme: das Immunsystem. Die Untersuchung des Immunsystems bietet der Generativen Wissenschaft ungeahnte Möglichkeiten der Leistungsverbesserung

---

21 beim Ansatz der Maische in der Bierbrauerei.
22 deren Produkt er ja auch selber ist.

in all ihren Bereichen. Das Immunsystem basiert auf einer perfekten Informationsverteilung, die voraussetzt, dass jeder Mitspieler intelligent ist und dass jede neue Information von allen geteilt wird. Auch diejenigen, die nicht lesen und schreiben können, sind intelligent. Ausgehend von dieser bemerkenswerten Tatsache sollten wir über den Aufbau eines zukünftigen Marktsystems noch einmal nachdenken.

Es wurde manches über den Managementstil des Bottom-up[23] geschrieben, der Konsensentscheidungen und Mitbestimmung auf horizontaler Ebene beinhaltet. Doch welches System ist so effektiv wie das Immunsystem, wo jede Zelle (von denen Milliarden in unserem Körper existieren) innerhalb einer Sekunde die Information erhält, die sie benötigt, um unter den drei Millionen Bakterien, die bei jedem Atemzug in unseren Organismus gelangen, und den sechs Milliarden Bakterien – von rund 300 verschiedenen Arten – die in unserer Mundhöhle leben, die guten und die schlechten zu unterscheiden? Bei einer Zahl von fünf Milliarden Bakterien könnte diese Aufgabe noch nicht einmal von einem Supercomputer bewältigt werden. Unser Körper funktioniert wie ein „Super-Super-Supercomputer" und analysiert Informationen mit einer Leichtigkeit, die an Science-Fiction grenzt. Wir neigen dazu, die kleinen Wunder, die unser Organismus in jeder Millisekunde vollbringt, zu vergessen.

Doch nicht nur das menschliche Immunsystem leistet Erstaunliches. Nehmen wir einen Seestern. Würden wir ihn in drei Teile zerschneiden, so fänden wir in wenigen Wochen drei Seesterne vor. So unglaublich ist die Leistung des Immunsystems von einem einfachen Meerestier. Das Immunsystem liefert das beste Vorbild für eine Managementphilosophie, die Upsizing anstrebt. Zweifellos werden durch die Dynamik einer kompletten Nutzung von Rohstoffen (Zero-Emissions) und der Erkenntnisse seitens der Generativen Wissenschaft aus jeder Aktivität weitere hervorgehen. Darum ist eine wichtige Säule der Generativen Wissenschaft die Immunologie, insbesondere im Hinblick auf ihre Anwendung in Managementstrategien und in der Informatik.

---

23 Wörtlich: von unten nach oben. Auch „umgekehrte Pyramide" genannt, im Gegensatz zum traditionellen hierarchischen „Top-down"-System, bei dem Entscheidungen von oben getroffen werden und die Mitarbeiter nur die Rolle der Ausführenden übernehmen.

SCHLUSSFOLGERUNG

Dieses Buch handelt von einer neuen Art des Managements, dem Immunity Management, das auf einer neuen Disziplin gründet – der Generativen Wissenschaft, die sich ihrerseits auf die pragmatische Methode von Zero-Emissions stützt. Bei diesem Ansatz geht nichts mehr verloren. Das Immunity Management entdeckt Strategien gegen die Armut und empfiehlt darüber hinaus einen neuen Ansatz für eine deutliche Verbesserung von Cash-Flow und Produktivität. Wenn sich die Menschen weiterhin der Illusion hingeben, dass die Erde immer mehr produziert, werden sie eine herbe Enttäuschung erleben. Wenn sie jedoch lernen, effizienter zu nutzen, was die Natur bereits produziert, wird das Ziel, die Grundbedürfnisse aller Menschen an Wasser, Nahrung, Gesundheitsversorgung, Wohnraum, Energie und Arbeit zu befriedigen, erreichbar sein.

Dieses Buch berichtet mit Enthusiasmus sowohl von den gerade laufenden Veränderungen als auch bereits erzielten Resultaten in Afrika, Asien, den Vereinigten Staaten, in Lateinamerika, im Pazifik und in Europa. Sein Anliegen ist nicht, fertige Rezepte anzubieten, sondern eine konkrete und pragmatische Methodik vorstellen, die jedem verständlich macht, wie nach Jahren des Downsizings der Wechsel zu Upsizing herbeigeführt werden kann. Eine Steigerung der Produktivität, die Schaffung neuer Arbeitsplätze, Reduzierung der Umweltverschmutzung und dabei die Bedürfnisse der Gesellschaft zu befriedigen, ist möglich. Und sollten Ihnen Zweifel kommen und Ihnen das alles reichlich utopisch erscheinen, überzeugen Sie sich selbst: Im kolumbianischen Vichada, in Suva auf den Fidschi-Inseln, auf Gotland in Schweden, in Simbabwe in Afrika und im japanischen Saitama; an allen diesen Orten wurden die ersten Samenkörner des Erfolgs gesät, in der Erwartung, das sie sich vermehren und weitere folgen werden.

2. Über Darwin und die Entropie

Eine der dominantesten wissenschaftlichen Forderungen gegen Ende des 19. Jahrhunderts war die Darwin'sche Evolutionstheorie, zusammengefasst in dem Lehrsatz über das „Überleben des am besten Angepassten"[24]. Ein anderes wissenschaftliches Konzept, das Ende des 20. Jahrhunderts weit verbreitet war, ist das Gesetz der Entropie. Unsere heutige Denkweise ist stark durch diese beiden Ideen beeinflusst und es ist an der Zeit, ihnen ein wenig auf den Grund zu gehen.

Die Evolutionstheorie ist oft diskutiert worden und sorgt noch heute für eine Spaltung in zwei Lager. Eines ist sicher: Das Konzept des Überlebens des Angepasstesten ist in der ganzen Welt verbreitet. Der Mensch betrachtet sich selbst als eine der angepasstesten Spezies und erwartet daher von allen anderen Lebewesen, dass sie sich an ihn anpassen. Das Überleben des Angepasstesten ist eine Theorie, deren Elemente größtenteils schlüssig erscheinen. Dennoch ist sie lediglich eine brillante Hypothese ohne wissenschaftliches Fundament.

Der Hauptvorwurf, den man ihr machen kann, ist der, dass sie jede Spezies isoliert untersucht und die Gesetze der Evolution nur innerhalb einer bestimmten Kategorie erforscht. Welcher der jungen Löwen wird überleben? Natürlich wird der stärkste zum Anführer; der schwächste stirbt. Welches Wildtier wird dem gierigen Appetit des Leoparden entgehen? Natürlich das schnellste; das langsamste wird gestellt und getötet. Die Logik des Gesetzes ist offensichtlich: Der Angepassteste überlebt tatsächlich. Aber diese Analyse, die immer nur eine Spezies berücksichtigt, geht nicht von der Natur als einem System aus.

Doch funktionieren in der Natur die Elemente der Flora und Fauna nicht getrennt voneinander. Im Gegenteil: Sie funktionieren als Teile eines Systems – eines Ökosystems – innerhalb dessen die Elemente in gegenseitiger Abhängigkeit miteinander verbunden sind. Die Verfügbarkeit von Wasser beeinflusst das Verdauungssystem einer Spezies. Die Umgebungstemperatur bestimmt den Hauttyp. Die Höhe und der Luftdruck beeinflussen Zusammensetzung und Zirkulation des Blutes. Insekten, Fledermäuse, Vögel und Nagetiere interagieren

---

24 Durch Übertragung der Evolutionstheorie auf die menschliche Gesellschaft entstand die Idee des Sozialdarwinismus. Grundlage dieser Pseudowissenschaft war u.a. die falsche Interpretation als "Überleben des Stärkeren". Sie auch Eichelbeck, Reinhard: *Das Darwin-Komplott. Aufstieg und Fall eines pseudowissenschaftlichen Weltbildes*, Riemann, München, 1999.

miteinander. Dieser oder jener Baumtyp sorgt jeweils für eine bestimmte Art von Sporen und Pilzen. Die Pilze haben einen Einfluss auf die Bakterien. Es ist ein endloser Kreislauf von Ursache und Wirkung – typisch für jedes dynamische System, wo das Verändern eines Elementes Veränderungen in den anderen Systemen bewirkt[25]. Das Netzwerk ist interaktiv und reaktiv, verfügt über zahlreiche Rückkopplungsmechanismen und zielt permanent auf die optimale Nutzung von Energie, Nahrung und Standorten ab.

Es wäre also eine extreme Vereinfachung, zu behaupten, dass die Spezies, die überlebt, die stärkste ist. Das Überleben in der Natur hängt von der Integration der Spezies im System ab. Jede Spezies, die es vorzieht, außerhalb des Systems zu agieren, läuft Gefahr, auszusterben, egal wie stark oder intelligent sie ist. Sie kann sogar das Aussterben weiterer Arten verursachen, wenn ihr Verschwinden ihrer Umgebung schadet. Das ist die heikle Situation, vor der wir stehen. Durch die Annahme, schlauer und stärker als andere Spezies zu sein, hat sich ein Großteil der Menschheit angemaßt, das Bündnis mit dem Ökosystem aufzukündigen, um es sich für seinen Komfort und seine Bedürfnisbefriedigung dienstbar zu machen. Das kann nicht nachhaltig sein.

In der Natur besteht gegenseitige Abhängigkeit: unter Bakterien, Mikroalgen, Flechten, Pilzen, Regenwürmern, Insekten, Vögeln, Bienen, Fledermäusen, Nagetieren, Hirschen, Büschen und Bäumen – um nur einige der Arten, die den Wald bevölkern, zu nennen. Nur durch enge Kooperation können sie überleben, sich entwickeln und ein System schaffen, innerhalb dessen allesamt mithilfe ständiger Verbesserung profitieren können.

Ein Baum kann nur überleben, wenn der Humus um seine Wurzeln herum genügend Mineralien enthält. Seine Fähigkeit zur Nährstoffaufnahme wird durch Bakterien und Enzyme im Bereich der Wurzelfasern gefördert, wobei jene sich vom Laub des Baumes ernähren, das sich mit einer Vielzahl biochemischer Produkte mischt, die von verschiedenen anderen Akteuren ausgeschieden wurden.[26]

---

25 siehe auch Frederic Vester, den »Vater des vernetzten Denkens« und seinen Ansatz der Biologischen Kybernetik, in dem die Eigenschaften eines Systems als ein vernetztes Wirkungsgefüge beschrieben werden.

26 Destruenten (lat. destruere = zerstören, zersetzen) oder Reduzenten (lat. reducere = zurückführen); z.B. Würmer, Asseln, Bakterien oder Pilze, die tote organische Materie zersetzen und

Das Überleben der Spezies in der Natur beruht auf dieser Interdependenz und Kollaboration. Das inhärente Wissen ist nicht irgendwo zentral gespeichert. Im Gegenteil: Es ist in hohem Maße dezentralisiert, da jede Spezies in Abhängigkeit von Prinzipien agiert, die über individuelle Interessen hinausgehen. Das Ziel ist, alle Elemente der Natur als Ressource zu behandeln, so dass der Abfall des Einen zur Nahrung des Anderen wird. Das Faszinierendste ist die offensichtliche Komplementarität, die die unterschiedlichsten Spezies miteinander verbindet. Das Ökosystem zeigt nicht nur eine unglaubliche Toleranz gegenüber Vielfältigkeit, es benötigt sie sogar, damit jeder die für sich wertvollsten Ressourcen daraus entnimmt.

Die Vielfalt der Systeme und ihrer Elemente machen den eigentlichen Reichtum der Natur aus. Die einzigen Enzyme, die ligninhaltige Cellulose (Lignocellulose) spalten können, sind in Schimmelpilzen enthalten. Ohne sie könnte man diese Fasern nicht in Kohlenhydrate umwandeln. Der Erhalt der Alkalität von Wasser wird durch die Exkremente von Vögeln ermöglicht. Fänden die Vögel keine Algen mehr – die ihnen bestimmte Mineralien liefern –, würde die Alkalität abnehmen und es zu vermehrtem Wachstum von Algen kommen, die eher in sauren Gewässern zu finden sind. Wenn wir die Luft so stark verschmutzten, dass überall auf der Welt dauerhaft saurer Regen die Folge wäre, destabilisieren wir das gesamte Ökosystem. Und wenn unser Einfluss nicht mehr rückgängig zu machen ist, wird das System entweder zusammenbrechen oder nur noch sehr eingeschränkt funktionieren. Es würden sich überall Abfälle ansammeln, weil empfindliche Mechanismen durcheinander gerieten. Algen, die Flüsse überwuchern, sind das Ergebnis eines hohen Phosphatgehalts im Wasser. Heute sind fast 70 Prozent der deutschen Wälder durch sauren Regen und die Ablagerung von Metallpartikeln im Wurzelbereich geschädigt. Diese Partikel machen die Bäume krank oder lassen sie sogar absterben, was sich katastrophal auf das Ökosystem auswirkt. Das Verschwinden eines seiner Elemente würde es mittelfristig zusammenbrechen lassen. Es würde zwar nicht sofort zu einer vollständigen Wüstenbildung führen, zunächst jedoch zu einer Vermehrung von Schädlingen, da es für diese ein Nahrungsüberangebot gäbe, und in Folge würden weitere Arten aussterben. Welche Fortschritte auch immer die Wissenschaft bis dahin gemacht haben mag, sie wird nicht in der Lage sein, das wiederherzustellen, was zerstört wurde.

---

in einfache anorganische Verbindungen zerlegen.

„Das Überleben des am besten Angepassten" sollte durch eine neue Maxime ersetzt werden: „Evolution durch Interdependenz und Kooperation". Die Natur bietet einen einzigartigen Nährboden für Toleranz, Respekt und Effizienz. Der Beitrag eines einzigen Elementes führt zu Reichtum für alle. Das verheißt nicht gleich das Paradies, denn auch in der Natur kommt es zu Katastrophen und Umwälzungen. Doch das System schafft es immer wieder, die Produktion von Nahrung und Energie zu optimieren, was für die Entwicklung aller Spezies förderlich ist. In der Natur gibt es keinen endgültigen Tod: Jeder Kreislauf ist endlos, da das Verschwinden eines Elementes die Geburt eines anderen bedeutet. In der Natur gibt es kein „von der Wiege bis zur Bahre", sondern nur ein „von der Wiege bis zur Wiege"[27]. In der Natur verläuft die Zeit zyklisch, daher ist der Tod nie ein Anlass für Traurigkeit: Er ist der letzte Akt eines Zyklus', an den sich der nächste bereits anschließt.

DAS GESETZ DER ENTROPIE

Kommen wir zu unserer zweiten Wissenschaftskritik: zum Gesetz der Entropie. Dieses Gesetz ist zugleich einfach und komplex. Es besagt, dass auf der Erde alle Dinge aus einem geordneten in einen ungeordneten Zustand übergehen. Das ist leicht nachzuvollziehen. Ein Kind sieht im Spiegel, dass seine Haut jung und frisch ist. Im Lauf der Zeit trocknet die Haut aus und bekommt Falten. Was der Greis (das Kind von einst) im Alter von 85 Jahren im Spiegel sieht, ist Entropie. Das System – der Körper und insbesondere die Haut – entfernt sich von seiner ursprünglichen Ordnung und führt auf dem Weg zur Unordnung schließlich zum Zerfall. Es besteht kein Zweifel daran, dass Entropie Teil des Lebens dieser Person ist. Doch diese Logik hat nur Bestand, wenn eine einzelne Person oder Spezies – und nicht das gesamte System – sowie die Zeit als linear betrachtet wird. Diese Sichtweise legt das Prinzip „von der Wiege bis zur Bahre" zugrunde: Man wird irgendwann geboren, stirbt irgendwann und lebt danach im Paradies (zumindest die daran Glaubenden), jedoch keinesfalls mehr auf der Erde. In diesem Kontext wird das Gesetz der Entropie zu einem Gesetz der Degeneration, was eine Entwicklung hin zu Systemen bedeutet, die immer ineffizienter werden.

---

27 Nach dem Buch von William Mc Donough und Michael Braungart, „Cradle to Cradle: Remaking the Way we Make Things", Paperback, April 2002.

Doch steht dies im Widerspruch zu unserer neuen Maxime „Evolution durch Interdependenz und Kooperation". Wie wir wissen, gibt es in der Natur keine Gräber, das Leben hört niemals auf und der Abfall des Einen bedeutet Nahrung und Energie für den Anderen. Überall dort, wo ein Leben endet, beginnt das nächste. Der Kreislauf der Erzeugung von Energie und Nahrung ist fortlaufend dank Sonnenenergie und Photosynthese, Enzymen, Proteinen und Aminosäuren. Natürlich wird uns die Sonne nicht ewig mit Energie versorgen, jedoch mindestens noch für ein paar Milliarden Jahre! Das Gesetz der Entropie sollte durch ein Gesetz der Regeneration ersetzt werden. Es ergibt keinen Sinn für die Welt, die wir aufbauen wollen.

Der westlichen Kultur fällt es schwer, die Natur auf diese Weise zu betrachten, da ihre Zeitvorstellung eine lineare ist und alles, was wir nicht in diesem Leben tun, niemals sein wird. Hierin liegt einer der Gründe für den Stress in unserer Kultur und für das Bestreben, im Laufe des Lebens möglichst viel Reichtum anzuhäufen und möglichst viel zu konsumieren. Die Vorstellung von Wiedergeburt hingegen ist in manchen Religionen ein wichtiges Element: Es gibt keinen Zwang, sich Übermenschliches abzuverlangen, denn eine heute verpasste Gelegenheit kommt irgendwann wieder – wenn nicht in diesem, dann in einem anderen Leben, sei dies ein menschliches oder auch nicht.

Sobald eine Kultur einem linearen Zeitverständnis verhaftet ist, entwirft sie lineare Gesetzmäßigkeiten, die sie für die Wahrheit hält. Die Gesetze der Evolution und der Entropie sind typische Schöpfungen einer Logik, die nur innerhalb des linearen Paradigmas funktioniert, das diese Gesetze hervorgebracht hat.

Das derzeitige Paradigma geht davon aus, dass das Universum ein mechanistisches System von Elementarteilchen ist und dass das Leben in der Gesellschaft aus Wettbewerb und Existenzkampf besteht. Und es geht davon aus, dass ein unbegrenzter materieller Fortschritt möglich ist, der einzig und allein durch technologisches und ökonomisches Wachstum verwirklicht werden kann. Der Mensch versteht sich als über und gleichzeitig außerhalb der Natur stehend. Das kann nicht so weitergehen. Ein Paradigmenwechsel ist notwendig: Wir brauchen ein neues Paradigma, das die Welt als integriertes Ganzes betrachtet und nicht als Ansammlung einzelner Teile. Ein Paradigma, das die tief greifende Abhängigkeit der Phänomene untereinander anerkennt und auch die Tatsache, dass Individuen und Gesellschaften den zyklischen Prozessen der Natur unterworfen sind, da alles mit allem verbunden ist. Dieses neue Paradigma spiegelt sich zum Beispiel in den Denkweisen und Werten wider, die Fritjof Capra in seinem Buch Verborgene Zusammenhänge[28] zusammengefasst hat, und in dem er die Welt als komplexes System zeigt – als Netzwerk oder vielmehr als ein Netz von Netzwerken – das eine Vielzahl von untergeordneten Systemen miteinander verbindet. Dieses Netz von Netzwerken stellt das Leben dar.

Auch wenn sich dieses neue Paradigma noch nicht allerorts durchgesetzt hat, ist klar, dass einiges in Bewegung geraten ist. In den kommenden Jahrzehnten wird viel geschehen, je nachdem wie die Gesellschaft sich von den Regeln und Gesetzen überkommener Paradigmen verabschiedet, die der Homo non sapiens hervorgebracht hat. Die Welt des Homo sapiens ist eine Welt ohne Entropie, in der Fortschritt auf Kooperation und Respekt vor der Vielfalt beruht. Es ist eine Welt, auf die hinzuarbeiten sich lohnt, ja unumgänglich ist.

Das Gesetz der Entropie hat in der Welt, die wir gestalten wollen, keine Bedeutung. Dieses Gesetz führt zu Konsumismus und gnadenloser Ausbeutung der natürlichen Ressourcen und vermittelt keinesfalls die Vision, die wir brauchen, um den Planeten für künftige Generationen zu erhalten. Aus diesem Grund ist ein neuer Forschungsansatz erforderlich, die Generative Wissenschaft, die angesichts der Logik der Vergangenheit eine Sichtweise eröffnet, die uns den Weg zum Paradigma der Zukunft weist.

---

28 Capra, Fritjof: *Verborgene Zusammenhänge. Vernetzt denken und Handeln – in Wirtschaft, Politik, Wissenschaft und Gesellschaft*; Scherz Verlag, Bern, München, Wien, 2002.

3. Die Prinzipien der Generativen Wissenschaft

Die Zeit ist reif für die Entwicklung der Generativen Wissenschaft – einem neuen theoretischen Rahmen und Rückgrat der Wissenschaft. Die Theorie der Generativen Wissenschaft ist innovativ, noch im Wachsen begriffen und imstande, Verbesserungen herbeizuführen – ganz so wie andere Wissenschaften auch, die in jüngster Zeit entstanden sind. Ihre Zielsetzung ist eindeutig: Die Generative Wissenschaft wird durch das allgegenwärtige Bedürfnis nach Wachstum und Entwicklung angetrieben, durch das Bedürfnis nach Produktion, Regeneration und Koevolution und das unablässige Bestreben, uns in interaktiven Systemen miteinander zu verbinden. Umgangssprachlich formuliert, geht es um einen Kreislauf „von der Wiege bis zur Wiege"[29], der seinen Vorgänger „von der Wiege bis zur Bahre" ersetzen soll.

In den vergangenen fünfhundert Jahren hat die Wissenschaft große Fortschritte gemacht. Jedoch beruhen diese Fortschritte auf einem Paradoxon: Wir wissen immer mehr über immer weniger Dinge, so dass wir eines Tages wohl ungefähr alles über fast nichts wissen werden. In der Ära von Spezialisierung und Quantifizierung haben wir die globale Perspektive aus den Augen verloren. Wir sind kaum noch dazu in der Lage, die Systeme zu erfassen, ganz zu schweigen vom System der Systeme. Newton, Bacon, Galilei und Descartes haben großartige Beiträge geleistet. Sie haben unsere heutige Denkweise in hohem Maße beeinflusst. Galilei hat die Vorstellung eingeführt, dass nur Messbares und Quantifizierbares von der Wissenschaft anerkannt werden kann. Descartes hat die Hypothese aufgestellt, dass das materielle Universum eine perfekte Maschine sei und durch exakte mathematische Modelle dargestellt werden kann. Newton hat nachgewiesen, dass alle physikalischen Phänomene auf die Eigenschaften von Feststoffteilchen zurückgeführt werden können. Das war die Geburt der modernen Wissenschaft. Da wir mit ihren Prinzipien aufgewachsen sind, erscheint sie uns vollkommen logisch. Da die Wissenschaft den Zahlen zugewandt ist, ist es keine Überraschung, dass in unserer Gesellschaft Zahlen so große Bedeutung haben. Nur wenn es darum geht, die Details in ihrer Komplexität zu betrachten, verlieren wir meist den Blick für das Ganze.

---

29 Nach Mc Donough, William und Braungart, Michael, 2002.

In der westlichen Welt waren es Goethe und Kant, die uns als erste eine holistische Anschauung vermittelt haben. Goethe betrachtete einen Organismus als Ganzes. Kant war der Auffassung, dass das Ganze aufgrund seiner Teile existiert und dass die Teile zugleich wegen des Ganzen und für das Ganze existieren. Er behauptete, dass die lebenden Organismen in der Lage seien, sich selbst zu reproduzieren. Heute lernt jeder Grundschüler Newtons Theorie, jeder Gymnasiast hört von – und liest möglicherweise sogar – Descartes und Galilei, doch um Zugang zu den Schriften Emmanuel Kants zu bekommen, muss man Student sein. So teilt unser Bildungssystem bis heute nicht die Ansichten jener, die mit ihrem systemischen Denken den Grundstein für die „generative" Denkweise gelegt haben. Es überrascht daher nicht, dass Kant wenig bekannt ist und nur Studenten höherer Semester etwas über Ilya Prigogine[30], Erich Jantsch[31], Humberto Maturana[32] und Fritjof Capra erfahren.

Schüler lernen, wie der Apfel nach dem durch Newton formulierten Gesetz der Gravitation vom Baum fällt. Aber niemand lehrt ihnen, wie der Apfel trotz Gravitation auf den Baum gekommen ist! Und wenn man nach den Kräften fragt, die es möglich machen, dass der Apfel hoch oben im Baum hängt, können nur wenige Wissenschaftler in einfachen Worten erklären, wie die Natur es anstellt, dem Gesetz der Gravitation zu trotzen. Haben Sie sich jemals gefragt, wie das Wasser in die Kokosnuss gelangt? Es gibt ja schließlich keine Pumpe dafür. Und woher wissen Sie, ob die Nuss gefüllt ist? Diese Fragen sind einfach und sie sind einfach zu beantworten, sofern wir einen Zusammenhang zwischen Physik, Chemie und Biologie herstellen. Halten Sie ihr Kind nicht für höher erleuchtet, wenn es behauptet, dass der Mond dafür verantwortlich ist, dass sich Wasser in der Kokosnuss befindet. Denn wenn der Mond Ebbe und Flut erzeugen kann, wieso sollte er nicht Wasser bis in die Spitzen der Bäume steigen lassen können?

---

30 Ilya Prigogine (1917–2003); russisch-belgischer Physikochemiker, Philosoph und Nobelpreisträger; Arbeiten über Dissipative Strukturen, Selbstorganisation und Irreversibilität, die auch außerhalb der Chemie nachhaltigen Einfluss haben.

31 Erich Jantsch (1929-1980); österreichischer Astrophysiker und Mitbegründer des Club of Rome; formulierte ein zusammenhängendes Verständnis des Holismus, der Koevolution und der Selbstorganisation als treibende, kreative Kräfte der Evolution.

32 Humberto Romesín Maturana, chilenischer Biologe (mit dem Schwerpunkt Neurobiologie) und Philosoph; gilt mit Francisco J. Varela als Begründer des radikalen Konstruktivismus und als Erfinder des Konzepts der Autopoiesis.

Die von dem Wissenschaftler Masaru Emoto hervorragend fotografierten Wasserkristalle haben weltweit Erstaunen erregt. Seiner Ansicht nach enthalten diese wunderschönen kristallinen Strukturen eine Botschaft des Wassers. „Nicht möglich!", lautete die Reaktion der Wissenschaftler, die vergessen haben, dass die Gesetze der Physik auf der Hypothese entwickelt wurden, dass beobachtete Phänomene sich im luftleeren Raum abspielen. Aber im Vakuum gibt es kein Leben. Leben benötigt Luft, nach Möglichkeit frische und saubere. Wenn wir die Tatsache akzeptieren, dass Leben Luft braucht und dass die Erde uns ständig ihre Wärme schickt, erscheint uns die Theorie von der Masse der Materie nicht ausreichend. Einsteins Relativitätstheorie, nach der Materie und Energie entsprechend der berühmten Formel $E = mc^2$ austauschbar sind, soll jedoch keineswegs beerdigt werden.

Das Problem, das durch Emotos Arbeit aufgezeigt wird, ist, dass die fotografierten Kristalle von dieser Regel abweichen. Und das ist normal, denn, im Gegensatz zu Einsteins Licht, dessen konstante Geschwindigkeit ein Vakuum voraussetzt, arbeitet Masaru Emoto nicht im Vakuum. Wir befinden uns nicht im Weltraum, sondern auf der Erde und die Strahlungsenergie der Sonne wird noch mindestens fünf Milliarden Jahre lang konstant bleiben. Mit Ausnahme einiger Tonnen an Meteoritgestein, das jedes Jahr auf die Erde niederfällt, ist das Volumen der Masse unseres Planeten festgelegt. Nun können wir uns fragen, was mit der Sonnenenergie geschieht, die nicht in Materie umgewandelt wird. Sie dient zur Schaffung von Verbindungen! Das erklärt die Funktionsweise der Evolution, die Entstehung der Biodiversität und die Entwicklung vom Einfachen zum Komplexen, so wie sich seit Milliarden von Jahren das wahre Leben entfaltet – angefangen bei den Bakterien, Algen und Pilzen über die Tiere bis hin zum Menschen[33].

Masaru Emoto behauptet nicht, die Relativitätstheorie erklärt oder gar verbessert zu haben, doch zwingt uns dieser bescheidene Mann dazu, unsere traditionellen wissenschaftlichen Vorstellungen zu überdenken. Wer einmal Emotos beeindruckende Fotos gesehen hat, kann nicht mehr bestreiten, dass dasselbe Wasser, nachdem es abwechselnden Einwirkungen ausgesetzt war, unterschiedliche kristalline Formen ausbildet. Doch die Wissenschaft nimmt diese Bilder

---

[33] Wunderbar dargestellt von Margulis, Lynn und Schwartz, Karlene V.: *Die fünf Reiche der Organismen*. Spektrum der Wissenschaft, Heidelberg 1989

nicht ernst. In den meisten Fällen spricht man ihnen jegliche Beweiskraft ab. Eine spirituelle Persönlichkeit wie der Dalai Lama bewundert diese Entdeckung und wünscht sich Bilder von Kristallen aus den Flüssen seiner Heimat: Diese Kristalle gäben Aufschluss über den Zustand von Tibet, das seinerzeit durch eine militärische Aggression als freies Land von der Weltkarte gestrichen wurde.

Tatsächlich sind es nur wenige Kulturen, in denen sich Newton'sches bzw. Cartesianisches Gedankengut nicht durchgesetzt hat. Weit verbreitet ist es hingegen von Japan bis Nordamerika über Europa und Australien. Während die primitiven Kulturen Afrikas, Australiens und Amerikas durch ihre Begegnung mit der westlichen Welt zerstört wurden, haben asiatische Kulturen zwar viele westliche Elemente verarbeitet, sich aber dennoch ein eigenes Fundament bewahrt. Dazu gehört insbesondere, dass sie ihre zyklische Vorstellung von Zeit, die in sich das Prinzip der Regeneration integriert, niemals aufgegeben haben.

Die lineare Zeitvorstellung erzeugt in der abendländischen Kultur ein großes Bedürfnis nach persönlichem Wohlstand: Alles, was existiert, wird verschwinden, ohne jemals wiederzukehren. Daher resultiert auch unsere Debatte über die Wiederholung der Geschichte und über die Lehren, die wir daraus ziehen sollen. Die asiatischen Kulturen haben eine andere Sichtweise. Aufgrund ihrer zyklischen Zeitvorstellung kommen Gelegenheiten, Dinge besser zu machen, immer wieder. Die Zukunft der nachfolgenden Generation ist die eigene Zukunft. Keine Gelegenheit kann je verpasst werden, da sie früher oder später wiederkehrt.

Bis vor rund hundert Jahren waren die Kulturen des Pazifiks noch nie unserer westlichen Denkweise begegnet, die mechanistisch, reduktionistisch und atomistisch ist, und sie haben sich bislang nicht allzu sehr von ihr anstecken lassen. Ihr starkes kulturelles Rückgrat ist so unerschütterlich geblieben, dass heute viele Menschen der westlichen Zivilisation Inspiration und Gleichgewicht in asiatischen Lebensformen und Religionen suchen. Die Kulturen des Pazifiks bieten einen außerordentlich fruchtbaren Boden für das Paradigma der Zukunft!

Zyklische Zeitvorstellung sowie die Integration von Intuition und qualitativer Dimension bereiten den Boden für die Generative Wissenschaft. Ihr Ziel ist die Schaffung von Reichtum für alle – und nicht nur für den Menschen. Erst wenn wir einsehen, dass unsere Spezies Teil der irdischen Biosphäre, also der Natur ist, und dass wir von Kreisläufen abhängig sind, die wir nicht kontrollieren, können wir einen Lebensmodus entwickeln, der uns leben und uns auf angemessene Weise entwickeln lässt. Das ist die Grundlage des Prozesses der Koevolution: Alles ändert sich und jede Änderung ruft neue Veränderung und Anpassung hervor. Leider scheint jedoch der Mensch alles ändern zu können, außer sich selbst. Wir wissen, dass wir aktuell nicht in der Lage sind, jedem Menschen dieser Erde wenigstens das nötige Minimum an Nahrung, Wasser, Wohnraum, Energie, Gesundheitsversorgung und Arbeit zukommen zu lassen. Wir stehen vor der Wahl: Entweder wir akzeptieren, dass weiterhin viele Menschen kein lebenswertes Leben führen oder wir entscheiden uns für einen Zusammenschluss, für Entwicklung, Verbesserung und Dynamisierung der Weltgemeinschaft.

Tabelle 1: Westliches und pazifisches Paradigma

	WESTEN	PAZIFIK
Strategie	Klar definierte Absichten, schnelle Vorgehensweise, sehr nützlich für Produktion durch große Gruppen und koordinierte Aufgaben.	Dafür sorgen, dass alle Gruppenmitglieder mit dem Abenteuer in Berührung bleiben; kollektive Werte klären, damit jeder ins Team integriert ist.
Zeit	Synchronisation der Ereignisse; Zeit ist vorhersagbar, messbar, und jeder kennt sie. Nützlich für die Organisation von vielschichtigen und ineinander greifenden Handlungen, effizient.	Die Zeit ist im jetzt; sie ist spontan, nützlich für direkte energetische Ereignisse wie zum Beispiel Stammesversammlungen. Sie erhöht das Bewusstsein des Augenblicks.
Organisation	Sie basiert auf der Erzeugung eines Produkts oder einer Dienstleistung für den Markt. Organisationsaufbau um Handlungen herum, hierarchische Struktur reflektiert Verantwortung und Verantwortlichkeit von unten bis oben, kann zur Anpassung des Kontrollradius verändert werden.	Sie basiert auf der Schaffung einer Kultur mit authentischen Beziehungen und sinnvollen Traditionen. Die Kultur ist auf die jahreszeitlichen Aktivitäten ausgerichtet, basiert auf der Natur. Individuelle Rollen und die Identität des einzelnen werden betont.
Entscheidungsverfahren	Entscheidungen werden von Ressourcen und Zeit bestimmt. Möglichkeiten erscheinen eine nach der anderen auf der Tagesordnung. Rechtzeitige Ergebnisse haben Priorität. Hierarchie von Vorgesetzten und Untergebenen.	Stammesentscheidungen basieren auf gefühlsmäßiger Überzeugung, dem »Bauch«, Erfahrung und Weisheit. Inhalt wird organisch beim ersten Durchgang durch die Gruppe entwickelt. Zeit ist nicht wichtig, das Energiefeld wird spürbar.

	WESTEN	PAZIFIK
Bekleidung	Bekleidung gemäß Arbeit, Funktion und sozialer Rolle. Geschäfte führen uniformierte Ware. Geschäftskleidung sieht chic aus, schnürt den Körper aber an Hals, Brust, Taille, Hüften und Füßen ein. Die meiste erfordert spezielle Reinigung. Schmuck demonstriert Reichtum.	Kleidung basiert auf Tradition; größere Vielfalt und Farbenpracht. Sitz und Bequemlichkeit sind wichtiger. Schmuck als Zeichen für spezielle Interessen. Weniger geschneidert, aber meist eleganter.
Sprache	Worte sind das Mittel der Wahl. Monotone und exakte Sprache ist die Norm, um den Inhalt möglichst »wertfrei« zu vermitteln. Spannende Vermittlung ist eher der »Unterhaltungsschiene« vorbehalten.	Ton und Gestik mehr als Worte. Mitteilung darf nicht nur informativ, sondern muss spannend sein. Tonmuster energetisieren und rufen Reaktionen hervor. Das Energieniveau wird hoch gehalten, als wolle man einen Fesselballon vom Landen abhalten.
Grundfaktoren	Die drei Grundfaktoren sind Lesen, Schreiben und Rechnen. Ohne sie kann man in der Gesellschaft nicht funktionieren. Diese kognitiven Werkzeuge sind die Grundlage der Intelligenz, und deshalb gilt man ohne sie nicht als intelligent.	Primäre Aufmerksamkeit gilt dem physischen Bereich. Die drei Grundfaktoren sind Atmen, Spüren und Bewegen. Intelligenz zeigt sich im Jagen, Fischen, Hausbau und im Bebauen der Felder. Diese Grundfaktoren erzeugen eine auf Erfahrung basierende Partnerschaft mit der Natur.
Religion	Gott wurde zum Teil einer heiligen Ordnung gemacht, die aus einem Himmel stammt und nicht von der Erde. Was als Gottes Wort dargestellt wird, gilt als Wahrheit. Gott bringt Wahrheit und Gerechtigkeit, wenn man sich an die Prinzipien in der Schrift hält.	Versuch, Gott im eigenen Innern zu erkennen. Gott ist hier – nicht dort. Die Aufmerksamkeit gilt zuerst dem eigenen Gefühl, und dieses wird dann auf strahlende Weise im Dorf eingebracht.

Quelle: Zusammenfassung aus Jim Channon: Pacific Passage, internes Dokument, Hawaii 1997

GRUNDLEGENDE PRINZIPIEN

Ziel der Generativen Wissenschaft ist es, den vitalen Grundbedürfnissen der Menschen im Hinblick auf Nahrung, Wasser, Wohnraum, Gesundheits- und Energieversorgung sowie Arbeit nachzukommen. Ihr Bestreben ist nicht nur, die Reichtümer der Natur zu schützen, sondern auch die künftige Entwicklung der Biosphäre zu verbessern. Die Generative Wissenschaft sieht sich sozusagen in ständiger Koevolution begriffen.

Die Generative Wissenschaft basiert auf der Hypothese, dass der Mensch die Natur respektieren muss. Sie sucht Inspiration durch die Natur und widmet sich der Armutsbekämpfung sowie der fortwährenden Verbesserung der Bedingungen auf der Erde. Sie tut dies in Harmonie mit der Natur.

Die Generative Wissenschaft akzeptiert die Tatsache, dass der Mensch nicht darauf hoffen kann, dass die Erde mehr produziert. Stattdessen muss er das, was die Erde ihm bereits bietet, besser nutzen.

Die Generative Wissenschaft baut sich auf Systemen auf, die eine Verschmelzung der Interessen ermöglichen. Infolgedessen wird sich die Kette komplexer Ursachen und Wirkungen am Ende als konstruktiv erweisen. Aufgrund des Einsatzes der Generativen Wissenschaft wird ein höheres Produktions-, Produktivitäts- und Profitabilitätsniveau möglich, einhergehend mit der Schaffung neuer Arbeitsplätze, der Reduzierung der Umweltverschmutzung, einem geringeren Rohstoffverbrauch und außerdem der Regeneration der Artenvielfalt.

In der Generativen Wissenschaft wird jeder Produktionsschritt genau durchdacht, stets unter Berücksichtigung der regionalen Verfügbarkeit der einzusetzenden Rohstoffe und Überprüfung, ob möglichst alle Bestandteile genutzt werden können. Dabei werden sowohl die schädlichen als auch die harmlosen Auswirkungen von Emissionen, Abwässern und anderen Nebenprodukten beachtet. Die Generative Wissenschaft bemüht sich auf kreative Weise, dass nichts verloren geht und alles einen Wert hat.

Die Generative Wissenschaft stellt die Hypothese auf, dass bei jeder Verarbeitung einer Ressource auch die Nebenprodukte untersucht werden müssen, damit ihr potenzieller Mehrwert erfasst werden kann. Es wird nach integrativen Methoden geforscht, um menschliche und industrielle Aktivitäten, regional verfügbare Energien sowie natürliche Prozesse zusammenführen zu können.

Die Ergebnisse der Untersuchungen zur Wiederverwertbarkeit von Rohstoffen sowie Reststoffen, die einen Mehrwert erzeugen können, werden parallel überprüft. So ist es möglich, mithilfe von Rückkopplung Überschüsse im Prozess zu lokalisieren und Wertspannen innerhalb eines komplexen, aber gewinnbringenden Netzwerkes zu identifizieren.

Die Generative Wissenschaft orientiert sich an den Prinzipien ökologischer Systeme, in denen die Konzepte der Netzwerke und der Gemeinschaften eine zentrale Rolle spielen, so wie es Fritjof Capra in seinen Werken beschreibt. Die Generative Wissenschaft stellt immer wieder gezielt die Frage: Was wollen und was brauchen wir tatsächlich? Erzeugt ein Produktionsverfahren Abfälle, die nicht verwertbar sind, müssen Produkte und Verfahren in Frage gestellt, verbessert und neu konzipiert werden. Und zwar solange, bis dabei weder Abfall noch Umweltverschmutzung entsteht, sondern einzig und allein ein notwendiges Produkt.

Die Generative Wissenschaft fußt auf einem vom Immunsystem inspirierten Managementkonzept. Diese Konzeption betrachtet jedes Schlüsselelement des Systems als ein intelligentes Element.

Die Generative Wissenschaft schafft ein System, das jedem den ständigen Zugang zu jeder benötigten Information ermöglicht, so dass er unter Berücksichtigung dieser Information agieren kann. Regionale Informationen sind von gleicher Wichtigkeit wie globale.

Die Generative Wissenschaft befürwortet einen Führungsstil, der fähig ist, den Dialog unter den Wissensträgern eines Netzwerks zu initiieren, zu steuern und aufrechtzuerhalten. Dieser Stil wird von dem Wunsch getragen, ein Umfeld zu schaffen, in dem die Auseinandersetzung Mittel zu einem besseren Verständnis ist, und in dem jeder an den Erfolgen dieses Prozesses partizipieren kann.

Die Generative Wissenschaft stellt eine integrierte Wissenschaft dar, die auf Erkenntnissen und Entdeckungen in der Chemie, der Physik, der Botanik, der Biologie, der Landwirtschaft, den Geowissenschaften und der Forstwirtschaft beruht. Sie fördert das Verständnis und optimiert die Kenntnisse in der Informatik, der Geschichte, der Geografie sowie in den Sozial- und Politikwissenschaften. Und schließlich ermöglicht sie es auch, die Spielregeln der Wirtschaft zu definieren.

Die Generative Wissenschaft sucht nicht auf jeder neu erreichten Etappe nach konventionellen wissenschaftlichen Beweisen. Sie kombiniert Intuition mit im Laufe von Jahrtausenden von vielen Völkern erworbenem Wissen und den von ihnen entwickelten Techniken.

Die Generative Wissenschaft geht von einer der Natur eigenen Intelligenz aus und erstrebt die Optimierung der natürlichen Ressourcen für alle Spezies auf der

Erde. Sie erarbeitet Systeme, die den effizientesten Grad der Umwandlung einer Ressource in Nahrung und Energie für andere Systeme erreichen.

Die Generative Wissenschaft sieht sich dem Konzept eines zyklischen Zeitverständnisses verpflichtet, das allen und allem neue Chancen für die Zukunft eröffnet.

Die Generative Wissenschaft akzeptiert, dass sich das System stets in Bewegung befindet; dies bezeichnen wir als Koevolution. Veränderungen sind unausweichlich – und sogar erwünscht – da sie die Kreativität fördern und die Fähigkeit der Systeme zur Anpassung an diese Veränderungen verbessern. Das System ist ein offenes System.

Die Generative Wissenschaft erkennt an, dass sie es nie zur Perfektion bringen wird: Das System ist stets auf der Suche nach Verbesserung. Sie akzeptiert es, Fehler zu begehen und zeigt dadurch ein hohes Maß an Toleranz.

Die Generative Wissenschaft erkennt jeden Beitrag als wichtig an, egal welchen Ursprung oder welchen Umfang er hat. Das System orientiert sich an dem höchsten Produktivitätsniveau, der nachhaltigsten Bedürfnisbefriedigung und der größtmöglichen Wertschöpfung, die dank der Beteiligung aller, ohne Ausnahme, zustande kommt.

Die Generative Wissenschaft bekennt sich zu einem Konzept der Freude. Wenn eine Aktivität dazu geführt hat, eine schwierige Aufgabe zu lösen und dabei höchste Qualität angestrebt wurde, bringt sie Freude. Das, was möglich ist, tun wir sofort. Für das Unmögliche brauchen wir ein bisschen mehr Zeit…

Diese Grundlagen stellen den Ausgangspunkt dar. Sie müssen verfeinert und vervollständigt werden. Der Schlüssel zum Erfolg liegt darin, konkret und präzise zu sein. Daher ist es notwendig, nicht nur als Philosoph und Theoretiker, sondern pragmatisch und realistisch ans Werk zu gehen. Ab jetzt wird dieses Buch durch Pragmatismus und Tatkraft geleitet.

4. Revolutionen, auf die wir alle gewartet haben

Wirtschaft und Gesellschaft müssen der Bevölkerung Nahrung, Wasser, Gesundheitsvorsorge und Sanitäreinrichtungen, sowie Wohnraum, Energie und Arbeitsplätze bieten. Die demographische Explosion verstärkt noch den Druck auf ein System, das schon jetzt nahezu eine Milliarde Menschen nicht mehr mit dem Nötigsten versorgen kann. Bei der jährlichen Zunahme der Gesamtbevölkerung um 80 bis 90 Millionen Menschen – davon allein 50 Millionen in Asien – erscheint es immer schwieriger, diese Herausforderung zu bewältigen. Um den Bevölkerungszuwachs auffangen zu können, muss die Erde jedes Jahr 28 Millionen Tonnen Getreide zusätzlich produzieren, das heißt 78.000 Tonnen mehr pro Tag.

Wissenschaftler und Agronomen haben die erste grüne Revolution herbeigeführt. Aufgrund von Bewässerungsmaßnahmen, des Einsatzes von Dünger und Pestiziden sowie der Züchtung ertragreicher Sorten ist die landwirtschaftliche Produktion stark gestiegen. Zwischen 1950 und 1990 stieg der Anteil an bewässerten Flächen mit 94 gegenüber 248 Millionen Hektar – zwei Drittel davon in Asien – um mehr als das Doppelte. Die Menge an eingesetztem Dünger hat sich von 14 auf 146 Millionen Tonnen verzehnfacht. Diese beiden Faktoren haben eine enorme Produktionssteigerung bewirkt. Innerhalb von vierzig Jahren stieg die weltweite Getreideproduktion von 631 auf 1.780 Millionen Tonnen, die Rindfleischproduktion hat sich von 24 auf 62 Millionen Tonnen quasi verdreifacht und die Fischereiwirtschaft produzierte von 19 bis zu 85 Tonnen mehr als viermal so viel Fisch. Der Ertrag pro Hektar erfuhr einen Anstieg von 1,06 auf 2,52 Tonnen.

Die Wissenschaft ist sich einig, dass die Produktivität der Erde nicht verdreifacht werden kann, um die steigende Nachfrage zu befriedigen. Der zunehmende Konsum ist im Übrigen nicht nur eine Folge des demographischen Wachstums, sondern auch des steigenden Lebensstandards, der neue Erwartungen weckt: Allein in Asien rechnet man in den nächsten dreißig Jahren mit 400 Millionen Konsumenten einer aufstrebenden Mittelschicht. Sie streben zur obersten Stufe der Nahrungskette, die Proteine und Aminosäuren in Nahrung für den Menschen verwandelt und dies nicht immer auf die effizienteste Weise. Denn um ein Kilo Hühnerfleisch zu erzeugen, benötigt man 2,2 Kilo Getreide, für Rindfleisch sogar 7 Kilo.

Heute verbraucht ein Inder nur ein Viertel so viel Getreide wie ein Amerikaner und nur 30 Eier und drei Kilo Fleisch pro Jahr – eine extrem niedrige Menge im Vergleich zu einem Amerikaner, der durchschnittlich 174 Eier und 123 Kilo Fleisch im Jahr konsumiert.

Das sich ändernde Essverhalten wird sich gravierend auf die Ernährungssicherung in der Welt auswirken. Der Eierverbrauch in Indien steigt jährlich um 15 Prozent und verdoppelt sich alle fünf Jahre: 300 Millionen im Jahr 1995, 600 Millionen im Jahr 2000 und 1,2 Milliarden im Jahr 2005. Damit übersteigt der benötigte Bedarf an Futtermitteln und Getreide die Produktion. Zudem lässt die erhöhte Nachfrage nach einem begrenzten Angebot die Preise steigen, so dass nur die Reichen über die nötige Kaufkraft verfügen.

AUFSTIEG UND UNTERGANG DER ERSTEN GRÜNEN REVOLUTION

Es wird Zeit, dass wir begreifen, dass vieles in Zukunft anders und schwierig sein wird. Mit jährlich 80 Millionen mehr Menschen auf der Erde müssen wir täglich mehr Nahrung produzieren. Der Bedarf an Wasser, Wohnraum, Gesundheitsversorgung, Bildung, Energie und Arbeitsplätzen wird exponenziell steigen. Wir sind uns dessen bewusst – doch wir wissen nicht, wie wir mit dieser Situation fertig werden sollen.

Wenn wir darauf bauen, dass sich die derzeitigen Tendenzen der Bodenproduktivität noch weitere 40 Jahre lang steigern lassen, wie es die Weltbank und FAO glauben machen, führen wir uns selbst hinters Licht. Als nach dem Zweiten Weltkrieg der Verbrauch natürlicher Ressourcen geradezu explodierte, gab es noch einen Expansionsspielraum. Es standen Böden und Wasser zur Verfügung und Dünger konnte aufgrund des Überflusses an Erdöl und der vorhandenen Technik leicht produziert werden. In dieser Zeit fanden zahlreiche Technologien Anwendung, die erst innerhalb der letzten hundert Jahre entwickelt worden sind.

Im Jahre 1847 entdeckte der deutsche Chemiker und Agronom Justus von Liebig, dass man verarmte Böden wiederbeleben kann, indem man ihnen Mineralien zuführt: Dünger. In den 60er Jahren des 19. Jahrhunderts stellte der österreichische Augustinermönch Gregor Mendel umfangreiche Forschungen an und entwickelte die Grundprinzipien der Genetik, die heute die Selektion von Pflanzen ermöglicht.

Die Gene produktiver Weizen- und Reissorten (Grundstein für die sogenannte grüne Revolution in Asien Mitte der 60er Jahre des 20. Jahrhunderts), wurden in den 80er Jahren von japanischen Wissenschaftlern isoliert und in regionale Sorten übertragen. Die Artenkreuzung beim Mais, die in den Vereinigten Staaten zu einer Vervierfachung der Erträge führte, wurde vor 1930 kommerzialisiert. Die Entwicklung von Bewässerungsmethoden erfolgt bereits seit tausenden von Jahren.

Tatsache ist, dass es seit der Mitte des 20. Jahrhunderts keinen technologischen Fortschritt mehr gegeben hat, der einen mit der grünen Revolution vergleichbaren Aufschwung in der weltweiten Nahrungsmittelproduktion ermöglichen würde. Das trifft auch auf die Biotechnologie zu, von der wir nicht wissen, ob sie imstande ist, ertragreichere Sorten als die, die man durch Artenkreuzung erhält, zu produzieren. Obwohl die moderne Biotechnologie bereits seit dreißig Jahren existiert, hat sie bis heute keine produktiven marktfähigen Weizen-, Mais- oder Reissorten hervorgebracht. Die in den Vereinigten Staaten genehmigten genetisch veränderten Getreidesorten produzierten zwar zehn- bis zwanzigprozentige Ertragssteigerungen. Doch das reicht nicht. Und wenn Firmen wie Monsanto behaupten, dass man durch Biotechnologie dort Getreide kultivieren könne, wo es bislang aus klimatischen Gründen oder aufgrund von Insekten nicht möglich war, gibt es dafür keine Sicherheit. Ebenso wenig sicher können wir hinsichtlich der langfristigen Auswirkungen von GVO[34] auf das Ökosystem sein. Taucht hier nicht wieder der Homo non sapiens auf?

Darüber hinaus haben sich die Bedingungen, unter denen die erste grüne Revolution stattfinden konnte, verschlechtert: Exzessive Bewässerung hat zu einer Verknappung der Wasservorräte geführt. Die Grundwasservorkommen können sich nicht regenerieren. Schlimmer noch: Wir pumpen immer häufiger Wasser aus unterirdischen fossilen Schichten herauf, so dass früher oder später diese Quellen für immer versiegen. In manchen Regionen ließ die übermäßige Bewässerung den Wasserspiegel wieder ansteigen, was zu einer übermäßigen Konzentration von Mineralsalzen im Boden und dadurch zu geringerer Bodenproduktivität

---

34 Abkürzung für „gentechnisch veränderte Organismen". (A.d.Ü)

geführt hat. Auch wenn Bewässerung ihre Vorteile hat, wird sie durch falsche Anwendung ineffizient – manchmal sogar endgültig.

Vor einigen Jahren förderte die indische Regierung den Einsatz von Dieselpumpen und -generatoren. Damals kostete der größtenteils subventionierte Treibstoff acht Rupien (ca. 14 Eurocent) pro Liter. Seither hat sich der Dieselpreis vervierfacht. Das Land ist gleichsam übersät mit Bewässerungsbrunnen und Pumpen – eine Fehlinvestition, die die Bauern und auch Privatpersonen zum Treibstoffverbrauch zwingt. Nach einer Studie gibt ein Dorf mit 45 Familien (ca. 250 Personen) allein für seinen Dieselverbrauch jährlich 3.730 Euro aus. Diese Summe, die in bar bezahlt werden muss, ist der größte Posten bei den Ausgaben der Dorfgemeinschaft. Da es in Indien ungefähr 500.000 Dörfer gibt, kostet die Abhängigkeit von fossilen Treibstoffen die ländliche Wirtschaft mindestens vier Milliarden Euro pro Jahr.

Und die Treibstoffpreise werden weiter steigen. Die Erdölpreise erreichen momentan Höchstwerte, so dass die indische Regierung Subventionen abbauen muss und der tatsächliche Preis zum Vorschein kommt. Obwohl Indien auch in Windkraft und Photovoltaik investiert hat, bleibt das Land in punkto Bewässerung in der Abhängigkeit von fossilen Brennstoffen gefangen.

Je mehr Dünger, desto höhere Erträge: Das funktioniert bis zu einem gewissen Grad. Die Gesamtmenge der weltweit eingesetzten Düngemittel ist zwischen 1950 und 2008 von 14 Millionen auf 162 Millionen Tonnen gestiegen. Die Landwirte wissen, dass irgendwann auch die größte Menge an Dünger keine höheren Erträge mehr bringt. Das Maximum ist bereits in vielen Ländern erreicht, besonders in denen mit hohem Exportaufkommen: Europa, die Vereinigten Staaten und Kanada. Weitere Fortschritte auf dem Gebiet der Gentechnik und der Züchtung von Saatgut könnten für bessere Erträge sorgen. Wenn jedoch die Wissenschaftler für Reis – dank der Einführung neuer Sorten – eine Steigerung um mehr als ein Viertel voraussagen, dann kann der Gesamtertrag keinesfalls verdreifacht werden.

Es muss eine neue Revolution stattfinden, die mehr aus einer Sache macht und die auf Tatsachen, Zweckmäßigkeit und schnellen Ergebnissen beruht. Die Welt steht vor drängenden Problemen und wir brauchen einen kreativen und innovativen Ansatz, wenn wir wirklich einen Durchbruch erzielen wollen. Kein biologisches System entwickelt sich linear. Durch Festhalten an alten Verfahren in der Hoffnung, die Technologien verbessern zu können, werden keine Fortschritte erzielt. Deshalb schlägt dieses Buch eine neue grüne Revolution[35] vor, eine realistische und konkrete Revolution, die vor allem eine Veränderung der Perspektive voraussetzt.

DIE MAGIE DER GROSSEN ZAHLEN

Wir wissen, dass wir auf der Grundlage der uns zur Verfügung stehenden Ressourcen mehr Produkte und Dienstleistungen produzieren und liefern müssen. Doch ein kurzer Blick auf einige Befunde aus China und Indien zeigt uns, dass sich manche Zahlen nicht mehr nur einfach addieren lassen. Wenn die Chinesen dazu übergehen, durchschnittlich ein Bier mehr pro Tag zu trinken, werden sie die Japaner, die Deutschen und die Hälfte der Amerikaner einholen und die Weltproduktion an Gerste aufkaufen. Der Preis für Gerste und Hopfen wird sich verdoppeln bis verfünffachen (ersteres wenn der Konsum nur um eine Flasche pro Woche steigt). Da ungefähr 300 Millionen Chinesen bereits jetzt über ein Einkommen verfügen, das es ihnen erlaubt, täglich drei US-Dollar für ein Bier auszugeben, werden die vielerorts entstehenden Mittelschichten bald um die Rohstoffe konkurrieren. Selbst die gesamte Gerstenernte wird kaum ausreichen, um den Durst der Chinesen zu löschen.

Doch um Bier herzustellen, braucht es mehr als Gerste und Hopfen. Beträchtliche Mengen an Wasser sind ebenfalls nötig. Für einen Liter Bier muss man mit mindestens 10 Litern Wasser rechnen, wobei einige Brauereien sogar bis zu 30 Liter verbrauchen. Nun aber herrscht in China schon heute in mindestens dreihundert Städten Wassermangel. Und das ist nicht nur in China der Fall: Fast alle Megastädte der Welt, von Tokio bis nach São Paulo, über Nairobi bis nach Barcelona hin, stehen vor der Besorgnis erregenden Situation einer Trinkwasserverknappung.

Zur Produktion tausender zusätzlicher Hektoliter Bier müsste Wasser aus der Landwirtschaft und dem städtischen Verbrauch abgezogen werden: Hier stehen wir vor einem System gegenseitiger Abhängigkeit! Da die Kaufkraft der aufstrebenden Mittelschichten steigt, wird das Geld, das für Bier zur Verfügung steht,

---

[35] ohne Gentechnologie,

mit dem Budget städtischer Behörden und dem Bedarf der Landwirte konkurrieren. Einigen Bauern in der Nähe von Peking wurde wegen der Wasserknappheit bereits verboten, ihre Böden zu bewässern. Bierbrauer und Fast-Food-Hersteller haben sich vertraglich zusichern lassen, dass sie auch in diesem Fall mit der Produktion fortfahren dürfen. Denn Bier ist nicht mehr nur ein Durstlöscher – es ist auf der ganzen Welt ein Symbol für den sozialen Status.

Die Chinesen nähern sich der oberen Stufe der Nahrungskette und das nicht nur im Hinblick auf Bier. Ihr Verbrauch von rotem Fleisch, der binnen sechs Jahren von 1,1 Millionen auf 4,4 Millionen Tonnen gestiegen ist, wirkt sich stark auf den weltweiten Getreideverbrauch aus. Um ein Kilo Fleisch herzustellen, sind sieben Kilo Getreide nötig, so dass China mehr als 30 Millionen Tonnen Mais und Soja für die Fleischproduktion benötigt. Doch da das Land im Gegensatz zu Amerika nicht über ausgedehnte Weideflächen verfügt, ist der Druck auf den Mais- und Sojamarkt noch stärker. Wie es der Ökologe Lester Brown in seinem Artikel von 1995, „Wer wird China ernähren?", hervorhoben hat, wird das Angebot der Nachfrage nicht folgen können.

In Indien sieht die Sache nicht viel anders aus. Wenn das Land bei einer fünfzehnprozentigen Steigerung seines jährlichen Verzehrs an Hühnerfleisch bleibt, wird sich der Tierbestand alle fünf Jahre verdoppeln, so dass er bis zum Jahr 2010 auf 2,4 Milliarden gestiegen sein wird – von 300 Millionen noch im Jahr 1995. Da für ein Kilo Hühnerfleisch zwei Kilo Futter benötigt werden, wird der Bedarf in Indien bei 19,2 Millionen Tonnen Hühnerfutter liegen, das entspricht in etwa fünf Prozent der aktuellen Getreideproduktion. Keine Gentechnik und kein Klonverfahren für Hühner vermag diese Rechnung in Frage zu stellen. Hier ist ein völlig neuer Ansatz nötig.

DAS ENDE DES ABFALL- UND VERSCHWENDUNGSKONZEPTS

Um den starken Konsumanstieg, der uns erwartet, zu bewältigen, muss unser Umgang mit natürlichen Ressourcen einer neuen Philosophie folgen. Wir können nicht mehr auf die heute übliche verschwenderische Art und Weise Dinge produzieren, konsumieren und wegwerfen. Die Weltgemeinschaft zu ernähren ist nicht nur eine Herausforderung für Produzenten sondern auch für Konsumenten. Nachhaltige Entwicklung wird im „Brundtland-Bericht"[36] von 1987 beschrieben

---

[36] Gemeint ist der 1987 veröffentlichte „Bericht der Weltkommission für Umwelt und Entwicklung", benannt nach der ehemaligen norwegischen Ministerpräsidentin Gro Harlem

als „eine Art zu produzieren und zu konsumieren, die künftige Generationen nicht daran hindern wird, ihre Bedürfnisse zu befriedigen". Ich schlage eine neue Definition vor: „Die Fähigkeit, die Grundbedürfnisse aller Lebewesen dieser Erde durch allseits praktizierte Koevolution und mithilfe der Gesamtheit der regional verfügbaren Ressourcen zu befriedigen". Heute sind wir noch Lichtjahre davon entfernt, dieser Verpflichtung zu folgen. Unsere Produktionsweisen ebenso wie unser Konsumverhalten führen unausweichlich zur Entropie. Eine nachhaltige Produktion hängt von unserer Fähigkeit ab, Rohstoffe und Energie so zu nutzen, dass nichts davon verloren geht. Wenn der Mensch sich dazu entscheidet, diesen Weg – den Weg von Zero-Emissions, nach dem Vorbild der anderen Spezies – zu gehen, werden wir den Kreis schließen und uns in einer Gesellschaft entwikkeln können, die nach den Prinzipien von Interdependenz und Kooperation und auf das Gesetz der Regeneration ausgerichtet ist. Das ist die Geburtsstunde der Koevolution.

Der Mensch ist die einzige Spezies auf der Erde, die Abfälle produziert. Wenn wir Mais ernten, interessieren uns nur die Körner, den Rest betrachten wir als Ausschuss. Bei seiner Verbrennung entsteht Rauch, der große Städte wie Kairo und Shanghai verschmutzt und zu Atemwegserkrankungen führt. Wenn wir Kokosnüsse für Öl ernten, wird nur das Öl genutzt. Der Rest wird ebenfalls verbrannt. Ungefähr 30 Prozent aller gefangenen Fische sind als Beifang wertlos für die Fischer und werden tot ins Meer zurückgeworfen. Wenn wir Gerste und Hopfen zu Bier verarbeiten, extrahieren wir nur acht Prozent der Stärke. Fasern und Proteine werden als Abfall angesehen und kostenlos an landwirtschaftliche Mastbetriebe abgegeben. Machen Sie sich einmal klar, was das bedeutet: lauter Proteine, die in sämtlichen Brauereien Afrikas wie Abfall behandelt werden? Wenn wir ein so genanntes „grünes" Reinigungsmittel auf der Basis von Fettsäuren aus Palmöl herstellen, verwenden wir nur fünf Prozent der pflanzlichen Biomasse. Der Rest geht verloren und wird nicht einmal verbrannt. Wenn wir Bäume wegen der Lignocellulose fällen, werden zur Gewinnung des Zellstoffs maximal 30 Prozent ihrer Biomasse entzogen. Der Rest wird zu Schwarzlauge, einem Gemisch aus natürlichen und synthetischen chemischen Verbindungen. Die Schwarzlauge wird verbrannt, denn jedes Mal, wenn wir nicht wissen wohin mit einem Abfallprodukt, verbrennen wir es – unter dem Vorwand, dadurch Energie zu sparen... Bei Nestlé geht man sogar so weit, Kaffeesatz-Abfälle zu

Brundtland, die in dieser Kommission den Vorsitz hatte. (A.d.Ü.)

verbrennen, obwohl sie zu 80 Prozent aus Wasser bestehen. Der Mensch kann von sich wirklich nicht behaupten, ein effizientes Produktionssystem ersonnen zu haben. Im Gegenteil: die Ineffizienz desselben grenzt ans Absurde.

Die Liste der Abfallaufkommen ist lang. Die Agrar-Industrie erzeugt jedes Jahr schätzungsweise zwei Milliarden Tonnen Biomasse-Abfall. Ein Großteil davon wird verfeuert, der scheinbar wertlose Rest kommt fast vollständig auf die Deponie. Zwar werden bei einigen agro-forstwirtschaftlichen Produkten mehr als 30 Prozent der Biomasse genutzt. Doch meistenteils entziehen wir ihnen nur die Bestandteile, die uns gerade nützlich erscheinen und werfen den Rest weg. Wieso?

Die Magie der angesehenen Kaderschmieden der Wirtschaft, wie Harvard Business School und INSEAD, zeigt ihre Wirkung: Alle haben sich auf den Kern der Sache – das Kerngeschäft – konzentriert, mit einzigartigem Sachverstand… und „Nach mir die Sintflut!". Ein kleiner Prozentsatz der Abfälle aus der Agro-Forstwirtschaft wird mittlerweile als Dünger wiederverwertet. Das ist ein erster Schritt in die richtige Richtung, doch wir müssen noch weitere 999 tun, um das Ziel Null-Abfall[37] zu erreichen und auf systematische Art und Weise aus allem einen Mehrwert zu produzieren.

VOM LINEAREN DENKEN ZUR KONSTRUKTION VON SYSTEMEN

Wir denken linear und wenden die Regel von Input und Output an. Wir folgen dabei einer simplen Logik – der cartesianischen – die auch von Managementschulen gelehrt wird. Abfall ist in diesem Sinne alles, was nicht für das Hauptprodukt benötigt wird. Dieser Ansatz ist grundlegend falsch. Doch das Problem beginnt bereits mit unserem Bildungssystem. Selbst nach jahrhundertelanger Forschung fehlt uns ein grundsätzliches Verständnis für die Funktionsweise natürlicher Systeme. Insbesondere die Lehrpläne für zukünftige Wirtschaftswissenschaftler und Manager leiden unter willkürlichen Beschneidungen der Darstellung der Realität. Was Kostenkalkulation, Verkaufspreisermittlung und Umsetzung einer Marktstrategie betrifft, beschränkt sich die Aufmerksamkeit einzig auf die Inputs, die in direktem Zusammenhang mit der Produktion eines

---

37 und Null-Verschwendung, im Sinne des engl. Begriffs „*waste*" (= Abfall bzw. Verschwendung).

gewünschten Outputs stehen. Wir befinden uns im Zeitalter des Outsourcings[38], des Supply Chain Managements[39], der Just-in-time-Produktion[40], des Downsizings und des Kerngeschäfts. Nahezu alles Übrige wird vernachlässigt: die Menschen, die Umwelt, die Gesundheit sowie das effizienteste aller Produktionssysteme: die Natur. Gerät eine Firma aufgrund ihrer Praktiken in Schwierigkeiten, sorgt ihr Public-Relations-Manager durch die Bereitstellung von Mitteln für Sponsoring und die Vergabe von Forschungsverträgen für Besänftigung. Kommt es schließlich hart auf hart, so wird eine Armee von Anwälten aufmarschieren, zunächst um anzugreifen, und in letzter Instanz, um die Verteidigung der Firma zu sichern und eine gütliche Einigung zu erzielen. Die Tabakindustrie bietet ein entmutigendes Beispiel dafür, wie sich eine Branche aus der Affäre zieht, ohne ihrer Verantwortung gegenüber der Gesellschaft nachzukommen. Leider ist sie damit keine Ausnahme.

Doch nicht immer ist menschliches Verhalten ausschlaggebend: Das heute vorherrschende Managementmodell ist ebenso Teil des Problems. Das Konzept des Kerngeschäfts – des core business –, seit den 70er Jahren eine zentrale Strategie der Unternehmen, hat der Natur mehr geschadet als jede Ölpest oder nukleare Katastrophe. Nach wie vor belohnen Aktionäre Manager, die klar definierte Märkte ansprechen, Personalbestände senken und die Kräfte des Unternehmens auf eine einzige Aktivität hin ausrichten. Sie sind sich nicht bewusst, dass eine andere Vorgehensweise – ausgerichtet auf Rohstoffkreisläufe und erneuerbare Energien – der Industrie Millionen Tonnen Materialien durch Mehrwertschöpfung einbringen könnte, und auf diese Weise zusätzliche Einkünfte und Arbeitsplätze generiert.

DIE ZWEITE GRÜNE REVOLUTION

Um aus den weltweiten Erträgen der Landwirtschaft die gigantischen Mengen zu erzielen, die wir benötigen, muss eine zweite grüne Revolution[41] stattfinden:

---

38 *Outsourcing*: wenn Unternehmen Bereiche der Produktion oder Dienstleistung, die z.B. nicht zu ihrem Kerngeschäft gehören, anderen Unternehmen überlassen.

39 *Supply Chain Management*: genau auf die Bedürfnisse der Produktion abgestimmte Zulieferung.

40 *Just-in-time-Produktion*: Produktions- und Vertriebsart, die nur kurzfristige Lagerhaltung und damit einhergehende Kapitalbindung ermöglicht.

41 siehe Anmerkungen Seite 6 und Seite 43. (A.d.Ü.)

Eine Revolution, die Abfälle nutzt, Ineffizienz korrigiert und eine größere Vielfalt erzeugt.

Nehmen wir als Beispiel den Wald. Warum lässt die Industrie Bäume fällen? Um aus ihnen die Lignocellulose zu gewinnen, die wir zur Papierherstellung benötigen. Nur 20 bis 30 Prozent des Holzes bestehen aus Lignocellulose, der Rest sind biochemische Substanzen, von denen einige nicht nur nützlich, sondern auch veredelbar sind. Doch sie finden im derzeitigen Produktionsprozess keine Berücksichtigung: Die Lignocellulose wird verarbeitet, aber der verbleibende Chemiecocktail – die Schwarzlauge – wird vor Ort verbrannt. Im Hinblick auf den Umweltschutz ist das gerechtfertigt: Anstatt auf fossile Energien greifen wir auf eine „erneuerbare" Energiequelle zurück. Doch die in der Schwarzlauge einzig verfügbare ist Lignin. Der Rest der Lauge ist in dieser Hinsicht wertlos. Vom biochemischen Standpunkt aus betrachtet, ist er es hingegen nicht. Dennoch wird diese Möglichkeit ignoriert. Mithilfe von Forschung im Sinne des Zero-Emissions-Ansatzes bzw. von Null-Verschwendung, bei dem „nichts verloren gehen soll", könnten Produkte und Produktionsverfahren zur Verwertung dieser Bestandteile identifiziert werden.

Kehren wir noch einmal zum Beispiel Wald zurück. Wenn Entwicklungsländer – die meisten befinden sich in den Tropen – nach lokal verfügbaren Quellen für Lignocellulose suchen, empfehlen internationale Berater fast standardmäßig die Kultivierung von Arten, mit denen sie sich auskennen: Kiefer und Eukalyptus. Doch keine dieser Arten ist einheimisch, was bereits ein Problem darstellt. Schlimmer noch, mit der Einführung dieser Arten werden die Fasern, die in großer Menge bereits vorhanden sind, völlig außer Acht gelassen. So zum Beispiel die Bambusart Guadua angustifolia, ein hervorragender Lieferant für Lignocellulose. Er wird jedoch als wertlos betrachtet, da der Ertrag an Fasern, die für die Papierproduktion geeignet sind, nicht so ergiebig ist wie der Ertrag, den Kiefer und Eukalyptus dank fortschrittlicher Technologien liefern.

Wenn Sie also mit Kanonen auf Spatzen schießen, werden Sie sie sicherlich treffen, jedoch nicht ohne Begleitschäden. Der Vergleich der Erträge des Guadua mit denen der Kiefer, der sich auf ein bei der Verarbeitung der Kiefer eingesetztes chemisches Verfahren stützt, ist unangebracht. Würde man stattdessen ein Verfahren wie Vakuumverdunstung, Dampfexplosion oder Extraktion mithilfe von Enzymen anwenden – Verfahren, die die Experten als veraltet und ineffizient betrachten (ohne sie jedoch zu kennen, da sie stets ihre eigenen Technologien zu verbreiten suchen) – könnten die Erträge des Bambus deutlich gesteigert werden.

Naturfasern aus den Tropen – stark faserhaltig sind z.B. Bambus, Rattan und Zuckerrohr – lassen sich jedoch nicht nur zur Papierherstellung verwenden. Sie sind auch ein ausgezeichneter Ersatz für schädliche anorganische Fasern wie Asbest, der immer noch in Entwicklungsländern produziert wird, während er sonst überall verboten ist. Wenn ein Zementarbeiter Bambusfasern in seinen Zement mischt, um eine Platte herzustellen – wie es in Japan und Indonesien üblich ist –, verfügt er über ein Baumaterial mit längerer Lebensdauer und höherer Feuchtigkeitsresistenz. Was jedoch noch wichtiger ist: er gleicht seinen CO_2-Ausstoß aus, denn die Fasern enthalten jeweils eine entsprechende Menge an Kohlenstoffdioxid. In Anbetracht der schleichenden Verschmutzung der Böden könnte die Zementindustrie durch das Anpflanzen von Bambus auch zu deren Regeneration beitragen. Wenn wir systemisch denken würden, hätten wir ein anderes Bild von Industrie, Wald, Bodennutzung und Landwirtschaft. Anstatt den Baum lediglich als Lieferanten für Lignocellulose oder die Palme als Lieferanten für Palmöl zu betrachten, würden wir diese Millionen Hektar an Vegetation als „chemische Industrie" des 21. Jahrhunderts begreifen. Eine „Bioraffinerie" im wahrsten Sinne des Wortes entstünde auf diese Weise. Erstmals würden natürliche Produkte die synthetischen überholen. Wieso? Weil wir nicht mehr nur einen Teil der Rohstoffe nutzen würden, sondern alles.

Wussten Sie, dass eine Anpflanzung von hundert Quadratmetern Guadua-Bambus für den Bau eines Hauses pro Jahr ausreicht? Bambus ist ein Grasgewächs, das man nur abschneiden muss, damit es wie Rasen nachwächst. Der stabile Teil des Bambus dient zur Konstruktion von Häusern, die „im Rhythmus der Natur tanzen": richtig konzipierte Bambushäuser können den Erschütterungen eines Erdbebens standhalten. Nach seiner Freigabe durch die deutschen Behörden war der zur Weltausstellung in Hannover im Jahr 2000 erbaute Bambuspavillon ein Riesenerfolg! Während fünf Monaten hatte er mehr als sechs Millionen Besucher. Die Ingenieure priesen ihn als ein Meisterwerk und die kolumbianischen Arbeiter, die am Bau beteiligt waren, erhielten am Ende alle ein Diplom als „Holzkonstruktionsmeister", auch wenn viele von ihnen nicht einmal lesen und schreiben konnten.

In mehr als einhundert Ländern der Erde beheimatet, könnte Bambus dort vorhandene Wohnraumprobleme lösen. Aber folgt man einem systemischen Ansatz, ist Wohnraumbeschaffung bloß der Anfang der Geschichte. Werden die Bambusstangen als Baumaterial eingesetzt, können die Reste in Holzkohle umgewandelt werden. Der bei der Verbrennung entstehende, als schädlich geltende Rauch kann distilliert und als biologischer Wirkstoff das Holz gegen Insekten und Pilzbefall schützen. Die Blätter des Bambus enthalten wiederum Proteine. Faserreste können zu Papier verarbeitet oder als Ersatz für Asbest verwendet werden. Als Gratiszugabe werden bei all diesen Verwendungszwecken beträchtliche Mengen an CO_2 gebunden, was zu einer Stabilisierung des Klimas beiträgt.

Welches Modell sorgt Ihrer Meinung nach für eine glückliche Zukunft in den Ländern, wo der Bambus seit Jahrtausenden wächst? Der Bau von Zementwerken mit hohem CO_2-Ausstoß, oder die fachgerechte Ausnutzung sämtlicher Bestandteile des Bambus? Die Ansiedelung fremder Arten wie Kiefer oder Eukalyptus, oder der systematische Rückgriff auf die Bambusbestände? Die Antwort liegt auf der Hand, es sei denn, Sie sind Aktionär einer weltweit expandierenden Papierfabrik oder eines nach Marktbeherrschung strebenden Zementwerks.

Ich bin mir sicher, dass wir dank eines integrierten Systems, wie es hier nur kurz umrissen wurde, allen Menschen auf diesem Planeten die Rohstoffe liefern können, die sie benötigen, um ihren Bedarf an Nahrung, Wohnraum und Gesundheitsversorgung zu befriedigen. Und wir können hierbei nachhaltig und preiswert arbeiten. Es wird Zeit, dass wir uns von der Erdölindustrie inspirieren lassen, die zweifellos das beste Modell ist, das die Industrie hervorgebracht hat. Es ist geradezu paradox, dass ihre Methoden niemals auf den Bereich der erneuerbaren Ressourcen angewandt wurden.

Wenn wir mit den Strategien des Kerngeschäfts fortfahren, werden wir, trotz mancher unumgänglicher Verbesserungen und eines zusätzlichen Anstrichs von Nachhaltigkeit, die Armut niemals bekämpfen können. Das einzige, was man am Ende als nachhaltig bezeichnen könnte, wäre das Elend.

DAS ENDE DER TRENNUNG

Der Übergang von einer linearen zu einer systemischen Denkweise betrifft nicht nur die Aktivitäten in der Industrie: Die gesamte Gesellschaft muss sich in diese Richtung entwickeln. Eine derartige Veränderung würde automatisch die Denkweise der „Grünen" beeinflussen, die häufig „Contra" eingestellt sind, ohne dabei systemische Lösungen anzubieten. Auch in der Stadtplanung würde sie sich auswirken, und zwar indem die künstliche Trennung zwischen Handelsplätzen, Landwirtschaft, Wohngebieten und Industrie aufgehoben würde. Wußten Sie zum Beispiel, dass Kuba sich dank der Integration von Gärten in Stadtgebieten zu 90 Prozent selbstständig mit Obst und Gemüse versorgen kann? Eine Aufhebung dieser Trennung würde unser Verhältnis zum Wohnen verändern, würde ein Überdenken politischen Handelns erfordern und – was nicht das Unwichtigste wäre – die Industrie und Wirtschaftswelt zwingen, ihre Aktivitäten gründlich zu hinterfragen.

Es ist zweifellos lineares Denken, das sich in heutigen Plänen zur Flächennutzung widerspiegelt. Stadtplaner haben Industriegebiete von Wohngebieten getrennt. Größere Einkaufszentren befinden sich meist in Randbezirken und sind kaum oder gar nicht mit öffentlichen Verkehrsmitteln zu erreichen[42]. Die Landwirtschaft ist in der Regel in noch viel größerer Entfernung von den Städten angesiedelt. Es ist lange her, dass Städte sich von dem ernähren konnten, was innerhalb ihrer Mauern vorhanden war. Das bedeutet, dass eine Brauerei, die ihre Getreideabfälle als Tierfutter abgeben möchte, lange und teure Transportwege in Kauf nehmen muss. Befände sich neben der Brauerei jedoch eine Bäckerei, würden dieser nahezu die Hälfte der Zutaten zum Brotbacken unmittelbar zur Verfügung stehen, und das kostenlos! Aber es kommt noch besser: Wenn sich neben der Brauerei eine Pilzfarm befände – und wir wissen, dass das möglich ist, da wir es in Namibia und Kanada ausprobiert haben – könnte diese Farm aus vier Tonnen Getreideabfällen eine Tonne Pilze produzieren. Leider verbietet das Flächennutzungsgesetz in den OECD-Ländern – ein Ergebnis linearen Denkens – eine landwirtschaftliche Betätigung wie den Anbau von Pilzen in einem Industriegebiet, also in der unmittelbaren Umgebung der Brauerei. Woher stammt diese Logik? Ursprünglich sollten auf diese Weise Stadtbewohner vor möglichen Umweltbelastungen durch die Industrie geschützt werden. Doch heute wären solche Industrien in der Lage, ohne Abfall und ohne Umweltbelastung zu produzieren, wenn benachbarte Aktivitäten diese Beiprodukte weiterverwendeten.

---

42 Hier ist daran zu erinnern, dass die Entwicklung der Einkaufszentren an den äußeren Stadträndern einher ging mit der Entwicklung des individuellen Personenkraftwagens.

Die Abwässer einer Brauerei sind lauwarm und alkalisch. In den meisten OECD-Ländern sieht das Gesetz vor, dass sie abgekühlt werden und ihr pH-Wert durch Zugabe von Säure neutralisiert wird. Hier haben wir ein weiteres Beispiel für lineares Denken. Bestimmte Mikroalgen, die gut für den Menschen sind (z.B. die Spirulina-Alge), entwickeln sich in alkalischem Wasser. Doch in Industriegebieten ist solches Wasser eine Seltenheit, da der Regen hier grundsätzlich sauer ist. Alkalisches Wasser bedarf keiner Behandlung und sollte auch nicht entsorgt werden. Es kann zur Aufzucht von Fischen verwendet werden. Zwar wäre es zu teuer, das Wasser zu diesem Zweck wieder aufzuwärmen, es kann jedoch direkt in die Aufzuchtbecken geleitet werden, so wie man es in Schweden oder Kanada praktiziert. Für Milchpulverfabriken wäre dies eine Möglichkeit zur Diversifikation, da ihre lauwarmen Abwässer reich an gelösten Proteinen sind. Aus Sicht der Produzenten sind diese Proteine Abfall, aber aus Sicht der Fische sind sie ein erstklassiges Nahrungsmittel. Dieses Projekt wurde der schwedischen Genossenschaft Arla vorgeschlagen. Leider hat man die Mitarbeiter wegen mangelnder Produktivität entlassen, noch bevor das Experiment überhaupt starten konnte.

Während viele Europäer solche Vorschläge als Unsinn abtun, werden im südlichsten Bundesstaat Brasiliens, Rio Grande do Sul, Spirulina-Algen im Kühlwasser von Kohlekraftwerken gezüchtet. Das CO_2, das die Algen benötigen, ist in den Emissionen des Kraftwerks enthalten und mit Spirulina angereichertes Gebäck ist Teil eines Regierungsprogramms zur Bekämpfung von Hunger.

Nicht nur die Strategien der Unternehmen sind vom linearen Denken geprägt. Es manifestiert sich auch in Regelungen und Gesetzen, die im Hinblick auf Logik und Effizienz komplexer Systeme keinen Sinn ergeben, insbesondere dann, wenn man die Arbeitsweise der Natur begreift. Um eine zweite grüne Revolution auszulösen – die nach den Prinzipien der Generativen Wissenschaft funktioniert, die die Kunst des Immunity Managements umsetzt und die jedes kleinste Stück Material verwertet, bis das Ziel Zero-Emissions bzw. Null-Verschwendung erreicht ist –, benötigen wir Menschen, die noch Träume haben, die Fantasie besitzen und die Fähigkeit zu systemischem Denken. Um das zu tun, müssen wir so manche lineare Wahrheit umgestalten. Wir müssen den zukünftigen Managern die Wunder der Natur nahe bringen. Wir müssen industrielle und landwirtschaftliche Aktivitäten miteinander verzahnen, damit wir das verwerten können, was uns heute unbrauchbar erscheint. Der Entwurf eines solchen Systems übersteigt vielleicht noch unsere Vorstellungskraft. Wir müssen uns von der Biologie inspirieren lassen und den Regenbogen der Revolutionen genauer untersuchen, die auf die zweite grüne Revolution folgen: Die weiße Revolution der Champignons, die blaue Revolution der Fische und die gelbe Revolution der Wüste. Sie alle zusammen bilden die strategische Achse unserer Zukunft.

5. Die strategische Achse unserer Zukunft

Von Pilzen zu Regenwürmern

Der Begriff „Revolution" wird oft falsch verwendet. Im allgemeinen Sprachgebrauch ist damit der gewaltsame Sturz einer Regierung oder einer sozialen Ordnung gemeint. Er kann sich aber auch auf eine grundlegende Veränderung oder die Umkehrung einer Situation beziehen. Als Fortschritte im Bereich landwirtschaftlicher Technik es ermöglichten, die Produktion an die steigenden Bevölkerungszahlen anzupassen, sprach man von einer „grünen Revolution".

Das Thema dieses Buches ist die Revolution unserer Wahrnehmung und unserer Vorstellung. In vielen Bereichen leisten Organisationen wie ZERI Pionierarbeit. Sie zeigen, wie die Veränderung unserer Vorstellung die Veränderung linearer Prozesse auslösen kann, die wir bis dahin für die Norm hielten. Diese Entwicklung hin zu Systemen, die vielfältige Aktivitäten integrieren, indem sie Stoffströme miteinander verbinden und alle verfügbaren Ressourcen aufwerten, wird eine Produktivitätssteigerung zur Folge haben. Die Fallbeispiele ergeben Stück für Stück einen wahren Regenbogen an Revolutionen, die zusammengenommen, eine ähnlich umfassende Auswirkung haben können, wie die (erste) grüne Revolution. Einige Akteure unseres bunten Szenarios könnten auf den ersten Blick für Überraschung sorgen. Aber sehen wir sie uns genauer an.

Verwendet man Getreideabfälle als Nährboden für den Anbau von tropischen Pilzen, so verwandeln sich die Entsorgungskosten in Einkünfte. Verwendet man das Substrat, das bei der Pilzproduktion übrig bleibt, als Nahrungsmittel für Vieh oder Regenwürmer, bringt das weitere Einkünfte. Und verkauft man schließlich die Abfälle der Regenwurmzucht als Humus, entsteht wieder zusätzlicher Cash-Flow. Wird ein Heizkessel mit Biogas aus Exkrementen von Rindern und Hühnern betrieben, erhält man kostenlose Energie. Und wenn der dabei entstehende Faulschlamm das Wasser mineralisiert, in dem Algen als Fischfutter gezüchtet werden, dann ist ein doppelter Kreislauf von Abfallkette und Zusatzeinkünften entstanden. Ein faszinierender Kreislauf, der durch einige wenige Investitionen eine beachtliche Menge an Gütern produziert hat. Ein wahrer Sprung nach vorne!

Die maßgeblichste dieser Revolutionen ist die weiße Revolution, da sie den meisten anderen Prozessen vorangestellt ist. Prüfen wir also genauer, wie der Anbau von Pilzen die Art und Weise unserer Vorstellungen von Ernährung und Gesundheit in den kommenden Jahren verändern kann.

DIE WEISSE REVOLUTION

Was die Nutzung der Reichtümer der Biosphäre anbelangt, können es nur wenige Erfindungen mit der natürlichen Leistung von Schimmelpilzen aufnehmen. Makropilze gehören zur Welt der Speisepilze, die in den Szenarien unserer Zukunft eine wichtige Rolle spielen. Mikro- und Makropilze arbeiten auf die gleiche Weise: Sie spalten die Fasern von Pflanzen, lösen das Lignin auf und setzen dabei Energie frei. Der einzige Unterschied zwischen Mikro- und Makropilzen ist ihre Größe: Mikropilze sind für das bloße Auge unsichtbar. Viele Menschen sind der Meinung, Pilze seien exotisch, teuer und bisweilen giftig – mit Ausnahme von Champignons (für die der Sonnenkönig eine besondere Vorliebe hatte). Während sie noch immer von vielen als Luxusprodukt angesehen werden, waren sie früher dagegen ein übliches Nahrungsmittel für arme Menschen. In Südafrika zum Beispiel dienten Pilze als zusätzlicher Energielieferant in der Zeit bis zur nächsten Getreideernte. Doch die zunehmende Urbanisierung und die intensive Nutzung von Holz als Brennmaterial haben die Pilzbestände stark zurückgehen lassen.

Wenn wir daran gingen, die Pilzproduktion zu industrialisieren und dafür die gigantischen Mengen vielerorts anfallender Faserreste verwendeten, würden wir den Lebensmittelmarkt ebenso radikal verändern, wie es die Geflügelproduzenten in den letzten fünfzig Jahren getan haben: Noch vor wenigen Jahrzehnten in der Regel nur für Besserverdienende erschwinglich, ist Hühnchen heutzutage ein Alltagsgericht.

Die Produktivität von Pilzen ist gestiegen und die nötigen Inputs beschränken sich – stark vereinfacht dargestellt – auf ein Lignocellulose-Substrat, Dampf, Sporen und natürlich geeignete Anbauflächen. Während ein Quadratmeter früher innerhalb von zwölf Wochen einen Ertrag von 5 Kilo Champignons erbrachte, beläuft dieser sich heute für dieselbe Fläche auf 60 Kilo in sechs Wochen. Wenn wir genügend Lebensmittel erzeugen und Armut und Unterernährung bekämpfen wollen, gibt es nur wenige Lösungen, die so viel versprechende Aussichten wie Pilze bieten. Und nur wenig Essbares wie z.B. Makropilze gedeiht auf der Grundlage eines so weit verbreiteten und günstigen Rohstoffes wie Fasern.

Der Ertrag von Pilzen an Proteinen pro Hektar ist weitaus größer als der, der durch Vieh produziert wird. Ein Hektar Weideland reicht gerade einmal aus, um zwei Kühe pro Jahr zu ernähren. Eine Kuh bringt nur alle zwei Jahre ein Kalb zur Welt. Auf derselben Fläche wachsen unter günstigen Bedingungen monatlich 100 Millionen Pilze… Wer bietet mehr?

Bei den Pilzen besteht der besondere Vorteil darin, dass sie ihre Energie hauptsächlich aus Lignocellulose gewinnen, einem reichlich vorhandenen Makromolekül. Ungefähr ein Drittel der Biomasse unseres Planeten besteht aus Lignocellulose – gemeinhin als „Fasern" bezeichnet –, einem Material, das bei der industriellen Verarbeitung land- und forstwirtschaftlicher Produkte anfällt und oft wie Abfall behandelt wird. Besonders viele Fasern befinden sich in den Halmen von Weizen, Mais und Reis; sie sind außerdem Hauptbestandteil von Bagasse (Beiprodukt bei der Herstellung von Rohrzucker) und machen 70 Prozent der Malzreste aus, die beim Brauen von Bier oder Whisky übrig bleiben. Die bei der Herstellung von pflanzlichem Öl aus Kokosnüssen, Ölpalmen oder Oliven anfallenden Reste bestehen ebenfalls aus Fasern. Und jedes Mal wenn ein „Unkraut" wie die Wasserhyazinthe eine Wasserfläche oder Bambus ein Stück Land überwuchert, entsteht dort auch viel Fasermaterial. Fasern sind überall und deshalb können auch überall Pilze wachsen – in kaltem, gemäßigtem, subtropischem oder tropischem Klima.

Ein Baum entwickelt beim Wachsen besonders widerstandsfähige biologische Strukturen. Dazu bedarf es der Kombination von drei Hauptkomponenten: Lignocellulose, Lignin und Hemicellulose. Lignocellulose ist der Grundbaustein – das Material, das dem Baum Halt und Struktur gibt. Lignin ist der Zement bzw. Kitt, der das Bauwerk zusammenhält. Damit der Baum Erosion und extremer Witterung widerstehen kann, bilden sich Fasern, und zwar dort, wo die richtige Mischung aus Lignin und Lignocellulose vorhanden ist: in den Zellwänden im Innern der Pflanze. Um die Widerstandsfähigkeit zu erhalten und zu stärken, hat die Natur enzymhemmende und antioxidative Substanzen, zum Beispiel Vitamin E, hinzugefügt. Sie machen den Stängel der Pflanze bzw. den Stamm des Baumes robust gegen Zerbrechen. Abgesehen von diesen beiden Baumaterialien enthält jede Pflanze und jeder Baum noch einen weiteren wichtigen Stoff: Hemicellulose. Reich an Zucker bildet sie die Nahrung des Baumes und wandelt sich mithilfe der Photosynthese zu weiteren Kombinationen aus Lignocellulose und Lignin um.

Die meisten Lebewesen ernähren sich von Kohlehydraten und Proteinen. Doch die Pilze, die uns bei der Bekämpfung des Hungers in der Welt helfen sollen, sind anders. Sie sind die einzige Spezies, die in der Lage ist, Lignin aus Lignocellulose zu lösen und seine Bestandteile in Kohlenhydrate umzuwandeln. Unter anderem aus dieser Aufspaltung gewinnen sie Energie. Pilze sind keine Parasiten. Parasiten ziehen ihre Energie aus lebenden Systemen, während sich Pilze dank einer breiten Palette von Enzymen, mit deren Hilfe sie pflanzliches Material zersetzen, auf einer Grundlage aus totem Material entwickeln. Mikropilze und Pilze helfen der Welt, indem sie Millionen Tonnen von Abfall zersetzen, der sonst die ganze Erde bedecken würde.

So spielen Pilze eine zentrale Rolle bei der Wiederverwertung von Kohlenstoff und anderen in land- und forstwirtschaftlichen Abfällen enthaltenen Mineralien: in der Bagasse des Zuckerrohrs, im Stroh von Getreide, in den Abfällen von Kokos-, Palm- und Kaffee-Plantagen, aber auch in den Resten von Baumwolle, Wasserhyazinthe und Bambus. Pilze kennen keine Grenzen. Und doch wird in einem Industriezeitalter, in dem immer wieder auf Effizienz gepocht wird, der größte Teil agro-industrieller Abfälle nicht verwertet, sondern verbrannt (was zur Luftverschmutzung beiträgt) oder auf Deponien gebracht. Mittlerweile hat man damit angefangen, Lignocellulosereste als Nahrungsquelle für Pilze zu nutzen, die diese nach einiger Zeit „verdauen". Solche Abfälle könnten viel häufiger als eine potenzielle Wertschöpfungsquelle in der Lebensmittelproduktion Verwendung finden. Doch nur mittellose Menschen in ländlichen Gebieten, insbesondere chinesische Bauern, nutzen Fasern auf diese Weise. In der restlichen Welt hat sich vor allem das europäische Konsummodell durchgesetzt: Vom Nildelta in Ägypten bis in den Sudan und Äthiopien – überall dort, wo Geringverdienende leben – seien es nun Kaffeeproduzenten in Brasilien oder in Tansania, oder Baumwollproduzenten in Mexiko oder Simbabwe.

Seltsamerweise wissen wir mehr über die Fasern, von denen sich Pilze ernähren, als über die Pilze selbst. Ernährungswissenschaftler haben uns darauf hingewiesen, wie wichtig Fasern bzw. Ballaststoffe in unserer Ernährung sind. Die meisten Tiere, die sich von Gras, Gemüse oder Pflanzen ernähren, ebenso wie der Mensch, entziehen der pflanzlichen Biomasse nur Kohlenhydrate und Proteine – den Rest verwerten sie nicht. Dennoch wird empfohlen, dass wir mehr Ballaststoffe zu uns nehmen sollen, da die industriell hergestellten Lebensmittel zu wenig davon haben. Auf ihrer Reise durch unseren Verdauungstrakt absorbieren die Fasern zahlreiche Bakterienstämme, die unsere Gesundheit gefährden können – zum Beispiel Escheria coli und Salmonellen – die auf diese Weise ausgeschieden werden. Wir brauchen also die Fasern, auch wenn wir sie nicht verdauen können. Daher gedeihen viele Pilzarten auch auf Pferdeäpfeln, die reichlich unverdaute Faserreste enthalten.

Fossilienfunde beweisen, dass Pilze seit rund 130 Millionen Jahren existieren, lange bevor der Mensch erschien. Der erste dokumentierte Pilzanbau (Lentinula edodes oder Shiitake) geht auf das 10. Jahrhundert zurück. Von China aus trat die Pilzkultur ihren Siegeszug über Indien bis nach Frankreich an. Pilze gehören zu den ersten Arten, die kultiviert wurden, doch ihre industrielle Produktion begann erst in der zweiten Hälfte des 20. Jahrhunderts. Heute werden von den 5.000 bekannten Speisepilzarten nur zwanzig für kommerzielle Zwecke angebaut und nur sechs davon im großem Stil. Die Aussichten für eine Expansion sind ausgesprochen günstig, doch stehen wir hier noch ganz am Anfang.

Mithilfe fortschrittlicher Kultivierungstechniken und besserem Verständnis für die spezifischen Bedürfnisse der unterschiedlichen Arten, wird man immer mehr Pilzsorten in den Handel bringen, vor allem tropische. Dieses Vorgehen wird zu einer Standardisierung von Kultivierungsmethoden und zur Stabilisierung der Erträge führen.

In den westlichen Ländern gehört der Zuchtchampignon (Agaricus bisporus) zu den beliebtesten Pilzen. Man findet ihn heutzutage überall, sowohl in gemäßigten als auch in tropischen Klimazonen; Taiwan ist der drittgrößte Produzent weltweit. Dieser Champignon ist der heimliche Held der ersten Revolution im Lebensmittelbereich: Innerhalb von nur fünfzig Jahren stieg seine Produktivität um das Zwanzigfache. Der dunkelstreifige Scheidling (Volvariella volvacea) steht kurz davor, es ihm gleichzutun und das Nahrungsmittel mit dem schnellsten Wachstum zu werden: Von der Beimpfung bis zur Ernte dauert es nur acht bis zehn Tage! Der Shiitake wächst gut auf Nährböden, die viel Koffein enthalten (z.B. Abfälle von Kaffee- oder Teepflanzen). Da wir nur 0,2 Prozent der Biomasse von Kaffee- bzw. 0,1 Prozent der Biomasse von Teepflanzen verwerten, kann man sich vorstellen, welche Mengen an Shiitake wir produzieren könnten! Pilze bieten eine Möglichkeit auf natürliche Weise, ohne Klonen oder Genmanipulation und darüber hinaus mit verhältnismäßig niedrigem Wasserverbrauch, den weltweit immer schneller steigenden Nahrungsbedarf zu befriedigen. Wenn die Herausforderung darin besteht, die Armen mit Nahrung, Wasser und medizinischer Betreuung zu versorgen, und den Reichen eine optimale Ernährung zu gewährleisten, dann könnten wir dies mit einer Strategie erreichen, die sich im großen Stil auf den Anbau von Pilzen stützt. Über zehntausend Kolumbianer auf dem Land und in den Städten haben bereits erkannt, wie sie in diesem Sinne ihre Ernährung mithilfe der Nutzung überall vorhandener Rohstoffe sichern können.

Pilze enthalten Ballaststoffe, Eiweiß, Mineralien und Vitamine. Dank des technischen Fortschritts werden sie mittlerweile in der ganzen Welt kultiviert. Da sie sich in unterschiedlichen Klimazonen auf Abfällen aus Landwirtschaft oder Industrie anbauen lassen, könnten sie einen wichtigen Beitrag zur Lösung mehrerer Probleme leisten, angefangen bei der Unterernährung von Kindern bis hin zur Verwertung ungenutzter Abfälle. Pilze benötigen nur wenig Stickstoff und keinen Dünger. Ihre Produktion kann regelmäßig um zweistellige Prozentwerte gesteigert werden. Ende der neunziger Jahre belief sich das Marktvolumen für Speisepilze bereits auf 10 Milliarden US-Dollar im Jahr - im Jahr 2008 bereits wurde die Marke von 17 Milliarden US-Dollar überschritten![43]

Fasern sind der Hauptnährstoff für Pilze. Ihr Wachstum wird gefördert, indem die Lignocellulose der Fasern mit Kalk, Reiskleie oder Baumwollabfällen[44] vermischt wird. In weiten Teilen Afrikas führt man einen ständigen Kampf gegen Wasserhyazinthen, die die Gewässer regelmäßig vollkommen überwuchern. In Kapitel 11 werden wir sehen, wie diese Pflanze geerntet und anschließend mit Baumwollabfällen vermischt wird, damit daraus ein hervorragender Nährboden für den Pilzanbau entsteht. Nachdem dieser als Nahrung für die Pilze ausgedient

---

43 Miles und Chang: *Mushroom Biology, Concise Basics and Current Development*, World Scientific Publishing, Singapur 1997. Außerdem: Gee, S. L.: »Principle Species of Mushrooms Exported in 1996«, in *National Edible Fungi Information Bulletin*, Peking 1997. Chang: The World Mushroom Industry: Trends and Technological Development, International Journal for Medicinal Mushrooms, Vol. 8 (2006), Nr. 4, S. 297-314

44 Nur Abfälle aus biologischem Anbau sind hierfür geeignet.

hat, können die verbleibenden Reste noch als Viehfutter verwendet werden. Die Natur ist überaus berechenbar: Überall finden sich ähnliche Funktionsweisen. So wachsen Pilze normalerweise auf Abfällen im Wald, aber sie können genausogut auf anderen Abfällen wachsen, mit denen wir sonst nichts anzufangen wissen.

Die weiße Revolution hat also bereits begonnen. Für den westlichen Verbraucher, der sich gesund ernähren möchte, werden Pilze ein wichtiger Bestandteil der täglichen Nahrung sein. Sie besitzen nicht nur gute ernährungsphysiologische Eigenschaften, sondern können auch, auf Abfällen angebaut, zu einem günstigen Preis angeboten werden. Der Shiitake war früher so teuer, dass nur Japaner ihn sich leisten konnten. Heute könnte er das Äquivalent zu Hühnerfleisch in unserer Ernährung werden.

Wir sollten uns jedoch davor hüten, die Fehler zu begehen, die ich selbst gemacht habe. Den meisten Vegetariern, die Shiitake essen, ist nicht bekannt, dass in China für den Anbau fast ausschließlich Eichenholz verwendet wird. So kann es schnell passieren, dass ein Vegetarier, der durch seinen Verzicht auf Fleisch auch einen Beitrag zur Nachhaltigkeit leisten möchte, stattdessen zur Zerstörung der Eichenwälder in China beiträgt. Nicht gerade eine angenehme Erkenntnis…

Ohne Zweifel wird die Produktion von Pilzen in den kommenden zwanzig Jahren mit jährlichen Wachstumsraten von rund 15 Prozent geradezu explodieren. Qualität und Vielfalt werden in dem Maße zunehmen, wie es den Menschen bewusst wird, welchen besonderen Wert dieses Produkt für die Biodiversität hat. Die Kanadier konsumieren im Laufe eines Jahres pro Kopf 360 Gramm Pilze, bei den Amerikanern sind es gerade einmal 165 Gramm; die Chinesen in Hong Kong hingegen, essen bereits zwölf Kilo im Jahr. Wäre der Verbrauch der Amerikaner so hoch wie der der Kanadier, würde das Umsätze von zwei Milliarden Euro pro Jahr bedeuten.

Man hat herausgefunden, dass gewisse Pilze das Immunsystem unterstützen. In China zählen sie zu den Arzneistoffen und werden unter anderem zur Behandlung von Krebspatienten eingesetzt. Frische Pilze lassen sich teuer verkaufen. Ein guter Preis lässt sich ebenfalls erzielen, wenn Pharmaunternehmen zu den Abnehmern gehören. Das Volumen dieses neuen Handels wird weltweit auf 3,6 Milliarden Euro geschätzt.

In Afrika hatte ZERI den Vorschlag gemacht, Baumwollabfälle mit Wasserhyazinthen zu vermischen, um darauf tropische Pilze anzubauen. Angesehene Experten waren der Meinung, dies sei nicht möglich. Doch Professor S. T. Chang, einer der angesehensten Wissenschaftler und Autor zahlreicher Schriften zum Thema Pilze, entschloss sich, nicht nur seinen guten Ruf für das Projekt einzusetzen, sondern auch Experten nach dem ZERI-Denkansatz dafür auszubilden. Die öffentliche Meinung schlug sehr schnell um. Das Ausgangsmaterial stand preiswert oder gratis zur Verfügung und die Ergebnisse waren beeindruckend, wie wir in Kapitel 11 sehen werden.

Es ist interessant zu betrachten, wie Unternehmer in tropischen Ländern an die gewerbliche Produktion von Pilzen herangegangen sind. Sie versuchten zunächst, Champignons zu kultivieren, eine Pilzart, die nicht in den Tropen heimisch ist. Ihr Anbau ist nur möglich, wenn unter hohem Kostenaufwand die nötigen optimalen Klimabedingungen geschaffen werden (Champignons gedeihen nur bei einem feuchten, kühlen Klima). Die meisten tropischen Pilzfarmen, die Champignons produzieren – mit Ausnahme der chinesischen und der taiwanesischen – sind nicht wettbewerbsfähig. Daher verzichteten die Produzenten in Afrika und Lateinamerika auf die günstige Bagasse und suchten nach einem höherwertigeren Substrat zum Anbau der Champignons, z.B. Pferdeäpfel. Die Umwandlungsrate der Bagasse in Pilzsubstanz war mit 7 bis 19 Prozent tatsächlich nicht besonders hoch. Beim „veredelten", meist importierten Nährboden lag sie dagegen bei 60 Prozent, doch zu deutlich höheren Gestehungskosten!

Als die lokale Produktion gegen die Konkurrenz der Importware nicht länger standhielt, wurde die Verantwortung für die mangelnde Produktivität bei den Arbeitern gesucht. Das Management investierte erneut Kapital, um die Verarbeitung zu automatisieren und die Produktivität pro Arbeiter zu erhöhen. Doch bei Mindestlöhnen zwischen zwei und zehn US-Dollar pro Tag stellten nicht die Arbeitskosten das eigentliche Problem dar. Kostenintensiv waren der Betrieb und die Wartung eines komplizierten Systems, das nicht von den einheimischen Technikern bedient werden konnte. Als diese Maßnahme scheiterte, wurde ein weiterer Vorstoß unternommen, um die modernsten Techniken einzuführen, wie Klimakontrolle und Automatisierung der Ernte. Der Konkurs ließ nicht lange auf sich warten...

Eines ist deutlich geworden: wenn die Tropenbewohner nicht ihre einheimischen Pilze anbauen, die in üppiger Vielfalt gedeihen, ist es unmöglich, diese reichlich vorhandenen Proteinquellen kostengünstig in Grundnahrungsmittel zu verwandeln. Die Tropenländer müssen auf ihre eigene Artenvielfalt zurückgreifen, insbesondere auf die zahlreichen heimischen Pilzsorten: Nur auf diese Weise wird sich die weiße Revolution konkretisieren und Bestand haben.

Mögliche Absatzmärkte für Pilze sind nicht nur der Lebensmittel- oder Tierfutterbereich, sondern auch der Gesundheitsmarkt. Andere kultivierbare Sorten, sogenannte Mykorrhizae, sind geeignet, im Vorfeld von Wiederaufforstungsmaßnahmen den pH-Wert in sauren Böden zu erhöhen. Dieses Verfahren wurde auf dem weiträumigen Gelände der Umweltforschungseinrichtung Las Gaviotas in Kolumbien angewendet – eine Erfolgsgeschichte, auf die später noch genauer eingegangen wird. Die wichtigste Lektion ist die, dass neue Industrien überall entstehen können, besonders in den Tropen, wo die Bedingungen besonders günstig sind für die Umsetzung solcher Innovationen. Die weiße Revolution kann sich auf der Grundlage zahlreicher Materialien entwickeln, die in landwirtschaftlichen oder industriellen Verarbeitungsprozessen als Abfälle gelten. Und dort, wo sich die weiße Revolution vollzieht, werden weitere folgen.

DIE ROTE REVOLUTION

Die rote Revolution steht in keinem Zusammenhang mit dem Kommunismus. Sie bezieht sich auf Regenwürmer und heißt „rot", weil der rot pigmentierte Kompostwurm die Art ist, die weltweit am häufigsten für die Humusproduktion gezüchtet wird. Heute kennen wir ca. 3.500 verschiedene Arten. Jede Klimazone, jedes Ökosystem verfügt über eigene Arten und allesamt sind sie fleißige Enzymproduzenten sowie effiziente Bodenbelüfter. Als Spezialisten für die Verwertung von Abfall als Nahrung extrahieren sie verschiedenste pflanzliche Proteine und wandeln sie in tierische um. Das macht sie auch zur beliebten Beute vieler Tiere, besonders der Vögel. Hühner mögen sie zum Frühstück, zum Mittag- und zum Abendessen. Da für die Erzeugung von einem Kilo Hühnerfleisch nur 2,2 Kilo Würmer benötigt werden, sind die Resultate beeindruckend. Und der Abfall, den ein Wurm hinterlässt, ist Humus von bester Qualität.

Aristoteles bezeichnete Würmer als „Eingeweide der Erde". Er war der Ansicht, dass der Boden ein lebender Organismus ist und er hatte verstanden, wie wichtig Regenwürmer für die Funktion des Bodens sind. Dennoch nahm man bis Ende des 19. Jahrhunderts an, dass Regenwürmer, die ja in unmittelbarer Nähe zu Pflanzenwurzeln leben, die Wurzeln fraßen und auf diese Weise das Wachstum der Pflanzen behinderten oder sie sogar zerstörten. Deshalb empfahl man, sie zu töten. Erst als 1881 Charles Darwins Buch „Die Bildung der Ackererde durch die Tätigkeit der Würmer" erschien, wurden Regenwürmer rehabilitiert. Darwin schrieb, „dass Würmer den Boden bestens auf das Wachstum von Pflanzen mit faserreichen Wurzeln sowie auf das ihrer Samen vorbereiten". Abgesehen von der Evolutionstheorie ist Darwins wichtigster Beitrag wahrscheinlich diese fortschrittliche Betrachtung des Regenwurms als essentiellen Bestandteil des Lebens auf der Erde. Das Buch war der letztendlich der Auslöser für die Erforschung von Regenwürmern. Es gibt noch viel zu erforschen, aber das, was wir bereits über sie wissen, ist beeindruckend.

Regenwürmer sind so wenig anfällig für krankmachende Erreger, dass sie nahezu keine Krankheiten bekommen. Sie produzieren schützende Darmbakterien in derart großen Mengen, dass schädliche Bakterien kaum eine Chance haben. Und nicht nur das: Überall dort, wo Regenwürmer aktiv sind, kommen natürliche Antibiotika vor. Denn schimmelpilzartige Bodenbakterien (Aktinomyzeten), die Antibiotika produzieren wie zum Beispiel Streptomycin, tun dies verstärkt, wenn sich Regenwürmer in ihrer Umgebung befinden. Die Mehrzahl der krankheitserregenden Bakterien benötigt ein anaerobes Milieu (ohne Sauerstoff); das von Regenwürmern produzierte Milieu ist jedoch aerob (sauerstoffreich). Dabei töten die Regenwürmer die Bakterien nicht, sondern bereiten nur eine Umgebung, in der sie sich nicht entwickeln können.

Die Schaffung einer gesunden Umgebung indem den schädlichen Bakterien die Lebensgrundlage entzogen wird, ist eine einzigartige Leistung. Doch das ist erst der Anfang. Denn Regenwürmer arbeiten nicht allein. Boden mit einer reichhaltigen Regenwurmpopulation enthält auch eine große Anzahl Bakterien, Viren, Schimmelpilzen, Insekten, Spinnen und anderen spezifischen Destruenten. Eine Wurmpopulation von 500 Exemplaren pro Quadratmeter mit einem Durchschnittsgewicht von 1 Gramm je Wurm ergibt fünf Tonnen pro Hektar. In einem gesunden Boden fördert das Vorhandensein von Regenwürmern die Entwicklung einer Biomassemenge, die dem sechsfachen Gewicht eines Wurms entspricht. Das bedeutet, dass sich auf einem Hektar rund 35 Tonnen Kleinstlebewesen unter unseren Füßen tummeln.

Die Regenwürmer verzehren täglich mindestens die Hälfte ihres eigenen Gewichts und lockern, belüften und düngen dabei mehr als 90 Kilo Erde pro Quadratmeter, also 900 Tonnen pro Hektar. Sie arbeiten 365 Tage im Jahr. Man hat ausgerechnet, dass Regenwürmer in Europa innerhalb von hundert Jahren eine 20 Zentimeter dicke Humusschicht erzeugen können. Die Eigenart von Regenwürmern ist, während der Fortbewegung Erde zu verschlingen. Sie verdauen dabei rund 50 Prozent dessen, was ihnen unterkommt. Auf diese Weise bauen sie das Gewirr von sich zersetzendem Pflanzenmaterial ab und machen den Boden locker und durchlässig für Regenwasser und Sauerstoff. Je weiter sie sich durch den Boden graben, desto schneller und tiefer wird dieser durchfeuchtet und kann auch die Feuchtigkeit länger speichern. In ihren Gängen setzt sich ein nitratreicher Schleim ab, der das Wachstum vieler Pflanzenwurzeln beschleunigt. Die Nitrate werden im Regenwasser gelöst und können sich im Boden verteilen.

Pflanzen benötigen Stickstoff. Da abgestorbene Pflanzenteile zwanzigmal mehr Kohlenstoff als Stickstoff enthalten, können im Wachstum begriffene Pflanzen ihn nicht aufnehmen. Der Boden liefe Gefahr durch Auswaschung zu versauern und aufgrund zu geringen Zufuhrs an gelösten Mineralien mit der Zeit unfruchtbar zu werden. Regenwürmer spalten im Darm den Kohlenstoff zum Teil vom Stickstoff ab. Der Stickstoff gelangt in Form von Exkrementen und Schleimspuren in den Boden. Der Kohlenstoff wird mittels Atmung als Kohlendioxid über die Haut ausgeschieden. Auch nach ihrem Tod tragen Regenwürmer zur Steigerung des Stickstoffgehalts im Boden bei, denn sie bestehen zu 60 bis 70 Prozent aus Proteinen, in denen wiederum 12 Prozent Stickstoff enthalten sind.

Das einfach aufgebaute Verdauungssystem von Regenwürmern verwandelt unlösliche Mineralien in lösliche, die in dieser Form von Pflanzen aufgenommen werden können. Die Lignocellulose wird teilweise aufgeschlossen und mittels Enzymen, die von Bakterien produziert werden, verdaut. Bakterien und Enzyme werden mit ausgeschieden. Bodenbakterien setzen die Arbeit, die der Regenwurm begonnen hat, fort (Umwandlung von Mineralien, Aufschluss von Lignocellulose und Humusproduktion).

Die Verbindung zwischen Bakterien und Regenwürmern ist ein anschauliches Beispiel für die Harmonie und Zusammenarbeit in der Natur. Die reiche Bakterienpopulation im Darm des Wurms existiert nur deshalb, weil es dem Wurm leicht fällt, Sauerstoff aufzunehmen. Als Gegenleistung helfen die Bakterien ihm bei der Verdauungsarbeit und werden bei ihrem Absterben, selbst zur Nahrung für ihren Wirt. Werden sie vom Regenwurm in den Boden abgegeben, spalten sie die Lignocellulose in eine für beide verdauliche Form auf. Hier wird deutlich, dass das Überleben und die Entwicklung der Spezies in der Natur auf Kooperation basiert.

Die Aktivität von Regenwürmern erschließt Pflanzen sehr viel mehr Mineralien im Boden: siebenmal soviel Phosphor, sechsmal soviel Stickstoff, dreimal soviel Magnesium, zweimal soviel Kohlenstoff und 50 Prozent mehr Kalzium. Das soll nicht heißen, dass der Regenwurm diese Stoffe selbst produziert – er macht sie den Pflanzen und anderen Lebewesen nur zugänglich. Regenwürmer vertragen unterschiedlich saure Böden. Manche tolerieren sogar pH-Werte bis zu 3,5. Da sie Kalziumkarbonat produzieren, wirken sie der Übersäuerung des Bodens entgegen. Durch die Exkremente von Regenwürmern steigert sich die Aktivität von Bodenbakterien um das Hundertfache[45].

Neuere Forschungen haben gezeigt, dass Regenwürmer einen entscheidenden Beitrag zur Bodensanierung leisten, da sie Giftstoffe vernichten und Schwermetalle aufnehmen, die anschließend separiert werden können.[46] Bei ca. 3.500 unterschiedlichen Arten muss man die am besten dafür geeigneten auswählen. Einige sind imstande, ganz bestimmte Stoffe zu absorbieren, so dass eine Art für Blei, eine andere für Kadmium, eine weitere für Chrom etc. eingesetzt werden kann. Die umfangreichsten Forschungsergebnisse hierzu stammen aus dem indischen Pune: Hier hat man sich intensiv mit dem Einsatz von Regenwürmern zur Sanierung von Böden beschäftigt, die mit Schwermetallen, menschlichen Exkrementen und Abwässern kontaminiert sind. Am Bhawalkar Ecological Research Institute (BERI) hat man Toiletten entworfen, die menschliche Exkremente in ein Substrat verwandeln, in dem keine Krankheitserreger mehr enthalten sind. Das Institut hat „Wurmfilter" entwickelt, die aus ungeklärten Abwässern Trinkwasser herstellten. Diese Verfahren beruhen im Wesentlichen auf der Leistung der Tiere und erlauben sowohl eine Primär- als auch eine Sekundärbehandlung:

---

45 Meyers, Ina: »Integrated Earthworm Farming«, in Keto Mshigeni u.a. (Hg.): New Hope for Sustainable Development in Africa: Zero Emissions and the Total Productivity of Raw Materials, University of Namibia, Windhoek, United Nations University, Tokio 1997.

46 Der walisische Forscher M.P. Ireland stellte dies zum ersten Mal 1975 fest, als er Versuche in verseuchten Bergbaugebieten in Wales unternahm. (A.d.Ü.)

Verschiedene Schichten sowie Würmer filtern das verschmutzte Wasser und wandeln feste Stoffe in Dünger um. Das System verwendet eine Rotationssperre, die das Wasser auf eine Anordnung spezieller Matten tropfen lässt. Die Feststoffe sammeln sich auf den Exkrementen, die den Zwischenfilter bilden, und dienen den Würmern als Nahrung, die wiederum erneut ausgeschieden wird. Je länger das System arbeitet, desto effizienter wird es.

Die Erkenntnisse, die zunächst von Aristoteles gemacht und später von Darwin wissenschaftlich bestätigt wurden, rücken mehr und mehr in das Interesse der Wissenschaftler. Heute verstehen wir die Funktionsweise dessen, was Aristoteles als „Eingeweide der Erde" bezeichnet hatte, immer besser. Die von Regenwürmern produzierten Enzyme werden in Hinblick auf ihre positive Wirkung bei der Reinigung von Wasser und der Eliminierung giftiger Substanzen untersucht. Bei der Herstellung von Impfstoffen können Antibiotika effizienter und weitaus kostengünstiger durch diese Enzyme gereinigt werden, als durch chemische Verfahren. Natürliche Farben, die oft schwierig zu standardisieren und zu stabilisieren sind, werden mittels eines Verfahrens gereinigt, das sich diese Enzyme zunutze macht. Wie auch bei den Pilzen stehen wir jedoch erst am Anfang der roten Revolution.

Es ist höchste Zeit, dass wir unsere Selbstgefälligkeit aufgeben und unsere Aufmerksamkeit auf das lenken, was uns der bescheidene Regenwurm lehrt. Darüber hinaus sollten wir auch der Rolle seiner Enzyme mehr Bedeutung schenken. Sowohl Regenwürmer als auch Pilze haben eine Schlüsselposition und der Beitrag, den sie zur Abfallreduzierung und zur Erzeugung zusätzlicher Einkünfte – Kernpunkte des Upsizing – leisten können, ist bemerkenswert.

DIE BLAUE REVOLUTION

Die Fischzucht ist das, was wir die „blaue Revolution" nennen. Weder in den Meeren, noch in Seen oder Flüssen müssen Fische gefüttert und das Wasser mit Sauerstoff angereichert werden. Normalerweise sind eine hohe Produktivität, gute Wasserqualität und eine große Vielfalt vorhanden. Warum also verwenden wir bei der Fischzucht Gentechnik und betreiben Monokulturen mit nur einigen wenigen Arten, die mit teurem, künstlichem Futter aufgezogen werden in Wasser, das ebenfalls künstlich mit Sauerstoff angereichert wird? Warum arbeiten wir nicht nach dem Vorbild der Natur? Vom linearen Standpunkt aus betrachtet, führt die steigende Nachfrage zur stetigen Dezimierung der Fischbestände und somit zur Entstehung von immer mehr Fischfarmen. Aber was verführt uns zur Annahme, dass künstliche Monokultur, die auf solchen Farmen betrieben wird, bereits die optimale Lösung darstellt?

Das Verfahren, das Professor George Chan, Berater des ZERI-Projekts an der Universität der Vereinten Nationen, aufgrund seiner in China gesammelten Erfahrungen entwickeln konnte, kommt dem Idealzustand weitaus näher. Mithilfe seines integrierten Ansatzes, bei dem zur Aufzucht der Fische organische Abfälle verwendet werden, ist eine Produktion von 15 Tonnen pro Hektar möglich, und das ohne zusätzliche Kosten für Futtermittel[47]. Auch wenn wir weiter oben von einer Revolution gesprochen haben: In Wahrheit ist es gar keine. Es geht einzig und allein nur darum, die Natur und ihre Funktionsweise nachzuahmen. Die Natur ernährt Fische sehr gut. Der Trend zur Monokultur bei der Fischzucht ist ebensowenig nachvollziehbar wie die Monokultur in der Landwirtschaft, die zur Vermehrung von Schadinsekten führt. Ihre Glaubwürdigkeit bezieht sie mithilfe eines wissenschaftlichen Anstrichs und einer gewissen Produktivitätssteigerung. Dennoch ist diese Vorgehensweise kaum mit der Art und Weise zu vergleichen, mit der die Natur Meeresbewohner mit Nahrung versorgt – in Form von Benthos[48], Makrophyten[49], Halophyten[50], Zooplankton und Phytoplankton[51]. George Chan ließ sechs bis acht verschiedene Fischarten zusammenleben und hat damit die gleichen Ergebnisse erzielt.

Wer sich einmal industrielle Fischfarmen ansieht, wird feststellen, dass den Wasserbecken stets Sauerstoff zugeführt werden muss. Das ist kostenintensiv und verbraucht Energie. In der Natur muss kein einziger See belüftet werden! Das Vorhandensein von Arten wie dem edlen Tolstolob, einer Karpfenart, macht eine Belüftung überflüssig: Bei ausreichender Bewegungsfreiheit im Teich übernimmt

---

47 Proceedings of the 1st Training Workshop in Zero Emissions in the South Pacific, Suva, Fidji, 5–9 May 1997, ZERI Foundation, UNDP, Genf 1998.

48 Benthos (griech. „Tiefe") bezeichnet die Gesamtheit der Organismen, die in Süß- oder Salzgewässern dicht über, auf oder im Bodengrund leben.

49 Höhere Wasserpflanzen

50 Salzpflanzen

51 Tierisches und pflanzliches Plankton; Plankton (griech. „das Umherirrende") bezeichnet die frei im Wasser treibenden und schwebenden Organismen.

er diese Arbeit, indem er unermüdlich zwischen Grund und Oberfläche hin- und herschwimmt. Der gemeine Karpfen leistet dasselbe in einem Teich von drei Metern Tiefe, auch ihn sollte man dort halten.

Die Fischfarmen müssen durchschnittlich einmal pro Jahr ihre Becken von den am Boden angesammelten Ablagerungen reinigen. Der Abbau der Biomasse verbraucht Sauerstoff und beeinträchtigt die Produktivität der Zucht. Die Natur hingegen muss ihre Teiche nicht reinigen, sie löst das Problem auf ihre Weise: Schlammkarpfen und ähnliche Arten in anderen Klimazonen säubern den Boden. Der systematische Einsatz dieser Fische würde Unterbrechungen der Produktion aufgrund von Reinigungsmaßnahmen verhindern und die Rentabilität des Kapitals sowie den Cash-Flow verbessern.

Die integrierten Systeme von George Chan sind eine nahezu perfekte Abbildung der Natur. Sie stützen sich auf die mehr als fünfhundertjährige Erfahrung der Chinesen, dank derer 50 Prozent aller weltweit existierenden natürlichen Fischfarmen erfolgreich aufgebaut worden sind.

Die Industrialisierung der Fischzucht hat zum standardmäßigen Einsatz von Hormonen geführt, um ausschließlich männliche Exemplare zu erhalten. Denn Weibchen tragen Rogen und bringen weniger Gewicht auf die Waage. Auch Krankheiten infolge intensiver Monokultur stellen ein ständiges Risiko dar, so dass die Gabe von Antibiotika zur Routine geworden ist. Das alles erhöht die Kosten und lässt immer mehr Verbraucher befürchten, ihre Gesundheit könnte durch die erhöhte Aufnahme an Antibiotika beeinträchtigt werden. Das entscheidenste Argument gegen Monokultur ist jedoch, dass Fischzucht in Polykultur wertschöpfender Teil eines Prozesses sein kann, bei dem sich Unternehmen in Clustern organisieren und untereinander ihren Abfall austauschen und wiederverwerten.

DIE GELBE REVOLUTION

Um Cluster für komplementäre Aktivitätsbereiche zu bilden, bei denen der Abfall des einen zur Nahrung für den anderen wird, bedarf es Platz. Bis das von George Chan entwickelte Schema eines integrierten Biosystems soweit optimiert ist, dass es sich nach und nach verkleinern lässt, bedarf es sogar reichlich Platz. Doch angesichts der fortschreitenden Wüstenbildung, die unter anderem auf zunehmend ansteigende Bevölkerungszahlen, nicht nachhaltige landwirtschaftliche Anbaumethoden und klimatische Veränderungen zurückgeht, wird die Fläche an kultivierbarem Land immer kleiner.

Die „gelbe Revolution" ist die der Wüste. Ihr Symbol ist die Welwitschie (Welwitschia mirabilis), eine erstaunlichen Pflanze, die seit 2.000 Jahren bekannt ist. Sie wächst nur in der Wüste Namib und überlebt in dieser unwirtlichen Umgebung dank der Kondensation des Morgentaus auf ihren Blättern. So gelingt es ihr, sich mit Wasser zu versorgen, auch wenn am Ort ihres Wachstums keines vorhanden ist. Diese Taktik funktioniert, weil eine kühle Meeresströmung Namibias Küstenregionen reichlich Nebel beschert. In Chile lässt eine ähnliche Strömung ebenfalls Nebel entstehen, der Mensch und Tier mit Wasser versorgt und den Anbau landwirtschaftlicher Produkte auf trockenen Böden ermöglicht. Der vom Meer aufsteigende Nebel wird in Rinnen gesammelt und in Zisternen gespeichert.

In Hawaii haben Wissenschaftler mit Systemen zur Kühlung von Pflanzenwurzeln experimentiert, um auf diese Weise die Ernteerträge zu steigern. Dabei wird Wasser aus dem Meer gepumpt und durch ein einfaches, auf Höhe der Wurzeln und oberirdisch verlaufendes Leitungssystem weiterbefördert. Das kalte Wasser kondensiert auf der Außenseite der Rohre. Mithilfe des Kondenswassers erhält der Boden ausreichend Feuchtigkeit, um ausgewählte Saatkörner keimen zu lassen. Bei einem Temperaturunterschied von 20°C zwischen Wasser und Boden beträgt die Kondensation rund 5 Prozent. Das bedeutet: wenn 100 Kubikmeter Salzwasser durch die Leitungen fließen, kann man 5 Kubikmeter Süßwasser gewinnen.

In Namibia hat eine ZERI-Forschungsgruppe damit begonnen, das hawaiianische Modell zu kopieren. Da das Wasser an der Meeresoberfläche kalt ist, muss es nicht aus der Tiefe hochgepumpt werden. Es ist möglich, per Windkraft – die namibische Küste ist dafür prädestiniert – Wasser in der Küstenzone abzupumpen und in die Wüstenregionen weiterzuleiten. Der Temperaturabfall im Bereich der Wurzeln und die daraufhin entstehende Kondensation lassen Erdbeeren süßer werden und garantieren vier Ernten pro Jahr anstatt nur einer einzigen. Nach

Aussagen Keto Mshigenis[52] ist man zuversichtlich, einen Teil der Wüste Namibias in Zukunft in grünes, fruchtbares Land umwandeln zu können.[53]

DIE „REGENBOGENFARBENE REVOLUTION"

Die regenbogenfarbene Revolution bildet die strategische Achse für eine systemische Herangehensweise an das Leben. Das Ergebnis all dieser farbigen Revolutionen wird die Stärkung dieser Achse sein. Nicht wettbewerbsfähige Unternehmen sowie Produktionsverfahren, die Abfälle erzeugen oder kostenintensiv sind, werden dann rentabel oder zumindest viel rentabler sein als zuvor. Die zusätzliche Wertschöpfung, die sich aus der Umwandlung von Abfällen zu Nahrungsmitteln ergibt, wird die Wirtschaft grundlegend verändern. Diese Revolution ist diejenige, die alle anderen trägt.

---

[52] Keto E. Mshigeni ist Professor für Meeresbotanik an der Universität von Namibia sowie UNESCO-Lehrstuhlinhaber für Zero-Emissions-Konzepte und -Praxis in Afrika an der University of United Nations (UNU)

[53] Mshigeni, Keto: »An Overview of the ZERI Africa Programme«, in Mshigeni u.a. (Hg.): *New Hope for Sustainable Development in Africa: Zero Emissions and the Total Productivity of Raw Materials*, University of Namibia, Windhoek, United Nations University, Tokio 1997.

6. Produktivität und Beschäftigung in Bioraffinerien

Die erste grüne Revolution bot Lösungen für nur ein Problem. Der aufgrund einer wachsenden Bevölkerung ständig steigende Bedarf an Nahrungsmitteln führte zur Unterstützung von Forschungsprojekten, die nach Mitteln und Wegen für eine schnellere und ertragreichere Produktion von Proteinen und komplexen Kohlenhydraten suchten. Bewässerung, Verbesserung von Saatgut, Pestiziden, Düngemitteln und Herbiziden waren die Techniken, die Ernteerträge steigen ließen. Der Mensch erwartete, dass die Erde mehr produziert.

Die „regenbogenfarbene Revolution" – als Alternative zu einer zweiten grünen Revolution – begnügt sich allerdings nicht damit, den Hunger in der Welt zu bekämpfen, indem mehr Proteine und Kohlehydrate zur Verfügung gestellt werden. Sie möchte vielmehr von Grund auf alle Bedingungen für ein nachhaltiges Leben auf der Erde erfüllen. Sie hat erkannt, dass die Ressourcen der Erde begrenzt sind und verlangt daher nicht, dass die Erde mehr produziert als sie kann, sondern möchte mehr aus dem machen, was sie produziert. Da komplexe Probleme komplexe Lösungen erfordern, müssen wir uns in der Folge mit der Konzeption integrierter Systeme beschäftigen.

Wenn unser Interesse nur dem essbaren Teil einer Getreideart gilt, lassen wir den Hauptanteil der Biomasse außer Acht. Dieser wird in der Regel liegengelassen oder verbrannt. Die Bekämpfung der Armut ist jedoch nicht allein eine Frage der ausreichenden Versorgung mit Nahrungsmitteln: Das Potenzial all dessen, was wir produzieren, muss in gleicher Weise wertschöpfend in die Beschaffung von Wohnraum, Energie, Gesundheitsversorgung und Arbeit einfließen. Dies ist der entscheidende Unterschied zwischen der ersten Revolution, die in den 60er Jahren des 20. Jahrhunderts ihren Anfang nahm, und der zweiten, die mit der Entwicklung der Generativen Wissenschaft, Upsizing und Zero-Emissions ihren Lauf nehmen wird. Man kann vielleicht die Pharmaindustrie dazu bringen, dass sie Medikamente gegen Aids zur Verfügung stellt, aber wie wirksam wird eine Behandlung sein, wenn der Magen des Patienten statt Nahrung nur Magensäure enthält?

Der Unterschied liegt schon im Ansatz klar auf der Hand. Die erste grüne Revolution führte zur Ausbreitung von Monokulturen, zu Gentechnik, Klonen und Technologien, die mit radikalen Eingriffen das Wesen von tierischem und pflanzlichem Leben verändern. Es ging allein darum, bekannte Ressourcen zu nutzen, selbst wenn – wie im Falle der Ansiedlung von Pinie und Eukalyptus in den Tropen – ihre Anpflanzung die bereits vorhandenen Arten vernachlässigte. Dieses Produktionssystem, das sehr empfindlich auf Veränderungen des Markts reagiert, erhöht das Risiko sozialer Instabilität. Die neue Revolution hingegen garantiert die Verwertung aller produzierten Materialien, bildet Cluster einander zuarbeitender Aktivitäten, insbesondere landwirtschaftlicher, ahmt durch Integration mehrerer Systeme die Natur nach und fördert die biologische Vielfalt. Eine Vielzahl lokaler oder regionaler Märkte ist weniger anfällig für Fluktuationen als ein einziger globaler Markt. Produzenten werden in der Lage sein, auf die unmittelbaren Bedürfnisse ihrer eigenen Familien zu reagieren. Denn was ist wichtiger: die internationale Nachfrage zu befriedigen, oder selbst zu Essen auf dem Tisch zu haben? Wirtschaftswissenschaftler, die das Spiel mit Cash-Flow und globalen Finanzströmen mühelos beherrschen, finden auf diese Frage keine Antwort.

Tabelle 2: Vergleich zwischen der ersten und der zweiten grünen Revolution

	Die erste grüne Revolution		Die zweite grüne Revolution
1	nimmt sich der Nahrungsprobleme an	1	nimmt sich der Linderung der Armut an
2	sucht nach Protein und Zuckern	2	sucht nach Nutzbarkeit aller Substanzen
3	Monokultur	3	Cluster von Industriezweigen
4	mehr von demselben produzieren	4	mehr aus dem Vorhandenen machen
5	Gentechnik	5	integrative Systeme
6	größerer Output	6	Biovielfalt und 100% Nutzung
7	mechanisieren, Technik	7	die Natur nachahmen
8	die Natur verändern	8	von der Natur lernen
9	bekannte Quellen ausschöpfen	9	nach den besten Quellen suchen
10	vermehrte Standardisierung	10	vielfache Möglichkeiten kombinieren
11	Cloning lautet das Motto	11	Biovielfalt wird gefördert
12	reagiert empfindlich auf Marktveränderungen, von wenigen Märkten abhängig	12	unterschiedliche Märkte und weniger abhängig von einzelnen Rohstoffen

Quelle: ZERI Foundation, Genf

Die Wahlerfolge von Evo Morales 2005 in Bolivien, von Hugo Chavez 1999 in Venezuela oder von Ernesto Kirchner 2003 in Argentinien und die Absetzung zweier ecuadorianischer Präsidenten innerhalb von drei Jahren liefern einen deutlichen Hinweis darauf, dass die Not leidende Bevölkerung der ständigen Privatisierungen, der durch den IWF erzwungenen strukturellen Anpassungen und der nahezu völligen Indifferenz der übrigen Nationen überdrüssig ist.

Es gibt nur wenige Wirtschaftssektoren, die einen Übergang von Mono- zu Polykulturen so einfach und schnell umsetzen können wie die Agro-Forstwirtschaft und hier sind es insbesondere Plantagen.

Tabelle 3: Die traditionelle Plantage versus Management des 21. Jahrhunderts

Traditionell	Zero Emission
Linearer Ansatz	Systemansatz
Kerngeschäft	Industriecluster
Einzelertrag	Wertschöpfung durch Gesamtbiomasse
Nebenzweig der Weltwirtschaft	Führungsposition in der Weltwirtschaft

Quelle: ZERI Foundation, Genf

Wenn ihre Betreiber für die Ernte und Anpflanzung von Bäumen einen innovativen Ansatz verfolgten, könnte die Forstwirtschaft zum wirtschaftlichen Motor des 21. Jahrhunderts werden und damit die Erdölindustrie des 20. Jahrhunderts ablösen. Sie wäre die solide Basis für eine wirtschaftliche Expansion, die sowohl ökologisch nachhaltig als auch sozial verträglich ist. Sie liefert ein ideales Beispiel für die Anwendung des Upsizing-Konzepts, ausgehend von der einfachen Erntetätigkeit bis hin zur vielfachen Umwandlung ihrer Erträge in Mehrwert. Produktdiversifikation sowie Wiederverwertungskreisläufe hätten eine positive Auswirkung auf die Weltwirtschaft hinsichtlich Handel und die Schaffung von Arbeitsplätzen. Die Bedeutung von Plantagen nähme zu, denn ihr Einfluss auf die Umwelt würde weit über Bewässerungsmaßnahmen, Dünger- und Pestizidausbringung hinausgehen. Ein größeres Waldgebiet kann zwar einerseits, wie bei den verheerenden Bränden in Indonesien 2006 deutlich wurde, ein enormer CO_2-Produzent und Luftverschmutzer sein. Andererseits ist es ein für die Stabilisierung des Klimas wichtiger Kohlenstoffspeicher und potenzieller Standort für Bioraffinerien.

Mithilfe eines innovativen Managementverfahrens – Upsizing und Zero-Emissions – wird es möglich sein, unterschiedliche Interessen miteinander zu verbinden und die Forstwirtschaft mit all ihren Vorteilen, technologischen Innovationen und ihrem politischen Einfluss an die Spitze der Wirtschaft zu stellen.

DIE STRATEGIEN DER KERNAKTIVITÄT: ERDÖL KONTRA NATURPRODUKTE

Plantagen sind ein gutes Beispiel für die Konzentration auf eine Kernaktivität. Wenn Sie Ananas anbauen, sind Sie im Ananassektor tätig. Wenn Sie Sisalfasern ernten, sind Sie im Fasersektor tätig. Wenn Sie Öl aus Palmfrüchten oder Oliven gewinnen, sind Sie im Ölsektor tätig. Doch dieser Ansatz verhindert, dass das gesamte Potenzial forstwirtschaftlicher Plantagen ausgeschöpft wird.

Wenn wir wie in der Chemie die Makromoleküle einer Plantage einer Hydrolyse unterziehen würden – so wie es mit Erdöl gemacht wird, um daraus tausende weitere Produkte herzustellen – könnten wir in zehn Jahren alle synthetischen Materialien durch solche aus nachwachsenden Rohstoffen ersetzen. Doch leider tun wir dies nicht, und daher bleibt die Nutzung von Kulturpflanzen weiterhin auf wenige Kernaktivitäten beschränkt.

Nötig wäre der Übergang von einem linearen Ansatz – mit der Herstellung eines einzigen Produkts – zu einem systemischen Ansatz – mit der Erzeugung eines Mehrwerts auf der Basis aller Bestandteile der Biomasse. Anstatt sich auf das Kerngeschäft zu konzentrieren, müssten die Plantagen sich für mehrere Aktivitäten öffnen. Wichtiger als die Erträge der Anpflanzung wäre dann der Mehrwert, der durch die Biomasse erzeugt werden kann. Würde diese Strategie umgesetzt, könnte sich die Forstwirtschaft aus ihrem durch Kursschwankungen bestimmten Schattendasein innerhalb der Weltwirtschaft endgültig befreien.

MODERNE FORSCHUNG UND ENTWICKLUNG

In der Agro-Forstwirtschaft sind Forschung und Entwicklung auf die Steigerung der Produktivität ausgerichtet: Wie viel mehr Öl lassen sich aus Kokosnüssen, Oliven oder Palmfrüchten auf einer Anbaufläche mit einer bestimmten Größe gewinnen, oder wie viel mehr Kaffeebohnen oder Zitrusfrüchte – und das bei möglichst niedrigem Wasserverbrauch? Diese Fixierung auf Erträge und Produktivität hat zu einem verantwortungsvolleren Umgang mit Wasser, Dünger, Pestiziden und Herbiziden geführt. Durch den Kursverfall in den letzen

Jahrzehnten wurden auch Einsparungen im Bereich Energie und Vorleistungen immer wichtiger. Intelligente Auswahl und Zucht von Saatgut, das Klonen insektenresistenter Sorten und hin und wieder auch der genetische Zufall haben zu Ergebnissen geführt, die niemand erwartet hatte.

Selbst wenn dieser von führenden Institutionen[54] als Speerspitze propagierte Erfolg dieses wissenschaftlichen Ansatzes nicht in Frage gestellt werden kann, scheint es an der Zeit, die Dinge auf andere Weise zu betrachten. Zwar sind sich die Wissenschaftler darüber einig, dass noch zusätzliche Erträge zu erzielen sind, doch rechnet niemand mehr mit einem so gewaltigen Sprung wie dem, der ersten grünen Revolution. Die vorherrschende Logik gestattet allenfalls, bisher erreichte Positionen auszubauen. Und das bedeutet nichts anderes als Optimierung von Ergebnissen, die einem empfindlichen System abgetrotzt wurden, das im hohen Maße von externer Unterstützung abhängt: mit Pestiziden, Dünger, Herbiziden u.s.w. Selbst die Kontrolle über das Saatgut, Gegenstand weltweiter Patente, obliegt künftig nicht mehr der ortsansässigen Bevölkerung, die obendrein für die hochmoderne Plastikverpackung zur Kasse gebeten wird. Und die für Qualitäts- und Gesundheitskontrolle verantwortlichen Firmen sind oft weltumspannende Unternehmen.

Doch die wahren Probleme stellen sich vor Ort: Insekten sind gegen einstmals effiziente chemische Vernichtungsmittel resistent geworden. Der Kaffeekäfer, eine Heimsuchung der Kaffeeplantagen Lateinamerikas, breitet sich immer mehr aus. Neuartige Pestizide und strengere Kontrollen können Schädlingen nur selten etwas anhaben. Und nicht nur die Kaffeepflanze ist betroffen. Kokospalmen und andere Palmen werden in ihrem Innern von Schimmelpilzen bedroht. Bananenplantagen sehen sich wahren Insektenplagen ausgesetzt und man sah sich gezwungen, möglichst schnell neue Arten zu klonen, um das Überleben der gesamten Industrie zu sichern. Die wenigsten Anpflanzungen entgehen diesem Schicksal. Sobald sich auf einem Stück Land Monokultur ausbreitet, ist sie ein gefundenes Fressen für Insekten.

BIODIVERSITÄT, DDT UND BRANDRODUNG

Industrielle Plantagen genießen nicht gerade den Ruf, zum Schutz der Artenvielfalt beizutragen. Im Gegenteil: Das Wettrennen um höhere Erträge hat viele

---

54 wie z.B. das alte Institut für Palmölforschung von Malaysia

Arten verschwinden lassen. Jetzt erst suchen Forscher verzweifelt nach Arten, neueren oder älteren, die resistent gegen Mehltau, Schimmelpilze oder Insekten sind, denen man selbst mit der härtesten Chemiekeule nicht mehr beikommen kann. Man untersucht sogar die DNA von längst ausgestorbenen Pflanzen und Früchten, die man in den Gräbern antiker Zivilisationen vorgefunden hat!

So werden aus ehemaligen DDT-Verbrauchern inzwischen Experten für biologische Kontrolle. Der Einsatz von Chemie, früher die Norm, ist mittlerweile nur noch letzte Verteidigungslinie. Heute wird Bodenschutz durch den Anbau nährstoffspeichernder Pflanzen möglich, die den Boden mit Stickstoff anreichern, das Wachstum fördern und chemische Düngemittel größtenteils überflüssig machen.

Tabelle 4: Umweltmanagernent von Plantagen: eine kleine Chronologie

Sechziger Jahre Praxis	Achtziger Jahre *Ersetzt durch*	2000 und darüber hinaus *Zusätzlich zu allem Vorherigen*
Pestizide	Biologische Schädlingsbekämpfung	Wiederverwertung sämtlicher Biomasse in Clustern
Besprühen des Unterholzes	Nitrifizierung und Abdeckung von Pflanzen	Strategische Planung der Kohlendioxidsenke
Dünger	»Abfall« als Bodenanreicherung	Einführung von handelsfähigen Kohlendioxidrechten
Monokulturen	Ausdehnung der Saatbank	Klonen von biochemisch wertvollen Arten
Selektion zur Ertragssteigerung	Auswahl hinsichtlich Schädlingsresistenz	Klonen von biochemisch wertvollen Arten
Brandrodung	Keine Brandrodung	Suche nach Wertschöpfung

Quelle: ZERI Foundation, Genf

Die Umwandlung natürlicher Wälder in Plantagen ist nicht mehr akzeptabel, denn zur Vorbereitung der Böden ist eine Brandrodung erforderlich. Man hat den industriellen Plantagen daher zum Vorwurf gemacht, aufgrund des permanenten CO_2-Ausstoßes in hohem Maße zur Erderwärmung beigetragen zu haben. Ein Unternehmen wie Unilever hingegen legt Wert darauf, seine Nutzflächen nur auf unbewaldetem Gebiet zu vergrößern. Einige andere Firmen, die sich des Problems bewusst sind, machen es sich neuerdings zur Pflicht, die Bioabfälle auf ihren weiträumigen Nutzflächen nicht mehr zu verbrennen. Noch ist dies nur ein neuer Ansatz, der hauptsächlich auf das Engagement einer malaiischen Palmenplantage und innerhalb der Ananasindustrie zurückgeht. Die allgemeine

Tendenz ist nach wie vor eine andere. Die Nutzung von Biomasse als Dünger oder Nährboden ist jedoch nur ein erster Schritt. In dem Moment, wo ein Verfahren zur Wertschöpfung entwickelt ist, werden es Plantagen weltweit in kürzester Zeit übernehmen. Neue Anpflanzungsstrategien sind gefragt, wie etwa die Kombination von – bislang in Monokultur angebauten – Palmbäumen, Cashewbäumen, Kakao und Gummibäumen. Weitere Mittel für Forschung und Entwicklung sind dringend erforderlich, damit wissenschaftliche und unternehmerische Theorien den Praxistest absolvieren können.

NACHHALTIGKEIT FÜR PLANTAGEN

Die zentrale Frage lautet: Was könnte Manager von Plantagen dazu bewegen, einen nachhaltigen Kurs einzuschlagen, der über biologische Insektenkontrolle, Erhaltung der Artenvielfalt und Nicht-Verbrennung der Biomasse hinausgeht? Weniger zu schaden genügt eben nicht. Anderen zu nutzen muss das Ziel sein. Wir müssen aus Plantagen Leuchttürme einer nachhaltigen Entwicklung machen. Wir müssen eine Strategie entwickeln, die sie zum Sinnbild für die Produktivität von Rohstoffen werden lässt. Wie stellen wir das an?

Edgar Woolard, ehemaliger Chef von DuPont de Nemours, formulierte einmal: „Regierungen erlassen vielleicht Gesetze, NGOs agitieren, aber wirklich innovativ sind nur die Unternehmer". Um Plantagen auf einen nachhaltigen Kurs zu bringen, sind zahlreiche Innovationen nötig: im Bereich Management, in der Technologie und bei der Philosophie.

Manche sehen es insbesondere als Aufgabe der Behörden, die Wirtschaft in Richtung Nachhaltigkeit in die Pflicht zu nehmen. Gegen Verschwendung sollten wir uns in der Tat wehren. Aber wir müssen auch an die allgemeine Versorgung mit Nahrung, Wasser, Gesundheit und Wohnraum denken und daher sollten sich die Behörden auf ihre Hauptaufgaben konzentrieren. Das soll kein Plädoyer für eine Laisser-faire-Politik sein. Doch darf man nicht vergessen, dass Qualitätsmanagementsysteme und -normen weder vom Gesetz vorgeschrieben noch von NGOs gefordert wurden. Die Wirtschaft hat verstanden, dass sie ohne die Einführung qualitativer Maßstäbe an Konkurrenzfähigkeit einbüßt. Es war der Wettbewerb, der Firmen dazu bewegt hat, sich ihr Umweltmanagementsystem zertifizieren zu lassen. Und es wird ebenfalls der Wettbewerb sein, der industrielle Plantagen den Weg von Zero-Emissions einschlagen lässt.

EIN MANAGEMENTSYSTEM FÜR DIE ZUKUNFT: ZERO-EMISSIONS

Das Zero-Emissions-Konzept ist ein noch verhältnismäßig neues Managementinstrument. Es ist mit dem Konzept des Total Quality Management vergleichbar, ohne das heute kein Unternehmen mehr auskommen könnte. Umfassende Qualität ist in etwa gleichzusetzen mit „fehlerfrei". Das Zero-Emissions-Konzept kann aber auch mit Just-in-time verglichen werden, einem Konzept, das z.B. in der Automobilindustrie die Synchronisierung der logistischen Kette zwischen Lieferant und Abnehmer organisiert. Zero-Emissions steht im direkten Zusammenhang mit der Zufriedenheit des Verbrauchers. Kein Unternehmensleiter könnte ruhig schlafen ohne die Gewissheit, dass der Kunde wiederkommt und dann vielleicht mehr kauft, als beim letzten Mal. Ebenso wenig wie ein Manager einen tödlichen Unfall in seinem Unternehmen tolerieren kann, muss zukünftig Zero-Emissions das Ziel der Wirtschaft sein: „no waste" – keine Verschwendung von Ressourcen!

Tabelle 5: Management der Nullen

Managementkonzept	Ziel
Total Quality Management	Null Mängel
Just in time, Zero inventory	Null Lagerbestände
Völlige Zufriedenstellung des Kunden	Null Abwanderung
Gesundheit und Sicherheit im Betrieb	Null Unfälle
Totale Produktivität der Rohstoffe	Null Emissionen
Konsensbildung	Null Konflikte

Quelle: ZERI Foundation, Genf

Zero-Emissions bedeutet, dass jeglicher Abfall zu Wertschöpfungszwecken genutzt wird. Der Abfall kann dort, wo er entstanden ist, recycelt werden, oder als Vorleistung für andere Industrien dienen. Hierbei handelt es sich um einen integrierten Ansatz und als solcher unterscheidet er sich von der auf Kernaktivitäten ausgerichteten linearen Strategie.

Zero-Emissions ist ein neues unternehmerisches Konzept, das es z.B. der Forstwirtschaft ermöglicht, sich auf dem Weltmarkt neu zu positionieren. Die in Kapitel 9 beschriebene ZERI-Methodologie stellt zunächst die Suche nach sauberen Produktionsverfahren an den Anfang. Darauf folgt die Ermittlung des

Mehrwertes, der auf Grundlage der Produktionsabfälle erzeugt werden kann. Zuletzt wird untersucht, welche der Aktivitäten zusammenzufassen sind und welche Technologien benötigt werden, um schließlich Vorschläge für eine Regierungspolitik zu machen, die diesen Vorstoß begleiten sollte.

DIE PRODUKTIVITÄT FORSTWIRTSCHAFTLICHER PLANTAGEN

Wie jedes Unternehmen sucht eine forstwirtschaftliche Plantage nach Wegen, ihre Produktivität zu steigern. Theoretisch ist es immer möglich, noch weiter zu gehen. Doch die erste grüne Revolution hat ein Stadium erreicht, in dem die Verdoppelung oder Verdreifachung der Einkünfte industrieller Plantagen nur möglich ist, wenn es diesen gelingt, die Gesamtheit der erzeugten Biomasse zu verwerten.

Palmplantagen in Indonesien, Malaysia, Kolumbien, Niger, sowie in Mittelamerika und in Brasilien produzieren pro Jahr einen Biomasseanteil, der auf über zehn Millionen Tonnen geschätzt wird. Diese Menge ist vergleichbar mit den Mengen, die die Erdölindustrie verarbeitet. Doch die Mehrheit der Plantagen vermarktet weniger als 10 Prozent des Holzes und der Früchte, die jedes Jahr produziert werden. Palmöl entspricht ca. 9 Prozent der Biomasse der gesamten Anpflanzung, Zucker ca. 17 Prozent des Zuckerrohrs, Sisalfasern haben einen Anteil von wenig mehr als 2 Prozent der Ernte. Egal welche Kriterien man zugrunde legt – diese Leistung ist eindeutig verbesserungswürdig. Es gilt, ein gewaltiges Potenzial an Mehrwert zu entdecken. Stellen wir uns vor, dass aus Erdöl nur der Rohstoff für PET[55] extrahiert und der Rest einfach ungenutzt zurückbliebe: Es wäre der Bankrott für die Erdölunternehmen. Gleichzeitig ist dies die Erklärung für die wesentlich niedrigere Konkurrenzfähigkeit von natürlichen gegenüber synthetischen Produkten!

Was das Hauptprodukt anbelangt, gibt es genau genommen keine großartigen Möglichkeiten. Kolumbianische Kaffeeanbauer können ihre Erträge nicht verdoppeln, indem sie neue Sorten einführen. Die lokalen Zuckerrohrplantagen, etwa in Valle del Cauca, können nicht mehr ernten als bisher. Es ist das System in seiner Gesamtheit, das verbessert werden muss. Aber wie soll das geschehen? Durch Null-Abfall. Es geht darum, einen kreativen Prozess in Gang zu setzen, der über „verbesserte Praktiken" hinausgeht.

---

[55] Abkürzung für Polyethylenterephthalat, einem Kunststoff, der zur Herstellung von Flaschen und Folien für Lebensmittelverpackungen und Textilfasern verwendet wird.

Tabelle 6: Die derzeit beste Verwendung von Abfall und potenzielle neue Verwendung

Ertragsart	Beste Verwendung	Neue Verwendung im Forschungsstadium
rohes Palmöl	Rohstoff für Palmölraffinierung	Produktion von Palmdiesel
Stamm	Bodenverbesserung (keine Verbrennung)	Holzprodukte (Hartfaserplatte, Spanplatte, Möbel), Zellstoff/Papier, Tierfutter, Glucose, Cellulose Substrat, Brennstoff, Palmenherz, aktivierter Kohlenstoff, PolypropylenFüllstoff
Wedel	Bodenverbesserung	Vitamin-E-Gewinnung, Hartfaserplatte, Spanplatte, Zellstoff/Papier/Pappe
Fruchtwandfasern (der Palmfrucht)	Brennstoff für Werk	Vitamin-E-Gewinnung, Hartfaserplatte, Spanplatte, Zellstoff/Papier/Pappe
Leere Fruchtbehälter	Bodenmulch	Hartfaserplatte, Substrat für Pilzzucht, Produktion von Betakarotin, fester Brennstoff
Schalen	Brennstoff für Werk	Aktivholzkohle, Zementzuschlagstoff, Pottenmedium
Entkeimungskondensat	(s. Gesamt-POME)	Cellulose, Einzellenprotein Substrat
Schlamm	(s. Gesamt-POME)	Futterzusatz
Zentrifugenwasser	(s. Gesamt-POME)	(s. Gesamt POME)
Gesamt-POME (Palm Oil Mill Effluent [Abwasser bei der Palmölherstellung])	Faulverfahren in geschlossenen Becken zur Herstellung von anaerobem Schlamm für Dünger, Biogas zur Hitze und Stromerzeugung	Äthanol/Aminosäuren
Auswaschungen	(s. Gesamt-POME)	(s. Gesamt-POME)
Kesselasche	Dünger, Detergens, Bodenauffüller	-
Kern	Kernmehl, Tierfutter	-
rohes Palmenkernöl	Rohstoff zur Raffinierung von Palmenkernöl	-

Quelle: Teoh Cheng Hai, Golden Hope Plantations Bhd, Malaysia 1996

DIE ABWERTUNG DES KREISLAUFS, RECYCLING UND WERTSCHÖPFUNG

Nicht alle Produktionsabfälle der Plantagen werden verschwendet. Die Abfälle der Früchte werden oft als Nährstoff bzw. Dünger für den Boden genutzt. Aber wie viele solcher Produkte erzeugen einen Wert, der die Kosten der Produktion bzw. Entsorgung übersteigt? Es sind leider nur sehr wenige. Wie viel bekommen die Kokosplantagen Sri Lankas oder der Elfenbeinküste für die Fasern, die hier bei uns um Drainagerohre gewickelt sind? Wie viel erhalten südafrikanische Zuckerrohrplantagen für den Verkauf ihrer Bagasse? Wie hoch ist der Heizwert der Abfälle indonesischer Bambusplantagen? Welchen Wert erbringen die Kerne beim Anbau von Zitrusfrüchten?

Wenn wir Initiativen starten und Menschen für die Verwertung von Abfällen als Rohstoffe sensibilisieren, stellen wir auch immer die Frage nach dem erzeugten Geldwert. Nur allzu oft ist dieser Wert minimal und ähnelt eher einer „Abwertung des Kreislaufs" (wenn man sich eines Abfalls zu einem Preis entledigt, der geringer ist als die Entsorgungskosten) oder einem Recycling zum Sparpreis (z.B. wenn Abfall zu Dünger wird) – als tatsächlichen Zusatzeinkünften. Die Materialien erfahren erst dann eine Aufwertung, wenn aus Ernte und zusätzlicher Weiterverarbeitung beträchtlich höhere Einkünfte hervorgehen. Und das ist nur möglich, wenn Unternehmensstrategen neben der Kernaktivität noch andere Aktivitäten zulassen.

Das Volumen der Biomasse, die Plantagen umschlagen, ist enorm. Eine Palmplantage produziert auf einem Hektar mindestens 25 Tonnen Biomasseabfall im Jahr. Eine Plantage mit rund 40.000 Hektar Anbaufläche – in Indonesien keine Seltenheit – muss eine Million Tonnen entsorgen. Jede neue Verwertungsmöglichkeit des Abfalls erweist sich somit als wertvolles Potenzial.

Erste Bedingung ist die Befreiung vom Dogma der Konzentration auf das Kerngeschäft. Die zweite besteht in der Identifizierung der biochemischen Inhaltsstoffe, die sich mit einer effizienten Extraktion konkurrenzfähig vermarkten lassen. Ein konkretes Beispiel ist aus afrikanischem Palmöl extrahiertes Furfural. Das Staatliche Institut für Holzchemie in Lettland hat die Extraktion von Furfural im Rahmen eines Projekts durchgeführt, das in Kooperation mit ZERI umgesetzt wurde.[56]

Wenigen Betreibern von Palmplantagen ist Furfural überhaupt bekannt. Man kann sie aber für diesen Mangel an Kenntnis nicht kritisieren: Sie wurden ausgebildet, um Palmen anzupflanzen und sind Biologen oder Agronomen. Furfural ist ein effizientes Bakterizid und natürlicher Enzymhemmer, das hauptsächlich als Lösungsmittel in der Farbindustrie verwendet wird. Es lässt sich teurer verkaufen (ca. 1.350 US-Dollar pro Tonne) als Palmöl (350 bis 450 US-Dollar). Biochemiker haben aus der Hemicellulose von Baumblättern, die bei der Ernte entfernt werden müssen, im Labor Furfural synthetisiert. Der Umwandlungsgrad erreichte einen Wert von 17 Prozent. Wenn sich dieses Ergebnis auf den Plantagen reproduzieren ließe, wäre man sowohl auf dem Palmöl-Markt als auch auf dem von Furfural vertreten. Wenn sich natürlich alle Plantagen in diesem Bereich engagierten, würden die Preise auf die Hälfte oder ein Drittel der momentanen Weltmarktpreise fallen. Heute ist Furfural sowohl in synthetischer als auch in natürlich nachwachsender Form erhältlich. Letztere könnte zu einem günstigeren Preis angeboten werden, als ihr petrochemisches Pendant und somit den Markt beherrschen. Die Einkünfte von Plantagen würden steigen. Eines der ersten Länder, das mit der Produktion begonnen hat, ist Kuba: Aufgrund des durch die USA verhängten Wirtschaftsembargos hat der Inselstaat nämlich keinen Zugang zu synthetisch hergestelltem Furfural.

Die biochemische Untersuchung von Sisal – dessen Anbau stark an Attraktivität einbüßt, da synthetische Fasern günstiger sind – hat erbracht, dass im Inneren der Pflanze die Lebensmittelzusatzstoffe Zitronen- und Milchsäure fermentiert werden können. Der Preis für Zitronensäure beträgt das Zehnfache dessen der Sisalfasern. Die Herstellung der Säure beruht auf einem Fermentationssystem. Das tropische Klima Afrikas erlaubt eine Fermentation im festen Zustand, was den teuren Rückgriff auf das vor allem in Europa und Amerika verbreitete Dampfverfahren überflüssig machen würde. Überlegen wir einmal die Möglichkeiten: Die Sisalfaser entspricht 2 Prozent der Biomasse, aber 10 Prozent des Pflanzeninneren können der Herstellung von – zehnmal wertvoller

---

56 Prof. Nikolaus Vedernikow, stellvertretender Direktor des litauischen Instituts für Holzchemie, gelang die Gewinnung von Furfural aus einer Vielzahl von „Abfallprodukten" wie Baumwollsamen- oder Sonnenblumenkernhülsen. Die Technologie wird von mehreren Firmen kommerziell angewendet; es bestehen 20 Patente in elf Ländern.

– Zitronensäure dienen. Sisal könnte also wieder konkurrenzfähig werden und zwar dank der zusätzlichen Einkünfte aus der Produktion von Zusatzstoffen für die Lebensmittelindustrie.

Dies sind lediglich zwei Beispiele. Es gibt noch viele weitere. Zu erwähnen wäre hier das Jod von gezüchteten Algen, das Beta-Carotin der Avocado, die Vitamine und Antioxydantien der Kokosnuss, die Kerne von Zitrusfrüchten… Es gibt unendlich viel, das aus Abfall noch zurückzugewinnen wäre! Mithilfe grenzüberschreitender und multidisziplinärer Forschung könnten zweifellos zahlreiche andere kommerzialisierbare Produkte gefunden werden. Eine vergleichende Analyse würde zeigen, dass Kokosnüsse viel reicher an Vitamin E sind als Palmöl, während Palmöl dagegen mehr Beta-Carotin enthält. Das Potenzial ist enorm und es muss dringend in ein strategisches Zukunftsbild integriert werden.

Es gibt noch ein Material, das unsere Aufmerksamkeit verdient: Fasern.

FASERN

Eines der am besten funktionierenden Umweltschutzprogramme ist das Recycling von Papier. In der ganzen Welt haben Länder die Bevölkerung zum Sammeln von Altpapier aufgefordert. In Japan beläuft sich der Rücklauf auf mehr als 50 Prozent und einige US-Bundesstaaten haben sogar einen Prozentsatz an recycelten Fasern festgelegt, den Zeitungspapier enthalten muss. Der Grund dafür ist einfach: Die Menschen wissen, dass für die zur Papierherstellung benötigte Lignocellulose Bäume abgeholzt werden. Und als Folge der zunehmenden Alphabetisierung und des steigenden Lebensstandards in Asien, Lateinamerika und Afrika, nimmt der Verbrauch von Lignocellulose stetig zu. Doch ihre Fasern werden nicht nur zur Herstellung von Papier und Verpackungsmaterial verwendet. Auch Baumaterialien enthalten Lignocellulose. Als Zusatz in Zement macht sie diesen widerstandsfähiger gegenüber tropischer Witterung. In Indonesien hat ein Produzent für faserverstärkten Zement 2.000 Hektar Bambus angepflanzt, um eine gute Mischung herstellen zu können.

Aus unerfindlichen Gründen übersieht die gesamte Welt, dass forstwirtschaftliche Plantagen die wichtigsten Lignocellulose-Quellen überhaupt sind. Der Großteil von ihnen befindet sich in produktiven Regionen und bietet eine Qualität, die mit denen der Nadelhölzer und Laubbäume Skandinaviens und Nordamerikas durchaus zu vergleichen ist. Jede Plantage kann, auf welche Weise sie auch immer arbeitet, als Lignocellulose-Fabrik betrachtet werden. Darum macht es auch keinen Sinn, Bäumen wie der Fichte, der Tanne, der Pinie oder dem Eukalyptus schnelleres Wachstum abzuverlangen, nur um die neuen Zentren des Lignocelluloseverbrauchs in Südostasien und Lateinamerika zu beliefern: Das dort vorhandene Material kann den Bedarf vollständig decken. Die höchsten Konzentrationen an Lignocellulose stecken in Wahrheit in Bambus, Zuckerrohr, Rattan, Palme, Bananenbaum und Kokospalme.

Warum vernachlässigt man die Lignocellulose dieser Pflanzen? Als Indonesien 1996 erklärte, bis 2010 dreißig neue Zellstofffabriken mit einer Gesamtkapazität von 11 Millionen Tonnen bauen zu wollen, hat niemand erwähnt, woher die Lignocellulose dafür kommen soll. In Zeiten, in denen das Abholzen von Primärwäldern verboten ist und die Wiederaufforstung entwaldeter Flächen Jahre dauert, liegt es mehr als nahe, sich auf die vorhandenen Anpflanzungen zu konzentrieren. Sollte Indonesien sich jedoch nicht für diese Lösung entscheiden, ginge dem Land eine einzigartige Möglichkeit verloren, seine Biomasse aufzuwerten. Einige der 17.000 indonesischen Inseln könnten sogar zu Schlüssellieferanten werden, wenn es um Fasern unterschiedlicher Länge und Widerstandsfähigkeit geht, die sogar den höchsten Anforderungen der Zellstoffhändler entsprechen. Die Produktion der oben erwähnten 11 Millionen Tonnen Zellstoff könnte dank der vorhandenen Palmpflanzungen von 2,2 Millionen Hektar ohne weiteres gesichert werden.

Die Umsetzung dieser Strategie erfordert multidisziplinäre Forschung und die Forstexperten dürfen nicht erwarten, hier an der Spitze zu stehen, nur weil es um ihre Materie geht. Es ist die Plantagenindustrie, die die Initiative ergreifen und die technische und ökonomische Machbarkeit demonstrieren muss. Es ist ebenso ihre Aufgabe, die zur Umsetzung dieser Strategie notwendigen Technologien zu entwickeln und so die Herausforderung anzunehmen.

Hier haben wir eine Chance von großer ökologischer, sozialer und ökonomischer Tragweite. Es handelt sich um die Geburt einer neuen Industrie, die das ursprüngliche Kerngeschäft der Plantagen – Palmöl, Kokosöl oder Rohrzucker – ergänzen kann. Die Nutzung der Lignocellulose würde die Aufwertung einer zusätzlichen Menge Biomasse ermöglichen, die höhere Einkünfte generiert als wenn man sie lediglich zur Anreicherung von Böden verwendete. Bei einem Mindestpreis von 400 US-Dollar pro Tonne beläuft sich dieser Wert pro Jahr auf 1.100 bis 1.700 US-Dollar pro Hektar.

PLANTAGEN ALS KOHLENSTOFFSPEICHER

Als mächtige Lignocelluloseproduzenten stellen Plantagen auch einen der effizientesten Kohlenstoffspeicher der Erde dar: Mittels Photosynthese wird Kohlenstoff aus der Luft aufgenommen und Sauerstoff im Gegenzug wieder abgegeben. Diese für den Wald charakteristische Funktion wird auch durch Plantagen erfüllt. Sie lässt sich hervorragend kontrollieren und messen. In der Vergangenheit stellten die Lignocelluloseabfälle der Plantagen ein großes Problem dar. Der Großteil verrottete auf dem Boden oder wurde verbrannt, was nicht unerheblich zur Luftverschmutzung beitrug.

Die Verwertung dieser Fasern wäre demnach nicht nur eine zusätzliche wirtschaftliche Aktivität, sondern ließe auch einen neuen, gigantischen Kohlenstoffspeicher entstehen. Einen solchen hat die Erde dringend nötig. Wir produzieren zuviel Kohlendioxid und die unmittelbare Gefahr, die uns durch die Erderwärmung erwächst, ist längst wissenschaftlich bestätigt. Die einzigen, die die Augen vor der – durch mindestens zweitausend Wissenschaftler belegten – Realität verschließen, sind die Amerikaner sowie die Scheichs Saudi-Arabiens. Die übrige Welt bleibt indes nicht untätig: Es wurden umfangreiche Forschungsprojekte begonnen, insbesondere in Japan, wo man die effizientesten Technologien entwickeln will, um gegen die zukünftige Bedrohung gewappnet zu sein. Das japanische Research Institute of Innovative Technology for the Earth (RITE) erhält hierfür jährlich Forschungsgelder in Höhe von 70 Millionen Euro. Und das Intergovernmental Panel on Climate Change (IPCC) mobilisiert mehrere Tausend Forscher aus der ganzen Welt für dieses Thema.

Wenn es gelänge, mithilfe eines Teils dieser Mittel herauszufinden, in welcher Weise Plantagen durch die kommerzielle Verwertung von Lignocellulose zu Kohlenstoffspeichern werden können, würden sich daraus zahlreiche Win-Win-Modelle ergeben: Speicherung von CO_2, Herstellung neuer Produkte, Schaffung zusätzlicher Arbeitsplätze, Möglichkeiten zur Erweiterung des Warenaustausches und neues Investitionskapital.

Und noch eine interessante Alternative eröffnet sich: Biodiesel. Stellt Ethanol[57] einen Zusatz für Normalbenzin dar, so ist Palm- oder Kokosöl ein hervorragender Ersatz für Diesel. Der von Rudolf Diesel erfundene Motor wurde einst für pflanzliche Öle entworfen, deren Moleküle mehr als 10 Prozent Sauerstoff enthalten, was eine effiziente Verbrennung ermöglicht. Betreibt man den Motor jedoch mit Heizöl, findet die Verbrennung aufgrund des geringeren Sauerstoffgehalts nur unvollständig statt. Kokosöl hat auf dem Weltmarkt an Attraktivität verloren, seit bekannt wurde, dass es viele gesättigte Fettsäuren enthält, während Ernährungswissenschaftler den Verzehr möglichst ungesättigter Fettsäuren empfehlen. Doch Millionen von Kokospalmen, die durchschnittlich ca. dreißig Früchte tragen, könnten problemlos den Rohstoff für Diesel liefern. Hierbei läge der Vorteil darin, dass durch die Verbrennung des Öls nie mehr CO_2 freigesetzt wird als der Baum selbst aufgenommen hat! So befände sich Biodiesel immer im Gleichgewicht mit seiner Umwelt. Das ist beim herkömmlichen Dieselkraftstoff leider nicht so.

DIE ZERTIFIZIERUNG VON KOHLENSTOFFSPEICHERN

Die Frage „Auf welchem Sektor sind Sie tätig?" zieht sich wie ein roter Faden durch dieses Buch.

Im Zuge des Kyoto-Protokolls wurde ein System verhandelbarer Emissionsrechte eingerichtet. In den Industriestaaten (ausgenommen den USA und einigen anderen unbelehrbaren Ländern) wurde jedem großen Unternehmen eine begrenzte Anzahl von Emissionsrechten zugeteilt, die es entweder dazu zwingt, seine Emissionen zu senken – was technisch nicht immer möglich ist – oder Emissionsrechte von Dritten abzukaufen. Dieses System ist in Europa die Regel geworden. In Japan steht es ganz oben auf der Prioritätenliste, um den globalen Umweltschutz noch stärker voranzutreiben. Das japanische Institut für Energie hat die Möglichkeiten seiner Umsetzung bis ins Detail erforscht: Das Haupthindernis scheint darin zu bestehen, dass es nicht genügend Produzenten für Kohlenstoffspeicher gibt.

Während die Aufwertung bislang vernachlässigter biochemischer Komponenten ein Anreiz für die Plantagenindustrie sein könnte, wird ihnen ein System verhandelbarer CO_2-Quoten eher unrealistisch vorkommen. Doch diese Idee wird nicht

---

57 Alkohol, der aus Glucose gewonnen wird

lange nur bloße Theorie bleiben. Plantagenbetreiber könnten das speicherbare CO_2-Volumen von akkreditierten Gutachtererinstutionen ermitteln und zertifizieren lassen und weitere Wege finden, die Speicherfähigkeit noch zu erhöhen. Und wozu? Die Informationen hierüber würden weltweites Interesse für Plantagen auslösen und in Folge die Einrichtung von Forschungsfonds ermöglichen. Auf längere Sicht könnten Plantagen bedeutende Einkünfte generieren.

Ich stelle nun der Plantagenindustrie die Frage: „Auf welchem Sektor sind Sie tätig?"

ERWEITERTE LEBENSZYKLUSANALYSE IN DER AGRO-FORSTWIRTSCHAFTLICHEN INDUSTRIE

Die dritte Herausforderung für die Agro-Forstwirtschaft (und diese teilt sie auch mit den anderen Sektoren) besteht darin, ihre Produktionsverfahren einer erweiterten Lebenszyklusanalyse zu unterziehen. In den industrialisierten Ländern werden solche Analysen immer häufiger durchgeführt. Sie ermöglichen eine bessere Einschätzung des Einflusses, den ein Produkt auf die Umwelt haben wird. Die Durchführung einer solchen Analyse kann Jahre dauern und oftmals sind die Daten am Ende nur unzureichend für einen ausführlichen Ausblick. Die Bemühungen richten sich auf die Rekonstruktion des Lebenszyklus' eines Produktes, „von der Wiege bis zur Bahre". Man muss jedoch weiter gehen und eine globale Methode entwickeln, die auch für die Zukunft Bestand hat (siehe Abb. 1). Wir brauchen eine erweiterte Sichtweise auf Produkte, wie Anders Wijkman, Mitglied des Europaparlaments und ehemaliger Präsident des Schwedischen Roten Kreuzes, 2004 forderte. Die Plantagenindustrie ist besonders gut aufgestellt, um hier die Initiative zu ergreifen. Anstatt eine Lebenszyklusanalyse für das derzeitige Hauptprodukt – Palm- oder Kokosöl – durchzuführen, muss der Baum als Ganzes betrachtet werden.

Nehmen wir das Beispiel der auf philippinischen Plantagen angebauten Kokosnuss. Japanische Verbraucher entdecken (wie zehn Jahre zuvor die Europäer), dass Reinigungsmittel die hauptsächlichen und nur schwer zu bekämpfenden Verursacher der Verschmutzung von Gewässern sind. Sie wollen auf den Gebrauch chemischer Produkte, die die Oberflächenspannung des Wassers herabsetzen, verzichten, da sie zu langsam abgebaut werden. Sie möchten dafür auf Pflanzenbasis hergestellte, biologisch abbaubare Substanzen verwenden. Das ist sicherlich lobenswert. Die gängigsten pflanzlichen Tenside sind Fettsäuren aus Palm- und Kokosöl. Am bekanntesten davon ist Laurylethersulfat. Unterzieht man dieses, auf Pflanzenbasis hergestellte, Reinigungsmittel einer erweiterten Lebenszyklusanalyse, müsste es sich letzten Endes als perfektes Produkt erweisen. Weit gefehlt!

Konventionelles lineares Modell

Modell der Zero Emission

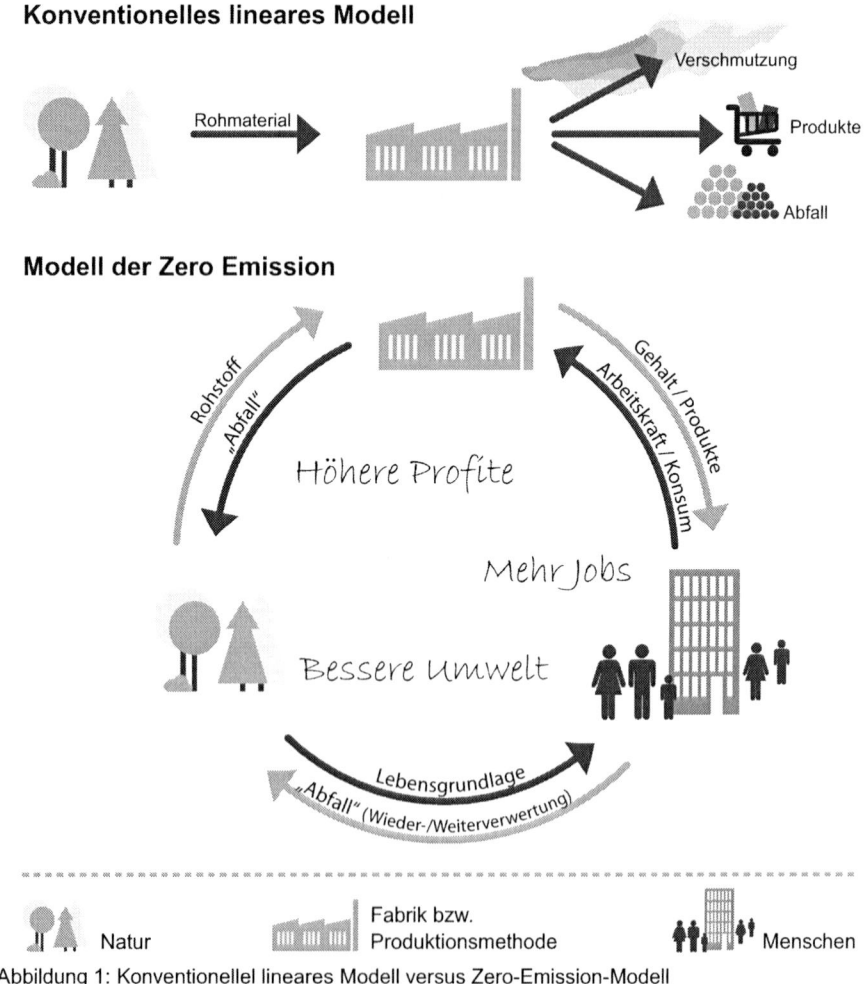

Abbildung 1: Konventionellel lineares Modell versus Zero-Emission-Modell

Nehmen wir das Beispiel der auf philippinischen Plantagen angebauten Kokosnuss. Japanische Verbraucher entdecken (wie zehn Jahre zuvor die Europäer), dass Reinigungsmittel die hauptsächlichen und nur schwer zu bekämpfenden Verursacher der Verschmutzung von Gewässern sind. Sie wollen auf den Gebrauch chemischer Produkte, die die Oberflächenspannung des Wassers herabsetzen, verzichten, da sie zu langsam abgebaut werden. Sie möchten dafür auf Pflanzenbasis hergestellte, biologisch abbaubare Substanzen verwenden. Das ist sicherlich lobenswert. Die gängigsten pflanzlichen Tenside sind Fettsäuren aus Palm- und Kokosöl. Am bekanntesten davon ist Laurylethersulfat. Unterzieht man dieses, auf Pflanzenbasis hergestellte, Reinigungsmittel einer erweiterten Lebenszyklusanalyse, müsste es sich letzten Endes als perfektes Produkt erweisen. Weit gefehlt!

Auch wenn die Verwendung von Rohstoffen pflanzlichen Ursprungs für mehr Sauberkeit in den Flüssen Japans oder Europas sorgt bzw. sie weniger verschmutzt, ist die Überlegung, die dahinter steckt, doch fraglich[58]: Die Fettsäuren des Kokosöls entsprechen nur 5 Prozent der jährlich auf den Plantagen erzeugten Biomasse. Fast der gesamte Rest bleibt ungenutzt. Diese Feststellung ermutigt nicht gerade zum Gebrauch erneuerbarer Stoffe, es sei denn, die gesamte Biomasse wird verwertet.

Die philippinische Kokosnussindustrie sollte die Japaner darauf aufmerksam machen, dass, wenn sie saubere Flüsse haben wollen, eine erweiterte Lebenszyklusanalyse den Plantagen und der Umwelt mehr nützen würde, als der Import von Rohstoffen wie pflanzliche Fettsäuren. Die Kokospalme liefert nämlich nicht nur Öl und Fettsäuren, sondern auch Lignocellulose. Sie ist eine Quelle für chemische Substanzen und saubere Treibstoffe (wie Lignin und Biodiesel), die effizient eingesetzt werden können. Aus den kleinsten Fasern können Platten hergestellt werden und Kokosöl ist reich an Vitamin E. So haben wir nun statt einer einzigen, fünf Möglichkeiten, die Produkte der Kokospalme zu verwerten und können dabei noch die Japaner hinsichtlich der Wasserqualität ihrer Flüsse unterstützen. Eine integrierte Analyse bietet sich hier geradezu an.

Die erweiterte Lebenszyklusanalyse kann zu Antworten auf viele Herausforderungen führen. Sie ist mehr als nur ein Messinstrument für Umweltfreundlichkeit: so ist sie zum Beispiel eine Hilfe bei Investitionsentscheidungen, ein Motor für Warenaustausch und eine Jobmaschine. All dies macht sie zu einem Werkzeug für soziale und nachhaltige Entwicklung.

---

58 siehe die Einleitung zu diesem Buch

ZERI hat das biochemische Potenzial verschiedenster Stoffe analysiert: von Palmöl in Malaysia und Indonesien, von Sisal in Tansania, von Rohrzucker in Brasilien und von Ananas in Indonesien. Diese Untersuchungen haben zu viel versprechenden Schlussfolgerungen geführt. So wurde in Malaysia von dem an der Londoner Börse notierten Plantagenbetreiber Golden Hope Plantations Berhad die erste Produktionseinheit für Vitamin E gebaut. Das Unternehmen verfügt auch über die erste Produktionseinheit für Faserplatten aus Pflanzen. Das Vitamin E wird aus reinem Palmöl gewonnen. Bei der Plattenherstellung werden die Faserreste der Bäume und der Nüsse verwendet. In Lettland und Kuba wurden Pilotprojekte zur Extraktion von Furfural durchgeführt. Andere Plantagen – zum Beispiel italienische Olivenplantagen – bereiten sich auf die Übernahme dieses Ansatzes vor, doch für diese gilt es, neue Techniken zu entwickeln, da die Faserabfälle durch das zurzeit noch praktizierte Zerbrechen der Nüsse extrem sauer werden. Ohne Zerstörung der Nuss, könnte man Vitamin E in großen Mengen herstellen und damit das synthetische Vitamin ersetzen, dessen Wirksamkeit weniger als 30 Prozent ausmacht.

Das sind erste wichtige Schritte und diese Methodologie wird sich schnell verbreiten, wenn sich nur die ehemaligen Absolventen der Wirtschaftshochschulen von ihrer Obsession des Kerngeschäfts befreiten. Die Stakeholder der Unternehmen werden sich darüber klar werden, dass diese Methodologie es ermöglicht, vielfältige Interessen zu vereinen: die Umwelt zu schützen, die Produktivität von Biomasse zu steigern, Arbeitsplätze zu schaffen, zusätzliches Investitionskapital einzuwerben, Konsumenten bessere Produkte zu niedrigeren Preisen anzubieten, den Warenaustausch zu fördern, weitere Forschungsprogramme durchzuführen und innovative Entwicklungen umzusetzen. Außerdem – was nicht unwesentlich ist – werden unerkannte Risiken vermieden, die bei der Verfolgung von Einzelstrategien in der Regel auftauchen.

DIE PORTFOLIO-STRATEGIE

Die Zusammenfassung von Wirtschaftsaktivitäten zur weltweiten Biomasseverwertung verhilft Monoprodukt-Unternehmen, die stark von den Preisschwankungen auf dem Rohstoffmarkt abhängig sind, zu einem Portfolio von Produkten und Nebenprodukten, deren unterschiedlicher Produktlebenszyklus Einkommensschwankungen verhindert. Im Laufe der Vergangenheit konnten wir feststellen, dass Überproduktion das Verschwinden der gesamten Anpflanzungen zur Folge haben kann. Gleicherweise bedarf es nur weniger Jahre, bis ein synthetischer Ersatz, wie z.B. der von Kautschuk, ganze Vermögen zunichte macht. Davon kann Manaus, Hauptstadt des brasilianischen Bundesstaats Amazonas, ein Lied singen.

Eine Portfoliostrategie, die auch die beim kommerziellen Anbau einer Pflanzenart anfallende Biomasse berücksichtigt, lässt neben der Ernte des Hauptprodukts eine Vielzahl Produkte entstehen, die bezüglich Preis und Menge gegenüber sämtlichen Erdölprodukten konkurrenzfähig sind.

AUSBLICK

Die Konzeption der nachhaltig wirtschaftenden Plantage des 21. Jahrhunderts geht über den reinen Umweltschutz hinaus. Sie wird Plantagen naturnaher und konkurrenzfähiger machen, sowohl untereinander als auch gegenüber synthetischen Produkten. Nun da die Erträge der Böden kaum noch zu steigern sind, werden Plantagen die Vorteile der Herstellung von Nebenprodukten, die durch Verwertung ihrer scheinbar wertlosen Biomasse ermöglicht wird, zu schätzen wissen. Hier haben wir einen fruchtbaren Boden für Investitionen, Arbeitsplatzschaffung, Handel und technologische Zusammenarbeit.

Die Herangehensweise muss multidisziplinär erfolgen und eine Kooperation unterschiedlicher Wirtschaftssektoren ist notwendig. Man hat bereits mit der Verarbeitung von Fasern für „artfremde" Zwecke begonnen: Lignin wird als Bindemittel bei der Herstellung von Zellstoff eingesetzt, Hemicellulose in der Lebensmittelindustrie. Die japanische Regierung ist bereit, solche Ansätze zu unterstützen und die Industrie wird einen Teil der dadurch erwirtschafteten Gelder in neue Formen industrieller Entwicklung investieren. Das Zero-Emissions-Konzept ist auf fruchtbaren Boden gefallen und eine Reihe von Initiativen wurde bereits gestartet, so z.B. das Großprojekt im kolumbianischen Las Gaviotas, das sich perfekt in dieses Konzept einfügt.

Während man sich bei der Konzentration auf Kernaktivitäten um mehr Wertschöpfung durch Reduzierung der Aktiva bemüht, zeigt Upsizing, dass wir mehr produzieren können auf andere Weise, und dabei viele Arbeitsplätze schaffen können.

7. Freier Warenverkehr und Reichtum für alle

In den Wirtschaftswissenschaften heißt es, dass der Warenverkehr auf einer effizienten Kombination von Arbeit, Kapital und Rohstoffen beruht, gefördert durch logistische Unterstützung in den Bereichen Warenlager, Transport und Finanzierung. Die Rolle des Handels bezüglich der wirtschaftlichen Entwicklung ist unbestritten. Er hat das Potenzial, die Kaufkraft von Konsumenten sowohl armer als auch reicher Länder zu stärken. Dank des Handels haben die Konsumenten Zugang zu preisgünstigen Waren von guter Qualität. Ein ständiges Handelsdefizit verrät die Schwachstellen des Primärsektors, des industriellen (Sekundär)sektors und des Dienstleistungssektors (Tertiärsektor) eines Landes. Der Handel favorisiert die Überschüsse der konkurrenzfähigsten Industrien. Er kann die einen arbeitslos machen und anderen einen Arbeitsplatz verschaffen. Große Handelszentren haben sich im Laufe der Zeit an den Kreuzungen weltweiter Handelswege entwickelt: Sie verhalfen Städten und Nationen zu Reichtum, die zwar selbst über keine natürlichen Ressourcen verfügten, deren strategische Lage jedoch äußerst vorteilhaft war.

Der Handel kann einen entscheidenden Schub erhalten infolge technologischen Fortschritts, der einigen zugänglich ist, anderen jedoch nicht. Für das Britische Weltreich waren die Zeit und deren Messung dermaßen wichtig, dass Uhrmachern die Todesstrafe drohte, sollten sie ihr Wissen den Feinden des Weltreichs zur Verfügung stellen. Industriespionage existiert nicht erst seit heute. Während Nahrungsmittelknappheit an der Front in Frankreich zur Erfindung der Konservendose und in England zur Erfindung des Einmachglases geführt hat, war das Wettrennen um Informationen zu Zeiten Napoleons bereits genauso von Bedeutung, wie später während des Kalten Krieges und der Eroberung des Weltraums. Handel ist nicht auf landwirtschaftliche und industrielle Produkte beschränkt: Auch im Bereich Dienstleistung, Recht an geistigem Eigentum und seit neuestem sogar Emissionsrechten, nimmt er stetig zu.

Einerseits lässt der Handel kulturelle Identitäten außer Acht und folgt einfach nur der Kaufkraft. Andererseits aber fördert er – von der Seidenstraße bis zu den Seewegen der Wikinger – den Austausch zwischen den Kulturen und die Akzeptanz für neue Produkte und neue Verhaltensweisen. Spaghetti, die wir eindeutig mit der italienischen Küche assoziieren, wurden in China erfunden. Die

Suche nach neuen Handelswegen hat zur Finanzierung von Expeditionen und in der Folge zur Entdeckung neuer Kontinente und zur Gründung neuer Nationen geführt. Der Handel kennt Helden wie etwa Marco Polo, und Dämonen, beispielsweise Japan in der Nachkriegszeit.

Für einige stellen der Handel im Allgemeinen und der Freihandel im Speziellen das Herzstück der Entwicklung dar. Andere dagegen betrachten sie als Hindernis. Beiden Lagern mangelt es nicht an Argumenten für ihren jeweiligen Standpunkt. Die Japaner und die Koreaner haben ihre Märkte gegen Importe geschützt und noch heute tun die reichen Länder es ihnen hinsichtlich bestimmter Produktgruppen gleich. Selbst die Meister des Freihandels haben Einschränkungen erlassen: Der amerikanische Jones Act von 1920 verbietet den Überseetransport von Waren zwischen amerikanischen Hafenstädten; die Beschränkungen für den Lkw-Verkehr in der Schweiz erschweren europäischen Transporten den Zugang zu den Alpen; und Japan betreibt nach wie vor einen „offenen Protektionismus" gegenüber ausländischen Produkten.

Viele Produkte und Dienstleistungen treffen auf formelle oder informelle Barrieren, so dass Verbraucher bezüglich guter Qualität und vorteilhafter Preise unter Umständen das Nachsehen haben. Aber schlimmer noch sind die Milliardensubventionen, mit denen Japaner, Amerikaner und Europäer ihre Landwirtschaft unterstützen. Bestimmte Schutzmaßnahmen sind natürlich notwendig, etwa zum Erhalt kultureller Identität, handwerklicher Produktion, natürlicher Umgebung und sozialer Normen. Die Bezeichnung „Champagner" ist zu recht geschützt, und das ist auch bei manchen Käsesorten der Fall. In diesem Kapitel werden nicht der Handel oder seine Rolle für die wirtschaftliche Entwicklung analysiert. Es wird vielmehr eine neuartige Form des Handels aufgezeigt, die im Einklang mit einer nachhaltigen Entwicklung steht. Es werden Vorschläge zur Neuausrichtung des derzeitigen Systems für eine Beschleunigung der wirtschaftlichen Entwicklung bei gleichzeitiger Senkung der Umweltverschmutzung gemacht. Es werden Strategien und laufende Prozesse identifiziert, die aus den Stiefkindern dieser Welt vollwertige Mitglieder machen können. Dabei werden wichtige Punkte erneut thematisiert: die Bedeutung von Informationen, ein neuer Ansatz für den Handel, die Möglichkeiten für KMU, sich innerhalb der Globalisierung einen Platz zu sichern, und die Strategien, die sie davor bewahren können, von Global Playern geschluckt zu werden. Dieses Kapitel ist auch von dem, was uns die Geschichte lehrt, inspiriert. Diese bietet zahllose Beispiele dafür, wie eine sowohl ökologisch nachhaltige als auch sozial gerechte Entwicklung erreicht werden kann: steigende Produktivität, erhöhte Konkurrenzfähigkeit, niedrigere Arbeitslosenzahlen, sinkende Umweltverschmutzung. Vier Dimensionen, die gleichzeitig in Betracht gezogen werden müssen und nicht gegeneinander austauschbar sind, andernfalls wäre die Fähigkeit der Marktwirtschaft, uns Nahrung, Wasser, Wohnraum, Gesundheitsversorgung, Energie und Arbeit zu verschaffen, bedroht und ihre Legitimität stark in Frage gestellt.

FREIER INFORMATIONSZUGANG

1776 behauptete Adam Smith, dass der freie und gerechte Austausch von Waren und Dienstleistungen nur möglich sei, wenn auch der Informationszugang frei und gerecht ist. Leider ist er dies jedoch nie gewesen. Tatsächlich sind Informationen selbst zu einem Handelsobjekt geworden, das traditionellerweise einer privilegierten Minderheit vorbehalten ist, was etwa an Insidergeschäften im Börsenbereich deutlich wird.

Wenn bei einer Transaktion die eine Partei gut informiert ist und die andere nicht, ist das Risiko groß, dass letztere von ersterer ausgebeutet wird. Daraus ergibt sich, dass ihr Besitz oder Nichtbesitz teilweise den Zugang, den man zu Informationen hat, widerspiegelt. An der Verbreitung von Informationsdiensten, der Nutzung von Datenbanken und der stetigen Zunahme an Beratern, die Fakten, Zahlen und Trends sammeln, verarbeiten und interpretieren, lässt sich ablesen, wie die Welt sich im Aufschwung befindet. Doch vom Standpunkt des „Reichtums der Nationen"[59] aus betrachtet ist der freie Handel nur möglich, wenn er von einem freien und gerechten Informationsaustausch begleitet wird. Das ist bislang nicht der Fall.

Die einzigen Sektoren, die sich heute dem von Smith verordneten Prinzip annähern, sind

1. die den Handel begleitenden Geldmärkte, untereinander vernetzt durch die weltweiten Verkehrswege und das Internet;
2. die Rohstoffmärkte von Chicago, London und Singapur, die nicht nur Handelszentren für Metall, Schweinefleisch, Kaffee, Eier, Hühner,

---

59 Titel des Buchs von Adam Smith.

Meeresfrüchte und – mittlerweile auch – Recyclingpapier sind, sondern auch für Aktien, Obligationen, Optionen und Rückversicherungsgeschäfte, mithilfe derer die Gesellschaften die Vorteile und Risiken ihrer Transaktionen teilen.

Diese Märkte arbeiten mit Informationen aus der ganzen Welt, und die Preise ergeben sich aus den Fluktuationen in Angebot und Nachfrage. Doch nicht nur reine Fakten und rationale Analysen sind ausschlaggebend. Mehr oder weniger begründete, „nicht-rationale" Entscheidungen dominieren auf eine Weise den Prozess, dass Tatsachen oftmals bedeutungslos erscheinen. Zwar wird nach wirtschaftswissenschaftlicher Theorie der Preis durch die Erwartungen bestimmt. Auf globaler Ebene sollte dies den Handel beeinflussen und Investitionsströme steuern. Doch der erwartete Regen, oder sein Ausbleiben, bestimmen den Getreidepreis. El Niño kann Australien heimsuchen, eine Dürre verursachen, Ertragseinbußen herbeiführen und den Getreidepreis in die Höhe klettern lassen. Der zunehmende Bierkonsum in China wird einen Preisanzug bei Gerste zur Folge haben. Die Ankündigung sinkender Temperaturen in Brasilien lässt die Kaffeepreise steigen, doch sie normalisieren sich, sobald die Meteorologen ihre Vorhersagen korrigiert haben. Allein die simple Nachricht, dass die Finanzminister zusammenkommen werden, lässt die Zinssätze sinken oder steigen.

Die Schwankungen von Preisen und Zinssätzen werden dadurch verstärkt, dass Anzahl und Wert der Waren, mit denen gehandelt wird, hinter den Geldströmen zurückbleiben. Die große Mehrheit der Übereinkünfte wird nicht in die Tat umgesetzt, sondern durch Verträge mit gegenteiligen Verfügungen aufgehoben. Wer nur so tut, als betriebe er Handel, verdient mehr Geld, als der, der tatsächlich welchen betreibt. Der Anreiz durch Profite und die Spekulationen, die damit im Zusammenhang stehen, erzeugen ein Ungleichgewicht der Informationsströme und führen zu Situationen, wie der, dass 200.000 Tonnen Rohöl, die in Kuwait aufgenommen wurden, auf ihrer Fahrt nach Rotterdam ohne Wissen des Kapitäns bis zu zehnmal den Besitzer wechseln.

INFORMATION UND IHRE VERMITTLER

Diese Beschreibung der Welt der Rohstoffe und Termingeschäfte ist natürlich stark vereinfacht. Dennoch entspricht sie, was ihre Grundzüge anbelangt, der Wahrheit – und steht damit in starkem Kontrast zu den Wirtschaftssystemen der Entwicklungsländer. Nehmen wir als Beispiel einen Bauern, der seine Ernte exportieren möchte. Er hat nur eine Erwartung: seine Familie ernähren zu können. Er hat praktisch keinen Zugriff auf marktspezifische Informationen, wie sie Großhändlern in industrialisierten Ländern zur Verfügung stehen.

Das Problem des Informationszugangs ist zugleich auch ein Problem der Vermittlung. Noch bevor die Rohstoffbörsen ihre Regulationsfunktion ausüben, haben die ersten Vermittler bereits zugeschlagen. Und da ihnen nicht daran gelegen ist, dass die Bauern zu viel wissen, geben sie nur einen Teil der Informationen weiter oder verbreiten sogar Fehlinformationen.

Glücklicherweise verändert der Trend zum Wegfall von Zwischenhändlern – Ergebnis des dezentralisierenden Einflusses der Neuen Informations- und Kommunikationstechnologien (NIKT) – diese Situation merklich. In Sri Lanka verhalf die Einführung des Telefons in ländlichen Gebieten kleineren Kokosnuss-Produzenten zu 20 Prozent höheren Abnahmepreisen. Ein einfacher Anruf der örtlichen Genossenschaft bei der Rohstoffbörse in Colombo hat diese überlebenswichtige Einkommenserhöhung möglich gemacht, wobei der Endverbraucher dafür nicht einmal tiefer in die Tasche greifen musste. Wie war das möglich? Zuerst haben die Bauern sich über die aktuellen Tageskurse informiert. Im Laufe des Gesprächs erfuhren sie dann von den Möglichkeiten zur Steigerung ihrer Einkünfte, unter anderem über den Bedarf an Kokosfasern, mit denen in Europa Drainagerohre umwickelt werden. Den Zugang zu Informationen herzustellen ist daher ein wichtiger Basisbaustein globaler Entwicklungsstrategien. Auch Organisationen wie das Entwicklungsprogramm der Vereinten Nationen (UNDP) sehen die Entwicklung von Kompetenzen in diesem Bereich als entscheidend an. Unkomplizierte Informationssysteme, bei denen relativ einfach ausgestattete Computer mit einem WLAN verbunden werden, erlauben es auch Dorfbewohnern, sich Zugang zu den aktuellsten Informationen über Rohstoffkurse zu verschaffen und diesen Vorteil bei Preisverhandlungen zu nutzen.

Doch ein noch viel umfassenderer Ansatz ist nötig, um eine radikale Änderung der Entwicklungshilfe herbeizuführen und die mannigfachen Möglichkeiten des Warenaustauschs zum Erblühen zu bringen – vor allem jene, die die Entwicklungsländer der industrialisierten Welt anzubieten haben.

EINE AUFSTREBENDE MITTELSCHICHT

In der ganzen Welt nimmt der Bedarf an Nahrung, Wasser, Baumaterialien, Gesundheitsversorgung und Haushaltsprodukten zu. Die nach wie vor ungebremste Bevölkerungsexplosion übt einen immer stärkeren Druck auf unsere begrenzten Ressourcen aus, da die Konsumansprüche der neuen Mittelschicht steigen, besonders in Asien, was zugleich eine ineffiziente Nutzung von Rohstoffen mit sich bringt. So kommt in einer typischen Mittelklassefamilie künftig z.B. in Butter gebratenes Hühner- oder Rindfleisch auf den Tisch, anstelle einer traditionellen Mahlzeit mit Reis, Sojasoße und Gemüse. Ihr Bambushaus macht einer modernen Konstruktion aus Beton, Stahl und Aluminium Platz, deren Energieeffizienz und Resistenz gegen Erbeben ausgesprochen niedrig sind.

Die neue Mittelschicht verfügt über die nötige Kaufkraft, um das Interesse von Produzenten in der ganzen Welt auf sich zu lenken. Die Menschen armer Länder haben zwar Bedürfnisse, doch aufgrund mangelnder Kaufkraft haben sie keinerlei Bedeutung auf dem Markt und oft gelangen Produkte nur durch Hilfslieferungen in diese Regionen.

Wenn sich daran nichts ändert, wird die wirtschaftliche Entwicklung des 21. Jahrhunderts nur eine Fortsetzung des aktuellen Produktions-, Handels- und Konsummodells sein – was die Welt vor weitere schwierige Herausforderungen stellen wird. Diese lassen sich jedoch bewältigen – mithilfe der Umsetzung von Zero-Emissions-Konzepten und der Generativen Wissenschaft, die für die agroindustrielle Entwicklung eine umfassendere Perspektive bereithalten.

DER HOMO NON SAPIENS

Dieses Buch hat uns einige Elemente unseres industriellen Systems vor Augen geführt, die von Menschen konzipiert wurden, die über keinerlei Verständnis für natürliche Systeme verfügen. Algen und Reinigungsmittel sind zwei Fälle, die es wert sind, im Hinblick auf den internationalen Handel untersucht zu werden.

ALGEN

Als Japan, die Vereinigten Staaten und Europa damit begannen, getrocknete Algen aus Afrika, Südostasien, dem Pazifik und Südamerika zu importieren, erschien die Versorgung problemlos. Algen werden entlang der Küsten Tansanias, der Philippinen und Chiles geerntet, auf den Stränden getrocknet und an internationale

Großhändler zur Weiterverarbeitung verkauft. Aus Algen lässt sich ein spezielles Salz gewinnen, das sehr gefragt ist, sich teuer verkaufen lässt und wie Agar-Agar oder Johannisbrot ein wichtiger Stoff für die Lebensmittelindustrie ist. Doch die Algen werden fast ausschließlich im Norden verarbeitet. Ihre „Abfälle", hauptsächlich Fasern, die Spurenelemente wie Jod und Magnesium enthalten, werden ins Meer zurückgeworfen. Jod ist in Entwicklungsländern sehr geschätzt, da es Mangelkrankheiten vorbeugt. Bei der Entwicklung des Gehirns spielt es eine wichtige Rolle: Während bereits ein paar Mikrogramm pro Tag ausreichend sind, führt ein chronischer Mangel zur Vergrößerung der Schilddrüse oder schlimmstenfalls zu geistiger Zurückgebliebenheit. Allein für China schätzt die WHO die Zahl der im Jahr 2000 betroffenen Personen auf zwölf Millionen. Westliche Regierungen sind sich des Problems bewusst. Sie haben besondere Maßnahmen ergriffen, um Kaliumjodid als Nahrungsmittelzusatz produzieren und exportieren zu können.

Hier wird deutlich, wie der Zugang zu Informationen in einer Welt, die Probleme und Lösungsmöglichkeiten miteinander zu verbinden weiß, den Handel und die wirtschaftliche Entwicklung anzukurbeln vermag. Die Verarbeitung der Algen in Tansania oder Namibia ließe 50 Prozent der Biomasse dort verbleiben. Der Export von Agar-Agar und Johannisbrot in halbverarbeitetem Zustand würde Frachtkosten und den Energiebedarf der Schiffe minimieren. Auch das Abfallaufkommen im Norden wäre nicht mehr so hoch, und Tansania und Namibia wären in der Lage, das Jod dem Ernährungskreislauf ihrer Länder zuzufügen. Zugunsten der Gesundheit der Bevölkerung würden sich neue Industrien entwickeln, neue Arbeitsplätze entstehen und zusätzliche Einkünfte generiert werden. Warum verfährt man nicht auf diese Weise?

Europa subventioniert die Produktion künstlich jodierten Speisesalzes. Dieses Salz wird in Afrika billig verkauft. Das Problem ist jedoch, dass der Bevölkerungsteil, der am meisten von Jodmangel betroffen ist, in den Hochebenen oder in den Bergen wohnt. Die Wege sind uneben, und das Jod, das schwerer ist als Salz, konzentriert sich nach und nach auf den Böden der Gefäße. Es verflüchtigt sich, bis schließlich nichts mehr übrig ist. Es wäre wesentlich effektiver, wenn Europa die Extraktion der Salze in Afrika finanzieren würde und wenn man die Abfälle der Algen dem Substrat für tropische Pilze beimischen würde, die dadurch „jodiert" werden würden.

Die Informationen sind zugänglich, aber sie bringen nur Nutzen, wenn sie in ein einfach verständliches System integriert werden. Ein System, das die vollständige Verwertung von Ressourcen unterstützt, Wertschöpfung steigert, gesundheitlichen Problemen effizienter vorbeugt und neue Arbeitsplätze schafft. Diese Alternative ist der Vergabe von Subventionen bei weitem vorzuziehen. Sie repräsentiert das, was Entwicklung sein sollte. Offizielle Hilfsgelder müssen in lokale Projekte investiert werden: Die Entwicklungsländer benötigen dies dringend, und das schon seit Jahrzehnten.

Heutzutage sind Informationen zwar verfügbar, doch eine interessengeleitete Fokussierung auf einzelne Sektoren verhindert, dass sich Industrien zu effizienteren Systemen entwickeln. Diese Entwicklung wäre nicht kompatibel mit schnellen Gewinnen, Subventionen und der Möglichkeit, unter dem Deckmantel der Hilfsbereitschaft Geschäfte in Entwicklungsländern zu machen. Hier besteht ein Konsens des Wegsehens. Ich würde mir wünschen, dass die Veröffentlichung dieses Buches dazu führt, dass die Irrationalität des jetzigen Systems für jedermann deutlich wird, und die Eurokraten soweit mobilisiert, dass sie sich vom Status quo für immer verabschieden.

GRÜNE REINIGUNGSMITTEL

Grüne Reinigungsmittel zeigen eine weitere Möglichkeit auf, zu integrierten Informationssystemen und einem Warenaustausch nach der Philosophie des Upsizing überzugehen.

Der Gebrauch ökologischer Reinigungsmittel ist die Ursache für die Expansion des internationalen Handels mit Fettsäuren und des Ausbaus industrieller Plantagen. Hier ist der Nutzen ein dreifacher:

- Die Ausweitung des Handels mit diesen erneuerbaren Ressourcen schafft Reichtum für die Exportländer,
- durch die Zunahme der Biomasse können größere Mengen CO_2 gespeichert werden,
- die Wasserqualität in den Importländern verbessert sich.

Doch wenn die Verbraucher in den Industrieländern wüssten, wie viel Biomasseabfälle bei der Fettsäuregewinnung entstehen, würde ihnen klar werden, dass die Gesundung ihrer Gewässer zu Lasten der Produktionsländer geht. Wären jedoch weitere nötige Informationen verfügbar, würde aus diesen Abfällen mehr entstehen: 90 Prozent würden gesammelt, zu marktfähigen Produkten verarbeitet und zu konkurrenzfähigen Preisen verkauft werden, ohne dass dabei Subventionen nötig wären.

Durch die Extraktion von Vitaminen, Antioxydantien und Beta-Carotin könnten gesundheitsfördernde Produkte hergestellt werden und ihr geringer Preis würde sie für viele Menschen erschwinglich machen. Die Verwendung von Lignin bei der Herstellung von formaldehydfreien Holzfaserlatten (einem begehrten Baumaterial) ließe die Hersteller sich besser auf dem Weltmarkt positionieren. Die anfallenden Faserreste könnten in eine Kaskade von Produkten und Nebenprodukten verwandelt werden, so dass die Plantage zu einer veritablen Bioraffinerie werden könnte: ein Instrument im Dienst der Entwicklung und des Warenaustauschs.

Weitere Rohstoffe sind zur Herstellung grüner Reinigungsmittel geeignet. Haben Sie jemals versucht, aus einer Orangenschale über einer Kerzenflamme kleine Funken sprühen zu lassen? Die Schale von Zitrusfrüchten enthält nämlich Terpene. Diese Alkoholart ist hervorragend zur Reinigung von Fensterscheiben, Kleidungstücken und sogar zum Kochen geeignet. Das hindert die Hersteller von Fruchtsaft jedoch nicht, diese Schalen wegzuwerfen, da sie für die Produktion von Pektinen nicht konkurrenzfähig sind. In früheren Zeiten dienten die Schalen als Viehfutter, doch der zunehmende Einsatz von Pestiziden hat sie mittlerweile unverträglich gemacht. Der weltweit größte Orangensaftproduzent, Brasilien, könnte zum größten Produzenten für „grüne" Reinigungsmittel werden – selbst wenn der Ausgangsstoff orange ist!

Der Kontrast zum aktuellen System, das gewaltige Abfallmengen in den Ursprungsländern entstehen lässt, könnte nicht größer sein.

LANDWIRTSCHAFT UND HANDEL: DAS BEISPIEL ZUCKER

Der Markt für landwirtschaftliche Produkte gehört zu den bestgeschützten überhaupt. Die Subventionen für US-amerikanische Baumwolle, europäische Zuckerrüben und japanischen Reis und Rohrzucker kosten die Steuerzahler Milliarden. Fast die Hälfte des Budgets der Europäischen Union wird für Subventionen verwendet und findet sich zum Teil in der Erfolgsrechnung einiger tausend großer

Unternehmen wieder. Wie sollen Entwicklungsländer unter diesen Umständen auf dem Markt Fuß fassen? Glücklicherweise sind die tropischen Länder nicht ganz ohne jeden Vorteil.

Nehmen wir das Beispiel Zucker. Rübenzucker stellt keine Konkurrenz zu Rohrzucker dar. Der internationale Zuckermarkt leidet jedoch unter einem Überangebot, nicht zuletzt deshalb, weil Verbraucher immer öfter zu Süßungsmitteln greifen, die kaum Kalorien haben und kein Karies verursachen. So bringt die synthetische Herstellung künstlicher Süßstoffe den Markt für Rohr- und Rübenzucker weiter in Bedrängnis. Neben den künstlichen Süßstoffen ist ein natürlicher aufgetaucht, Xylitol, ein Extrakt aus Hemicellulose, die in Bäumen enthalten ist. Zurzeit ist Xylitol jedoch vor allem ein Extrakt aus „Schwarzlauge", einem Abfallstoff der Zellstofffabriken. In Zukunft wird es diesen Süßstoff durch die in tropischen Regionen zur Verfügung stehende Hemicellulose in reichlichen Mengen geben.

Derartige Veränderungen verursachen ständig Schwankungen auf den Märkten. Wenn diese nicht mehr den Vorlieben der Verbraucher entsprechen, werden Rohr- und Rübenzucker künftig wenig Chancen haben, selbst wenn Japan und Europa ihre Produktion weiterhin subventionieren und durch Tarifbarrieren den Preis künstlich auf ca. 5.000 Euro pro Tonne halten. Wenn die politischen Entscheidungsträger ein weitsichtiges Handelsmodell fördern wollten – das beispielsweise die Auswirkung von Zucker auf die Gesundheit der Verbraucher berücksichtigt – müssen sie sich für Investitionen in die Herstellung natürlicher Süßstoffe stark machen.

Und was wird aus Zuckerrohr und Rübe? Ihr enthaltener Zucker ist ein exzellenter Rohstoff für die Herstellung von Ethanol, einem Heizölersatz, und der biochemische Grundstoff für biologisch abbaubare Kunststoffe. Wie Catia Bastioli, Chefin des innovativen italienischen Unternehmens Novamont, es formulierte: „Die Zukunft der Landwirtschaft liegt in der Produktion biochemischer Substanzen mit hohem Mehrwert". Und in diesem Sektor hat Europa keine Subventionen nötig.

DER PROTEKTIONISMUS UND DIE SCHWEIZ

1776, im gleichen Jahr als „Der Reichtum der Nationen" von Adam Smith erschien, führte Großbritannien einen Zoll von 100 Prozent auf Armbanduhren aus der Schweiz ein. Die Rechtfertigung dieser Maßnahme nahm heute recht aktuell anmutende Argumente für Tarifbarrieren vorweg: „Beendigung der Kinderarbeit in den Schweizer Bergen, wo die Technologie des neuesten Armbanduhr-Modells des Empires offensichtlich mittels Spionage kopiert worden ist". Schweizer Armbanduhren wurden entweder besteuert oder beschlagnahmt. Großbritannien pries zwar den Freihandel, vergaß dabei aber nicht, sich vor der Konkurrenz durch tarifliche und nicht-tarifliche Handelshemmnisse zu schützen: Es war ebenfalls verboten, technische Pläne und Präzisionsinstrumente für die Fertigung von Armbanduhren zu exportieren.

Doch die Schweizer ließen sich davon nicht einschüchtern. Die Engländer haben nie begriffen, dass es ihre protektionistische Politik war, die ihre eigene Uhrenindustrie in den Untergang trieb, der Schweiz jedoch einen Anstoß zu Aktivitäten gab, die bis heute zentraler und dynamischer Bestandteil des eidgenössischen Wirtschaftssystems sind. Unter dem Zwang, ihre eigene Technologie zu entwickeln, erreichten die Schweizer ein Präzisionsniveau, das die damaligen Standards noch übertraf.

Im gleichen Kontext entstanden auch die Versicherungsvereine auf Gegenseitigkeit (VvaG). Der Bedarf an Armbanduhren stieg stetig, und wo Nachfrage besteht, ist das Angebot nicht weit entfernt. Als sie begriffen hatten, dass die Zollbestimmungen ihre Produkte zu teuer für den britischen Markt machten, organisierten die Schweizer den Schmuggel. Die Wahrscheinlichkeit, dabei erwischt zu werden, lag bei eins zu zehn. Also zahlte jeder Fabrikant einen Beitrag von 10 Prozent in einen „Gemeinschaftstopf" ein. Wenn der Schmuggel aufflog und die Ware beschlagnahmt wurde, konnte ein Schadenersatz von 100 Prozent der Herstellungskosten gezahlt werden. So entstanden in der Schweiz die Versicherung und die Rückversicherung, die es jedermann erlaubten, durch die Aufteilung des Risikos selbiges einzugehen! Nach und nach konnten Prämien und Verwaltungskosten gesenkt und die Vorteile der Versicherung auf Gegenseitigkeit in dauerhaften Profit verwandelt werden.

Die Entwicklung der Uhrenindustrie, der Präzisionsmechanik und des Versicherungssektors in der Schweiz zeigt, dass in Industrie und Handel Wettbewerbsvorteile nicht nur von der geographischen Lage oder dem Zugang zu Rohstoffen abhängig sind. Es liegt in erster Linie an den Menschen, sie zu erkennen und zu nutzen. Diese Entwicklung verdeutlicht auch, dass ein Wettbewerbsvorteil nicht dauerhaft besteht und dass Schutzmaßnahmen nur vorübergehende Wirksamkeit haben.

JAPAN UND DIE TERMS OF TRADE

Nachdem Japan im Zweiten Weltkrieg eine vernichtende Niederlage hatte hinnehmen müssen, begannen japanische Unternehmer damit, die Funktionsweise des Marktes zu analysieren und sich zu fragen, wie sie das System zu ihrem Vorteil nutzen konnten. Sie durchschauten schnell die Bedeutung der Kaufkraft, ein zentraler Begriff in den Wirtschaftswissenschaften. In den 50er Jahren machten sich große japanische Handelshäuser (Sogo Shoshas) auf, die Welt zu erobern. Wir erkennen an, dass sie die japanische Exportwelle ausgelöst haben, aber wir vergessen leicht, dass ihre ursprüngliche Funktion in der Kontrolle der Importe bestand. Diese Funktion erfüllen sie auch heute noch, mit geradezu furchterregender Effektivität. Japan kontrolliert den Import und Export der meisten Produkte und verdient mit beidem Geld. So wurden die Sogo Shoshas zum obligatorischen Ansprechpartner für Händler aus dem Ausland, die ihre Produkte in Japan absetzen wollten. Erst seit kurzem können westliche Unternehmer dort direkt ihre Geschäfte verfolgen.

Die Logik, die sich hinter der Strategie der Japaner verbirgt, ist einfach: Wenn man schwach ist, sollte man die Konkurrenz nicht dort angreifen, wo sie stark ist. Man sollte vielmehr ihre größten Schwachstellen anvisieren. Wenn Sie David sind, jedoch vorgeben Goliath zu sein, ist Ihnen die Niederlage so gut wie sicher. Wenn Sie David sind, und sich auch dementsprechend verhalten, haben Sie alle Chancen auf den Sieg. Es ist erstaunlich, dass die Amerikaner nach 1945 ihre starke militärische Präsenz in Japan nicht durch eine ebenso starke kommerzielle Präsenz ergänzen konnten. So waren es die Japaner, die in den Vereinigten Staaten gute Geschäfte machten! Ihre Handelshäuser haben mithilfe eines Netzes spezialisierter Firmen die benötigten Importe koordiniert. Da die Sogo Shoshas 80 bis 90 Prozent der europäischen Exporte nach Japan kontrollierten, war es für sie recht einfach, zwanzig Jahre später die Gegenrichtung einzuschlagen und sich den Zugang zum europäischen Markt zu sichern: Wenn man Einfluss auf die Verkäufe eines Unternehmens hat, hat man auch welchen auf die Einkäufe. So oblag es den japanischen Keiretsu – informelle Unternehmensholdings, die innerhalb komplementärer Sektoren operieren – Qualität und Lieferfristen zu garantieren, was sie meisterhaft bewältigten.

Die Botschaft der Japaner ist klar: Bevor man kostspielige Strategien zur Exportförderung – zum Beispiel die Eröffnung von Niederlassungen in der ganzen Welt – verfolgt, ist es wichtig, herauszufinden, wie Importfirmen eine erste Hebelwirkung auf den Markt ausüben können.

Die Betrachtung der Beispiele der Schweizer und der Japaner zeigt, dass sich – wenngleich Schmuggel illegal ist – die Wirkung des Protektionismus ins Gegenteil verkehren kann. Eine direkte Blockade des Marktzugangs durch nicht-tarifliche Beschränkungen wie die Kontrolle von Importen, schützt zwar den Markt, aber lenkt auch einen großen Teil des Mehrwerts in Richtung Importländer und schafft einen Ansatzpunkt, um nachträglich eine Exportstrategie zu verwirklichen. Diese seit mehr als zweihundert Jahren angewandte Entwicklungsstrategie kann auch in Zukunft noch nützlich sein.

DAVID GEGEN GOLIATH

Den meisten Entwicklungsländern fehlen die Voraussetzungen, um es mit den großen Handelsakteuren USA, Japan und Europa aufzunehmen. Letztere verfügen über die Macht, ihre Regeln durchzusetzen, und davon machen sie kräftig Gebrauch. Die Entwicklungsländer können darauf nur angemessen reagieren, indem sie sich die Taktik Davids zunutze machen. Von Japan und Europa den freien Handel landwirtschaftlicher Produkte zu fordern wäre jedoch mehr als unrealistisch.

Vergessen wir nicht, dass David nur gegen Goliath gewinnen konnte, indem er ohne Vorwarnung die Spielregeln änderte. Er hat den Riesen überrascht. Wenn David angekündigt hätte, dass er ihn mit Steinen bewerfen würde, wäre Goliath darauf vorbereitet gewesen. Davids Wendigkeit und Verschwiegenheit waren der Schlüssel zum Sieg.

Die Forderung der Entwicklungsländer, Zugang zu den Märkten des Nordens zu erhalten, wird sich nur erfüllen, wenn dabei die Prioritäten des Nordens berücksichtigt und die Interessen der industrialisierten Länder – zum Beispiel der Schutz der Biodiversität und die Verringerung der Umweltverschmutzung, insbesondere des CO_2-Ausstoßes in den Entwicklungsländern – mit den Prioritäten des Südens hinsichtlich Produktion und Beschäftigung kombiniert werden.

ÜBERANGEBOT UND STANDARDISIERUNG

Da es mindestens zehn bis zwanzig Jahre dauern wird, bis sich die Märkte für landwirtschaftliche Produkte wirklich öffnen, muss man schon jetzt überlegen, wie Expansion des Handels und nachhaltige Entwicklung miteinander zu vereinen sind. Die Liberalisierung des Lebensmittelmarktes könnte, zumindest anfänglich, auf viele Entwicklungsländer verheerende Auswirkungen haben. So hat die Europäische Union nicht nur ihren eigenen Zuckerrübenanbau subventioniert, sie hat auch den Zuckerrohranbau in Ländern wie Mauritius und Fidji durch zu hoch angesetzte Preise unterstützt. Die Japaner kaufen ihren Zucker, der aus Okinawa stammt, zu einem Preis ein, der siebenmal höher ist als der marktübliche. Daher ist es nicht verwunderlich, dass die Zuckerernte im Süden Japans noch in Handarbeit erfolgt. Die Politik der Europäischen Union bezüglich Bananen – die Überbezahlung karibischer Produzenten für ein Produkt, das Brasilianer oder Kolumbianer günstiger liefern könnten – macht wirtschaftlich gesehen keinen Sinn. Die Europäer klammern sich an Unterstützungsmechanismen und haben dafür ihre Gründe: Sie wollen die fragilen Wirtschaftssysteme in einigen ihrer ehemaligen Kolonien schützen. Die Japaner verhängen weiterhin Einfuhrquoten für Importreis, obwohl sie selbst weltweit der größte Produzent sind – allerdings liegen auch die Kosten pro Tonne im obersten Bereich.

Die Liberalisierung des Bananen- und des Zuckermarktes wäre eine schlechte Nachricht für einige kleinere Länder. Die Kampagne, die in der Karibik für den Erhalt der Vorzugspreise der Europäischen Union geführt wird, ist ein deutlicher Hinweis darauf. Sollte die Unterstützung der Europäer wegfallen, müssten die Kleinbauern erhebliche Einkommenseinbußen hinnehmen. Die Anbauflächen müssten vergrößert und die Produktion rationalisiert werden. Das würde bedeuten, dass zunehmend intensive Monokultur betrieben werden würde. Die Bauern würden ihren Broterwerb verlieren, denn sie könnten kaum mit Großproduzenten, die über Möglichkeiten zur Externalisierung ihrer Kosten verfügen, konkurrieren. Das zurzeit herrschende System fördert hauptsächlich Unternehmen, die sich auf das Kerngeschäft konzentriert haben und zum Beispiel nur sechs Getreidearten anbauen, während die Natur über fünfhundert davon anzubieten hat. Eine eher selten praktizierte Alternative ist die Fruchtfolge. Fest steht jedoch, dass die steigende Arbeitslosigkeit auf dem Lande, und infolge dessen die Landflucht in Dörfern und Kleinstädten, nicht einfach hingenommen werden darf.

Die weltweiten Rohstoffmärkte weisen ein Überangebot und eine exzessive Standardisierung auf. Die Verbraucher, auch in den Entwicklungsländern, haben lediglich die Wahl zwischen Süßstoff, braunem Zucker und Haushaltszucker. Diese Produkte sind überall gleich. Sie sind schwer zu unterscheiden, und das, obwohl Hersteller und Kunden sich eine Differenzierung wünschen, die den speziellen Anforderungen von Nischenmärkten Rechnung trägt.

In diesem Kontext bilden sich zwei Strategien heraus: der freie Handel mit biologischen Produkten und die nachhaltige Nutzung der Biodiversität.

FREIER HANDEL MIT BIOLOGISCHEN PRODUKTEN

Die Nachfrage nach Bioprodukten wird immer größer. In den Vereinigten Staaten nimmt der Verbrauch jährlich um 20 Prozent zu. 1997 hat die britische Supermarktkette Sainsbury ihre Kunden dazu aufgefordert, über neue Produktlinien abzustimmen. An der Umfrage, die den Titel „Mehr Auswahl, denn es ist Ihre Auswahl" trug, beteiligten sich fast 250.000 Verbraucher. Die meisten von ihnen forderten eine größere Auswahl an Bioprodukten. In Japan steigt der Verbrauch von Lebensmitteln ohne künstliche Zusatzstoffe rapide an. Immer mehr Haushalte abonnieren eine wöchentlich angelieferte „Biokiste" mit Produkten aus biologischem Anbau. In den USA bieten die beiden Supermarktketten Whole Foods und Wild Oats nur hochwertige Produkte an, die allesamt ohne Einsatz von Pflanzenschutzmitteln und Kunstdünger hergestellt wurden. Die 1986 in Italien gegründete „Slow-Food-Bewegung", die sich entschieden gegen Fast Food stellt, hat eine landwirtschaftliche und kulinarische Revolution ausgelöst. Die Abneigung gegen tiefgekühlte Produkte, die lange Transportwege hinter sich haben, und frittiert oder in der Mikrowelle zubereitet werden, hat bei Millionen Europäern eine Leidenschaft für regionale Produkte und Traditionen geweckt. Das von Slow-Food-Gründer Carlo Petrini ins Leben gerufene „Festival des

Geschmacks" lockt alle zwei Jahre über eine Million Besucher in die piemontesische Hauptstadt Turin, wo die Bewegung entstanden ist.

Es besteht demzufolge ein echter Bedarf an Qualitätsprodukten, die das Ergebnis des Respekts vor der Natur, dem Boden, regionalen Traditionen und der harten Arbeit des Landwirts sind. Immer mehr Verbraucher sind bereit, einen angemessenen Preis für Lebensmittel von hoher Qualität zu bezahlen und gleichzeitig möglichst wenig für Fast Food auszugeben. Nestlé und Unilever haben sich für Fast Food entschieden. Dank Slow Food jedoch können tausende kleiner Unternehmen nicht nur überleben, sondern sich auch entfalten!

Auch wenn es kaum vorstellbar ist, dass die Mitgliedsstaaten der OECD ihre Märkte für alle landwirtschaftlichen Produkte öffneten, wären doch Kompromisslösungen möglich. Die rigorose Kontrolle von Importen, die unter Umständen zur Destabilisierung der japanischen Reisproduktion oder der europäischen Milchproduktion führen könnten, kann beibehalten werden. Neuen Produkten sollte hingegen der Zugang zum Markt ermöglicht werden, so dass die ärmeren Länder sich wirtschaftlich entwickeln, ihre Umwelt schützen und ihre Armut bekämpfen können.

Die Regierungen der europäischen Länder, der Vereinigten Staaten und Japans würden in der Tat Innovationsgeist beweisen, wenn sie ohne Ausnahme einen freien Warenverkehr biologischer Produkte zuließen, die für Traditionen stehen und deren Herstellung die Artenvielfalt und natürliche Kreisläufe berücksichtigen. Das soll heißen, dass jedes Produkt, das garantiert frei von künstlich hergestellten Zusatzstoffen ist, freien und unbeschränkten Zugang zum Markt erhält. Ein einfacher Vorschlag, der konkret umzusetzen ist. Es bedarf nur sich über die Bedeutung des Begriffs „biologisch" zu verständigen. Da unterschiedliche Definitionen hierfür existieren, sind variable Kriterien nötig. Die amerikanische Definition, nach der künstliche Enzyme und synthetische Düngemittel verwendet werden dürfen, ist problematisch. Im Gegensatz dazu stehen die strengen Kriterien der österreichischen Regierung, die für alle biologischen Produkte des Landes ein gemeinsames Gütezeichen eingeführt hat. Trotz der hohen Anforderungen sind 10 Prozent der Produkte aus österreichischer Landwirtschaft biologisch zertifiziert. Wenn die Regierungen sich bezüglich des Prinzips einigen würden, könnte auf der Grundlage existierender Programme von Regierungs- oder Nichtregierungsorganisationen eine Norm geschaffen werden und ein Leistungsmanagementsystem implementiert werden.

Die Vorteile, die sich daraus ergeben, liegen auf der Hand. Die Verbraucher wären zufrieden. Sie würden für diese Produkte tiefer in die Tasche greifen, denn biologisch zertifizierte Produkte sind entsprechend teurer. Das Angebot würde der Nachfrage folgen und zu mehr nachhaltiger Landwirtschaft führen. Auch das Problem der karibischen Bananenproduzenten könnte gelöst werden. Auf den Windward Islands (Kleine Antillen) haben Erzeugergenossenschaften sich bereits für den fairen Handel ihrer Bananen entschlossen. Die biologische Landwirtschaft würde darüber hinaus Kompost liefern, Biomasseabfälle aus den Städten verwerten und so städtische und ländliche Gebiete wieder miteinander verbinden. Da es schwierig ist, große Flächen auf biologischen Anbau umzustellen, würden hauptsächlich kleinere Landwirtschaftsbetriebe von einer Umstellung profitieren. Folglich würde ein Programm für den freien Handel mit biologischen Produkten die industrielle Landwirtschaft entlasten und das Überleben von Kleinproduzenten sichern, die neue Nischen erobern könnten. Durch den im biologischen Anbau höheren Bedarf an Arbeitskräften könnte die Beschäftigungslage ländlicher Gebiete einen Aufschwung erfahren.

Das Beispiel kleiner kolumbianischer Kaffeebauern zeigt, dass vor allem die ärmsten Produzenten – diejenigen, die im Schatten großer Anpflanzungen leben – heute größtenteils biologisch arbeiten. Da sie nicht über die notwendigen Mittel für Dünger und Pestizide verfügen, sind ihre Böden frei von chemischen Substanzen. Ihre Produkte könnten am ehesten mit einem Bio-Siegel versehen und zu einem guten Preis verkauft werden. Jedoch müssten sie zunächst das Problem der Zertifizierung überwinden, die kostspielig und daher für die meisten Bauern in den Entwicklungsländern unerschwinglich ist. Hier wäre eine weitere Innovation erforderlich: Anstatt einer internationalen Zertifizierung, ausgerichtet auf den globalisierten Markt, ist eine Zertifizierung auf lokaler Ebene angesagt – ganz im Sinne von Organisationen wie Slow Food oder ZERI, denen daran liegt, mehr und besser mit den Ressourcen vor Ort zu erwirtschaften.

Stellen Sie sich ein Bisonkotelett vor, welches in den Vereinigten Staaten durch den Ältestenrat der Indianer Nordamerikas zertifiziert wurde. Wenn der Rat dafür garantiert, dass dieses Kotelett das Produkt traditioneller Viehzucht ist, können wir sicher sein, dass dem Bison keine Hormone und keine Antibiotika zugeführt wurden und dass er, bevor er „in die ewigen Jagdgründe eingegangen ist", mit Respekt behandelt wurde. Jeder Teil des Tieres würde verwertet werden und der Qualitätsanspruch des Produkts würde neben dem biologischen Aspekt auch den Respekt für eine traditionelle Kultur mit einschließen.

Die Öffnung des Markts für Bioprodukte und die Entwicklung eines umfassenderen Zertifizierungsverfahrens als das Bio-Siegel hätte zur Folge, dass eine nachhaltige Landwirtschaft unterstützt würde, zusätzliche Einkünfte generiert und kleinere Bauern gefördert würden, bei gleichzeitiger Wiederherstellung von Traditionen. Dafür ist jedoch politischer Wille notwendig – und die Ausarbeitung eines angemessenen Zertifizierungsverfahrens: Die immense Masse an Papier, die bei der Europäischen Union zwecks Attestierung der Bio-Qualität eines Produkts eingereicht werden muss, schreckt noch zu viele Produzenten von der Zertifizierung ab.

Aber gehen wir noch ein wenig weiter. Es ist äußerst wichtig, dass ein direkter Kontakt zwischen Produzenten und Verbrauchern hergestellt wird, so dass Makler oder Zwischenhändler, die sich auf Kosten anderer bereichern wollen, keine Chance haben. Diese Reduzierung des Zwischenhandels würde garantieren, dass ein großer Teil der Einkünfte, die durch die Öffnung der Märkte erzielt werden könnten, tatsächlich den Bauern zufließen.

UMGEHUNG DES ZWISCHENHANDELS

Der weltweite Vertrieb von Produkten in großen Mengen wird durch zahlreiche Zwischenhändler ermöglicht, die Informationen verarbeiten, Ware lagern und die Ernten vieler kleiner Produzenten so koordinieren, dass dabei eine für Großhändler interessante Menge herauskommt. Das ist die Realität. Aber es gibt andere Wege, um noch effizienter zu sein. Es reicht nicht mehr, Qualitätsprodukte zu einem angemessenen Preis zu liefern: Einen Marktanteil zu erringen und zu halten setzt voraus, dass man über Distributionskanäle verfügt, die zum richtigen Verbraucher führen.

Der Mehrwert kann in der Bio-Qualität begründet sein, in der handwerklichen Produktion, oder in den Informationen über die Verwendung des Geldes, das der faire Handel dem Produzenten eingebracht hat. Im Zeitalter exzessiver Standardisierung bedeutet das gleichsam eine Personalisierung des Warenaustauschs.

Und es erlaubt den Verbrauchern der Industrieländer einen Einblick in den katalytischen Effekt, den ihre Kaufentscheidung hervorrufen kann.

Als eine örtliche Genossenschaft in Guatemala merkte, dass ihnen kein Händler einen guten Preis für ihre Honigernte zahlen wollte, dachte man, die Bienenstöcke seien verflucht. Die Produktion betrug jährlich elf Container, eine Menge, für die selbst regionale Händler kein Interesse zeigten. Der Honig, 100 Prozent biologisch, war von exzellenter Qualität. Aber auch US-amerikanische Importeure waren nicht interessiert. Die Qualität des Produkts wurde finanziell nicht gewürdigt. Schließlich konnte eine religiöse Organisation mit einem Händler mittlerer Größe in Belgien einen Vertrag aushandeln. Seither beziehen seine vierzig Filialen den Honig direkt aus Guatemala, wobei eine unabhängige Organisation einmal jährlich eine Qualitätsprüfung vornimmt. In Belgien wird der Honig in bienenstockförmige Gläser abgefüllt und als „Maya-Honig" verkauft. Die Gewinnspanne der Genossenschaft hat sich verdreifacht und die Supermarktkette verfügt über ein exklusives Produkt, das mit einem kleinen Anhänger versehen ist, dessen Text Informationen über das Herkunftsgebiet der Bienen liefert und erklärt, wie der Honig ganz ohne Konservierungsstoffe bis zum Verbraucher kommt.

DER ELEKTRONISCHE HANDEL

Handel ist eine gute Sache, aber wir müssen uns die Frage stellen: Gut für wen? Wenn das, was der Kaffeebauer für seinen Kaffee erhält, nur 0,1 Prozent des Preises ausmacht, den Sie im Restaurant für eine Tasse bezahlen, dann wird deutlich, dass der Kaffeebauer von der Wertschöpfungskette, die vom Kaffeestrauch bis zur Tasse reicht, nicht profitiert. Dafür könnte man das System kritisieren. Man könnte es aber auch analysieren, um herauszufinden, wie man das Gleichgewicht verändern und dem Bauer zu einem höheren Einkommen verhelfen kann.

Angebot und Verkaufsförderung von Produkten – insbesondere biologisch oder handwerklich hergestellten – könnte in Zukunft über das Internet ablaufen. Absatzzahlen und Gewinnspannen würden sich erhöhen und Entwicklung könnte dort gefördert werden, wo es am nötigsten ist: in ländlichen Gebieten.

In der Vergangenheit basierte Direktmarketing auf einem Netz von guten Beziehungen. Doch nun erfüllt das Internet immer mehr eine kommerzielle Funktion, indem es Menschen miteinander verbindet und den Direktverkauf in einem Maße vereinfacht, das sich bislang keiner vorstellen konnte. Das Internet ist ein elektronischer Markt im Aufschwung, den jedermann für sich nutzen kann. Mit fünfhundert Millionen Usern in den Industrieländern eröffnet es ein immenses kommerzielles Potenzial.

Der elektronische Einzelhandel wurde 1997 auf mindestens eine Milliarde US-Dollar geschätzt. Im Jahr 2000 lag er bereits bei 12 Milliarden US-Dollar. Und in 2005 erreichte er fast 100 Milliarden Euro. Die Tourismusbranche ist Spitzenreiter bei der Vermarktung von Produkten im Internet, und mit Lebensmitteln werden bereits Umsätze von fast 300 Millionen Euro erzielt. Der durchschnittliche Betrag einer Kauftransaktion im Internet liegt bei etwa fünfzig Euro. Somit entspricht jede dieser Transaktionen dem monatlichen Mindestlohn der ärmsten Länder. Stellen wir uns vor, was ein Handelsvolumen von einigen Millionen Euro für diese vorwiegend ländlichen Gebiete bedeuten würde! Sie könnten innerhalb aufstrebender Märkte aktiv werden, einen riesigen Kundenkreis ansprechen und ihre Produkte über eine gesicherte Zahlungsweise per Bankkarte verkaufen.

BIODIVERSITÄT UND MARKETING

Biodiversität ist ein wichtiger Punkt, der uns beschäftigen sollte. Wir müssen jetzt die Frage nach ihrem Schutz vor dem Hintergrund des freien Austausches biologischer Produkte stellen. Marketing ist ein Werkzeug um die Konkurrenzfähigkeit eines Unternehmens zu stärken. In den 60er Jahren des 20. Jahrhunderts versicherte Marketingpapst Philip Kotler, dass nur die Unternehmen erfolgreich sind, die die Wünsche des Kunden berücksichtigen. Doch manchmal weiß der Kunde gar nicht, was er möchte.

Wenn Sie ihrem Badewasser noch nie eines jener tausend verschiedenen ätherischen Öle zugesetzt haben, können Sie kaum nachvollziehen, wie viel Freude eine nachhaltig genutzte Biodiversität hervorrufen kann. Für Kolumbien, im Allgemeinen als bedeutender Drogenumschlagplatz bekannt, wäre es ein Gewinn, stattdessen als wichtiger Produzent ätherischer Öle zu gelten. Diese werden aus Blättern, Blüten, Holz oder Wurzeln gewonnen und sind mittlerweile stark nachgefragt. Renommierte Kosmetikhersteller kaufen und vertreiben ätherische Öle. Leider ist vielen Herstellern agro-forstwirtschaftlicher Produkte überhaupt nicht bewusst, welches Entwicklungspotenzial hier schlummert.

Die Möglichkeiten sind jedoch vorhanden. Wenn diejenigen, die sich im Bereich nachhaltige Entwicklung engagieren, begreifen, wie dieser Handel die Biodiversität fördern kann, dann bedürfte es keiner Normen oder Subventionen um sie zu schützen. In Tokio kosten 100 Milliliter Geranienöl 40 Euro; das leichter verfügbare Zitronengrasöl kostet 16 Euro. Abgesehen von Kokain gibt es nur wenige Produkte, die auf dem internationalen Markt derartige Preise erzielen bzw. derart hohe Einkünfte versprechen.

Die bereits erwähnten tropischen Pilze sind ein weiterer Beweis für die größtenteils ungenutzten Reichtümer der Biodiversität. Der Exportwert von Pilzen hat sich innerhalb von fünf Jahren auf 10 Milliarden Euro verdoppelt. China ist zum Hauptproduzenten und wichtigsten Exporteur von Speise- und Arzneipilzen geworden. Eine Strategie, die die Nutzung der ungefähr tausend verschiedenen tropischen Pilze zum Ziel hat, ist gleichzeitig Garant für eine zuverlässige Nahrungsquelle. Produktion und Verbrauch würden ansteigen, die Artenvielfalt würde gestärkt, Einkommen würden generiert werden und neue Möglichkeiten des Austausches entstehen.

Wenn die Entwicklungsländer dazu fähig wären, das wahre Potenzial der Biodiversität zur Entfaltung zu bringen, und wenn auch die Handelspolitik in diesem Sinne gestaltet würde, könnten tausende von Projekten ins Leben gerufen werden.

AUSBLICK

Es müsste klar geworden sein, dass eine innovative und kreative Antwort auf die Herausforderungen, die der Umweltschutz und wirtschaftliche Entwicklung an uns stellen, sich als völlig kompatibel mit einer aktiven Strategie zur Förderung von Handel und Investitionen erweisen kann.

Der Protektionismus hat gute, aber auch schlechte Seiten. Vor allem aber hat er unerwartete Konsequenzen. Würden Industrien und Landwirte in der ganzen Welt ihren Handel nach heutigem Stand weiterbetreiben, könnten die Ziele Rentabilität, soziale Gerechtigkeit und nachhaltige Entwicklung nicht erreicht werden. Doch würden Informationen im Rahmen eines systemischen Modells zugänglich gemacht, forderten neue Ideen und neue Konzepte zum Handeln auf. Die Initiative würde wahrscheinlich zunächst vom Rande der industrialisierten Länder und der Entwicklungsländer ausgehen.

8. Von ersten Schritten bis zum endgültigen Ziel

Recycling und Wiederverwertung von Abfällen sowie der Umstieg auf saubere Technologien sind Ziele und Maßnahmen, die eine breite Zustimmung finden. In Japan wird 55 Prozent des gesamten Papiers recycelt. In Europa geht die Verpflichtung, Plastikabfälle zu recyceln auf eine Richtlinie der Kommission für Verpackungsabfälle zurück. In vielen amerikanischen Bundesstaaten ist die Verwendung von recyceltem Zellstoff zur Herstellung von Zeitungspapier gesetzlich geregelt und amerikanische Haushalte erhalten finanzielle Unterstützung wenn sie ihre Wasser verschwendenden Toiletten und Duschen auf sparsamere Modelle umstellen. Die Liste solcher Initiativen ist lang und ermutigend. Die Ergebnisse sind jedoch noch immer nicht zufriedenstellend, trotz Förderung der Reduzierung von Energie- und Wasserverbrauch und der Wiederverwertung von Abfällen und Rohstoffen. Wir könnten natürlich schlussfolgern, dass dies die bestmöglich zu erzielenden Ergebnisse sind, ich bin mir aber sicher, dass wir vieles noch besser machen müssen. Denn selbst nach zwanzig Jahren Papierrecyclings und Implementierung einer nachhaltigen Forstwirtschaftspolitik durch Organisationen wie dem WWF, werden immer noch Urwälder in Kamerun, Indonesien und Brasilien abgeholzt und der Konsum tropischer Waldprodukte steigt weiterhin an.

Wenn sich die verschiedenen Gesellschaften auf der Erde zur einer nachhaltig funktionierenden Gemeinschaft entwickeln wollen, die die Wettbewerbsfähigkeit ihrer Industrien gewährleistet und gleichzeitig die Grundbedürfnisse heutiger und künftiger Generationen befriedigt, müssen sie sich zu einem innovativen Vorgehen mit ehrgeizigeren Zielen bekennen. Dieser Ansatz verlangt eine Umstellung unseres Industriesystems durch die Identifizierung neuer Systeme und Prozesse vom Rohstoffstadium bis hin zum Endverbrauch und zur Wiederverwertung. Konzepte gegenseitiger Verantwortung, das Clustering sich ergänzender Industriezweige wie z.B. Brauereien und Bäckereien sowie Upsizing werden die maßgeblichen Faktoren sein, um diese Ziele zu erreichen. Die Steigerung der Produktivität, die Schaffung neuer Arbeitsplätze, günstigere und zugleich immer bessere Produkte, müssen damit einhergehen. Warum sind heute die gesündesten Produkte zugleich auch die teuersten? Der Weg zu einer saubereren Produktion ist zwar ein guter Anfang, aber das eigentliche Ziel muss in jedem Fall die Eliminierung von Abfall – Zero-Emissions – und Vollbeschäftigung sein. Das mag zwar wie ein Traum klingen, aber waren Träume nicht immer schon die beste Inspirationsquelle? Unsere Philosophie ist einfach: „Was machbar ist, muss sofort umgesetzt werden. Für das Unmögliche nehmen wir uns noch ein wenig Zeit."

Kann die Industrie von der Natur lernen? Sind Gesetzgeber in der Lage, Verordnungen und Richtlinien zu erlassen, die sich an der Vorgehensweise der Natur orientieren? Wir müssen uns klar machen, dass, wenn wir auf die Eigeninitiative der Industrie mit ihren Maßnahmen des „reduce, reuse, recycle" (die 3R) setzen, es weiterhin Abfälle geben wird und wir gezwungen sein werden, diese ohne jegliche Wertschöpfung zu entsorgen, so wie es heute geschieht. Das Programm der 3R ist zwar in gewisser Weise kohärent, denn es dient zur besseren Verwendung von Rohstoffen, doch da es sich nie vollkommen umsetzen lässt, erweist es sich auch als kostenintensiv. Ist es finanziell nicht tragfähig, mindert es die Wettbewerbsfähigkeit der Industrie und zwingt diese auf Subventionen zurückzugreifen. Öffentliche Hilfe ist langfristig eine Garantie für Misserfolg, denn sie wird letztendlich vom Verbraucher finanziert, sei es über den Umweg einer Preis- oder einer Steuererhöhung, wobei weder das eine, noch das andere wünschenswert ist.

Das Programm der 3R wurde dank der Einführung sauberer Technologien, die die Umweltverschmutzung minimieren, ins Leben gerufen. Filter reduzieren den Ausstoß von Schwefeldioxid und Stickstoffdioxid in die Atmosphäre, der Katalysator begrenzt die Menge giftiger Abgase beim Auto. Mithilfe der Vakuumverdampfung ist es möglich, Zink aus legiertem Stahl wiederzugewinnen. Doch Konsum und Nachfrage nehmen ständig zu ohne dass das Angebot an verfügbarer Biomasse und Erzen Schritt halten könnte. So kommt es zwangsläufig zu einem Anstieg der meisten Preise, die ein immer größer werdender Teil der Weltbevölkerung nicht mehr bezahlen kann. Verringerung der Umweltverschmutzung erzielt zwar bis zu einem gewissen Punkt eine Kostenreduzierung, durch weiter reichende Maßnahmen jenseits dieses Punktes entstehen jedoch zu hohe Kosten für die Volkswirtschaft. Das Erreichen des Ziels Null-Abfall und die Eliminierung jeglicher Art von Umweltverschmutzung – in einer Welt, in der die Verringerung des CO_2-Ausstoßes wegen der ökonomischen Auswirkungen in breiten Kreisen immer noch auf breite Ablehnung stößt – ist nicht realisierbar im Rahmen der aktuell vorherrschenden linearen Sichtweise von industrieller Produktion und Weiterverarbeitung.

Der Grund, warum die 3R-Programme die Verschmutzung der Umwelt niemals komplett beseitigen werden, liegt darin, dass es einen Konsens zu geben scheint, demzufolge gewisse Formen der Umweltverschmutzung toleriert werden müssen, um unzumutbare Kosten zu vermeiden. Und das ist auch richtig, wenn wir innerhalb dieses linearen Modells bleiben. Würde die Industrie jedoch als ein systemisches Modell verstanden, gäbe es keinen Grund, das Modell Zero-Emissions für die kostenintensivste aller Optionen zu halten. Im Gegenteil: sie könnte sich als die konkurrenzfähigste und kostengünstigste Option erweisen.

PRODUKTION IN EINKLANG MIT DEM DESIGN UND DEM VERBRAUCHER

Wenn man Bier herstellen will, verbraucht man lediglich 8 Prozent der Bestandteile der eingesetzten Gerste. Daran ändert sich auch nichts, wenn man die Verarbeitung der Fasern und der Proteine optimiert. Es ist keine Frage der Technik. Wenn hingegen die Brauereien, die heute 30 Liter Wasser für die Herstellung von 1 Liter Bier benötigen, ihren Wasserverbrauch auf 7 oder sogar 5 Liter reduzieren könnten, bedeutete das eine exzellente Umsetzung des Programms der 3R und der sauberen Technologien. Selbst wenn sich alle Bierbrauer auch über die Notwendigkeit einer Reduzierung der Abwassermenge einig sind, ist ihnen jedoch bewusst, dass es unmöglich ist, Abwasser vollkommen zu vermeiden. Ein gewisser Rest wird immer übrig bleiben. Darüber hinaus werden sich die Fasern und Proteine außer der Stärke niemals in Bier verwandeln und enden so schließlich als Abfall. Wie kann in einer Welt, in der so viele Menschen Hunger leiden, akzeptiert werden, so etwas wegzuwerfen?

Ist der Wasserpreis hoch, ist es umso wichtiger, das Beste daraus zu machen, wie das Beispiel der namibischen Bierbrauer in der Wüste Tsumeb zeigt (siehe Kapitel 11). Ist aber der Wasserpreis wie in China niedrig, wird diese lebenswichtige Ressource in beträchtlichem Ausmaß verschwendet. Über einen gewissen Punkt hinaus wird es zu teuer, die Gesamtmenge an Wasser zu reduzieren, zu recyceln und wiederzugewinnen und damit unmöglich, eine weitere Reduzierung des Verbrauchs zu rechtfertigen. Es kann aber auch nicht sein, sich mit der Verschwendung von Wasser abzufinden. Im Gegenteil: wir müssen Lösungen finden, es wiederzugewinnen. Diese Lösungen sind außerhalb der Brauereien zu suchen. Genau hier erfährt das Konzept Zero-Emissions seine spezifische Bedeutung. Welche Verwendungsmöglichkeiten könnte es denn für dieses Wasser geben? Werden zum Beispiel die Bedingungen für den Betrieb einer Fischzucht erfüllt?

Die gleiche Logik gilt für die Fettsäuren, die bei der Herstellung umweltschonender Waschmittel verwendet werden. Zur Aufwertung der Materialien, die neben den 5 Prozent der in die Produktion von Waschmitteln eingehenden Kokosmasse anfallen, bedarf es einer Forschung jenseits des Kokosanbaus und des Waschmittelsektors. Während sich jedoch die Zielsetzung einer sauberen Produktion nur auf den jeweiligen Geschäftszweig beschränkt, sucht das Konzept Zero-Emissions nach Lösungen in anderen vor-, neben- oder nachgeschalteten Geschäftszweigen. Genauso verhält es sich mit dem Kaffee den Sie täglich trinken und der nicht einmal 0,2 Prozent der generierten Biomasse entspricht. Oder mit den CDs und DVDs, die Sie nach Gebrauch einfach in den Müll stecken ohne sich darüber im Klaren zu sein, dass Sie dabei sind, einen hochwertigen Kunststoff (Polycarbonat) und wertvolles Aluminiumpulver wegzuwerfen. Oder schließlich Ihre keimfreien Verpackungen, die aus Aluminium, hochreinem Polyethylen und Karton bestehen. Wie kann es sein, dass diese auf der Welt einzigartigen Rohstoffe nur einmal benutzt werden, um dann im Mülleimer oder in der Müllverbrennungsanlage zu landen?

WENN DER ERSTE SCHRITT IM WIDERSPRUCH ZUR ZIELSETZUNG STEHT

Eine saubere Produktion, industrielle Ökologie sowie das Programm der 3R sind wichtige erste Schritte in dem Prozess, der die Wirtschaft und die gesamte Gesellschaft zur Nachhaltigkeit führt. Es sind aber nur erste Schritte. Nachhaltigkeit wird erst erreicht sein, wenn jeglicher Abfall des Einen zum Rohstoff für den Anderen wird, und zwar ausnahmslos. Zero-Emissions wird zum ultimativen Ansatz einer sauberen Produktion und zur fortgeschrittensten Form der 3R. Die Gedankenziele der Unternehmensführer, die sich bislang einer sauberen Produktion verschrieben haben, müssen sich dann am Zero-Emissions-Modell orientieren. Ebenso dürfen es Verbraucher nicht mehr akzeptieren, dass Unternehmen wie Coca-Cola oder TetraPak ungehindert unsere Ressourcen verschwenden.

Die Wirtschaft ist indes nicht untätig. Es werden Systeme entwickelt, um die Art und Weise, wie ein Unternehmen die Belange der Umwelt bei seinen Aktivitäten berücksichtigt, zu verbessern und sogar zu zertifizieren. Die praktische

Anwendung effektiver Umweltmanagementsysteme bzw. die Zertifizierung nach ISO 14001 bieten einen ausgezeichneten Einblick in den Fertigungsprozess. Das Unternehmen identifiziert im Einzelnen die Ziele, die es zum Schutz der Umwelt umsetzen will und mit entsprechenden Verfahren wird der Grad der Erreichung ermittelt (in der Hoffnung, die Gesetze und Verordnungen möglichst noch zu übertreffen). Die Leistungen der Unternehmen werden genau dokumentiert und schließlich von Dritten überprüft. Auf diese Weise kann die Leistungssteigerung verfolgt und sichergestellt werden, dass sie den definierten Zielen näher kommen.

Dies ist ein bedeutender Fortschritt, trotz allem bleibt der Prozess immer noch linear. Die Betrachtung von Stoffströmen und inwieweit diese im Rahmen der Gesetze und Unternehmensziele gehandhabt werden, berücksichtigt immer nur Teilaspekte – vergleichbar mit dem Versuch, die Umweltleistung eines Baumes isoliert von seinem Ökosystem beurteilen zu wollen. Allein als solcher wird der Baum niemals so leistungsfähig sein wie das gesamte Mikrosystem, das ihn umgibt. Die Logik der 3R setzt voraus, dass jeder Prozess Abfälle erzeugt und es keinen Zweck hat, sie alle zu eliminieren, indem man sie wieder in den Prozess eingliedert. Aber stellen wir uns die Frage, ob es Sinn macht, im Frühjahr wieder die Blätter an den Baum zu hängen, die er im Winter verloren hat? Es macht keinen Sinn und das wissen wir.

Im Gegensatz dazu liefert Zero-Emissions die Grundlage für Innovation und für eine komplette Nutzung aller Stoffe. Mit Hilfe der Input-Output-Tabellen (siehe Kapitel 9) setzt Zero-Emissions auf Kreativität, um die beste Verwendung für die Outputs zu finden. Das ist eine komplexe und zugleich produktive Aufgabe, denn die Voraussetzung für Erfolg ist nicht der Wille, sich der Abfälle zu entledigen, sondern der Wille, einen Wertzuwachs zu schaffen.

Das bedeutet, dass die Ingenieure Verfahren erfinden müssen, die sich von ursprünglichen Herstellungsprozessen und Kernaktivitäten unterscheiden. Die Produktion von Vitamin E zum Beispiel ist weder ein primäres Ziel noch eine logische Konsequenz bei der Gewinnung von Palmöl. Wenn man aber eine detaillierte biochemische Analyse der Palmölkomponenten vornimmt, stellt man fest, dass das Vitamin E eines der wertvollsten seiner ungenutzten Elemente ist. Vitamin E ist allgemein für seine Wirksamkeit bei der Vorbeugung gegen Krebs bekannt, warum also werden all die natürlich vorhandenen Quellen nicht besser genutzt? Warum verwendet die Kosmetikindustrie hauptsächlich synthetisches Vitamin E, obwohl natürliches Vitamin E in der Natur reichlich vorhanden und in der weiterverarbeitenden Industrie nahezu allgegenwärtig ist? Da dieses Vitamin nicht das Kerngeschäft der palmölproduzierenden Unternehmen darstellt, wird es entweder entsorgt oder zerstört! Vielleicht wird eine zukünftige Generation eines Tages beschließen, dass die Verantwortlichen für diese Verschwendung – die ebenso inakzeptabel wie leider derzeit noch geduldet ist – ins Gefängnis gehören.

Die neuen Industrien werden Tausende neuer Arbeitsplätze hervorbringen. Sie werden die gegenwärtigen Produktionsanlagen ersetzen, die nicht geeignet sind, einen Nutzen aus diesen massenhaft transport- und kostenunabhängig anfallenden Rohstoffen zu ziehen. Die Konzeption von integrativen Produktionsstätten und Anlagen mit Vorrichtungen zur Abfalltrennung wird die Weiterführung von Reststoffen zu anderen Betrieben mit einer Effizienz ermöglichen, dass nicht nur die Abfälle verschwinden, sondern am Ende auch die Wettbewerbsfähigkeit des Unternehmens gestärkt wird.

Betrachten wir einmal ein konkretes Beispiel: den Autobahnbau. Asphalt wird aus Bitumen und Basalt hergestellt. Nach einigen Jahren wird zwecks Erneuerung die oberste Schicht der Straßendecke abgekratzt und anschließend auf Sondermülldeponien gebracht. Die Zusammenarbeit zwischen japanischen und italienischen Forschern hat eine überzeugende Lösung erbracht, die unbedingt Anwendung finden muss. Bitumen und Basalt zersetzen sich nicht. Aber sie lassen sich wieder aufbereiten und mit Partikeln mischen, die von Compactdiscs stammen. Der auf diese Weise erzeugte Belag ist feuchtigkeitsdurchlässig, was wiederum Aquaplaning verhindert und die Straßen weniger gefährlich macht. Mit dieser Vorgehensweise vermeidet man die Entsorgung zweier Abfallprodukte, zudem ist das Endprodukt von besserer Qualität, die Produktionskosten sind niedriger, es entstehen Arbeitsplätze und es gibt weniger negative Auswirkungen auf die Umwelt. Warum ist die italienische Firma ANAS die einzige in Europa, die diese systemische Lösung umsetzt? Es ist ein Staatsbetrieb, der in erster Linie der allgemeinen Sicherheit und dem Gemeinwohl verpflichtet ist. Es ist jedoch kein kürzlich privatisiertes Unternehmen, das um jeden Preis darauf bedacht ist, dem Credo der Investoren und Börsenanalysten zu folgen, die allesamt niemals verstehen werden, was eine Autobahn mit einer CD gemeinsam hat!

VON EINFACHEN ZU KOMPLEXEN SYSTEMEN

Solche Entwicklungen erfordern natürlich ein höchst komplexes und dynamisches System. Wenn es aber am Ende zu einer derartigen Wertschöpfung führt, lohnt sich der Preis für höhere Komplexität. Die Summe der von jedem Partner erzielten Gewinne übersteigt bei weitem das, was die Einführung eines 3R-Programms oder sauberer Technologien bewirken kann. Es gibt nur wenige Abfallrecycling-Programme, die eine echte Wertschöpfung erreichen und gleichzeitig den cash-flow erhöhen: die meisten sind nur unter schwierigen Bedingungen durchzuführen, wie wir es z.B. beim Papierrecycling in den letzten Jahrzehnten sehen konnten, obgleich der Rohstoff kostenlos verfügbar ist. Das Zero-Emissions-Konzept setzt dagegen auf ein Clustering von Industrien, die dadurch zusätzliche Einkünfte erwirtschaften und sich somit technisch und finanziell langfristig absichern können. Wer hätte sich je eine Partnerschaft zwischen Straßenbaufirmen und CD-Herstellern vorstellen können? Ganz zu schweigen von den Versicherungsgesellschaften, die die Anzahl der dank dieses neuen Straßenbelags verhinderten tödlichen Unfälle abschätzen können ...

Die Unternehmensstrategen fragen sich, ob ein solches komplexes System – mit einigen Ausnahmen, die die Regel bestätigen – jemals verwirklicht werden kann. Allerdings versucht die Industrie nicht erst seit heute, ihre Effizienz mithilfe von Clustering zu erhöhen. So hat das „Just in time"-Konzept zur Beseitigung der Zwischenlagerung geführt, die übermäßig viel Platz erforderte und jede Menge Kapital band. „Just in time" konnte nur funktionieren, weil Hunderte von Firmen bereit waren, einer Kooperation oder einem Standortwechsel zuzustimmen. Selbst in einem Land wie Japan, wo Raum knapp und teuer ist, sind Dutzende von Lieferfirmen umgezogen, um auf die anspruchsvollen Forderungen der großen Konzerne einzugehen.

Die Programme der 3R und der sauberen Produktion haben ebenfalls die Idee des „Just-in-time" eingebunden, und das ist auch gut so. Sie zielen zum einen auf eine Verringerung der schädlichen Nebenwirkungen, zum anderen auf eine Minimierung der Abfälle. Sie verheißen eine Kostensenkung, insbesondere bei den Kosten der Abfallentsorgung und der damit verbundenen Ökosteuer, die immer mehr zur Last wird. Sie konzentrieren sich auf Wasser, Energie und festen Abfall. Ingenieure für Verfahrenstechnik haben Schritt für Schritt Input-Output-Tabellen von Rohstoffen erarbeitet, die einen kurzen Überblick über die Möglichkeiten zur Verbesserung einer umweltgerechten Produktionsleistung geben.

Tabelle 7: Sauberere Produktion versus Zero Emissions

	Sauberere Produktion und die drei Rs (reduce, re-use, recycle)	Zero Emission oder höchste Produktivität
1	Der erste Schritt	Das »Endziel«
2	Auswirkungen der Nachschaltung reduzieren	Neue Industrien vorschalten
3	Abfall minimieren	Input für Wertschöpfung
4	Kosten senken	Mehr Einkommen erzielen
5	Kernprozess	Cluster von Industrien
6	Ausrichtung auf Abfall, Energie, Wasser	Verschmelzung der Agenden, mehr Arbeitsplätze
7	Ausrichtung auf die Anliegen »hier und jetzt«	Ausrichtung auf die generischen Bedürfnisse
8	Auf Input-Output basierender Prozess	Auf Output-Input basierender Prozess
9	Linear	Komplex
Quelle: ZERI Foundation, Genf		

Das Zero-Emissions-Konzept hat nicht nur die Umwelt im Visier. Im Gegenteil, Ziel von Zero-Emissions ist es, die verschiedensten Interessen in Einklang zu bringen. ZERI untersucht, inwieweit die Wertschöpfung verbessert werden kann – wie neue Industrien entstehen und wie die Erlöse aller beteiligten Partner steigen können. Die Verwendung der innovativen Input-Output-Tabellen (wie in Kapitel 9 beschrieben) bietet interdisziplinären Arbeitsgruppen eine praktische Methode zur kreativen Lösungsfindung. ZERI sucht nicht nur nach Lösungen innerhalb einer einzigen Branche, sondern in einem wesentlich breiteren Rahmen und mithilfe einer intensiven Vernetzung. Wenn die Industrie Vorreiter einer nachhaltigen Entwicklung sein soll, dürfen ihr keine exzessiven Zusatzkosten aufgebürdet werden, die ihre Wettbewerbsfähigkeit gefährden oder die Preise beeinträchtigen. Zero-Emissions ist das Ziel und Upsizing ist der Weg, um es zu erreichen.

Zu den Interessen, die miteinander in Einklang gebracht werden müssen, gehören gleichermaßen soziale Aspekte. Die hohe globale Arbeitslosigkeit ist inakzeptabel. Selbst das traditionell krisensichere Japan verzeichnet Rekordhöhen, wobei das eigentliche Problem die Überalterung und der Bevölkerungsrückgang ist. Um wenigstens die derzeitige Arbeitslosenquote zu halten, muss hingegen ein Land wie Indonesien mindestens drei Millionen neue Arbeitsplätze pro Jahr schaffen.

Überrascht es da, dass die junge Generation – die ständige Zurschaustellung von Reichtum vor Augen – darüber verzweifelt, dass ihre Kultur und Religion so wenig geachtet und sie selbst einem tristen Schicksal überlassen ist? China wiederum, das gar keine andere Wahl hat, als jährlich 10 bis 12 Millionen neue Arbeitsplätze einzurichten, gelang es, über mehr als ein Jahrzehnt ein jährliches Wachstum von über 9 Prozent zu erzielen[60]. Das lineare industrielle System lehrt uns, dass ein Arbeitsplatz 100.000 US-Dollar Kapitaleinsatz kostet. Die Rechnung, die sich daraus ergibt, ist schnell und einfach: wenn die Chinesen dem derzeitigen kapitalistischen System Europas folgen, werden sie scheitern.

Das Zero-Emissions-Konzept hat aufgezeigt, dass es möglich ist, die Produktivität der weiterverarbeitenden Fertigung zu steigern und dabei gleichzeitig Arbeitsplätze zu schaffen. Das ist auch die einzige Möglichkeit, den dringendsten Problemen unserer Zeit die Stirn zu bieten. Wir müssen allerdings noch die Theorie des „Kerngeschäfts" aufgeben, die den Studenten der MBA gelehrt wird und neue Modelle entwerfen. Das ist zwar leicht gesagt, aber der Mensch ist bereit, alles zu ändern außer sich selbst.

PAPIER IN CHINA: VERGLEICH ZWISCHEN „SAUBERER PRODUKTION" UND ZERO-EMISSIONS

Unterschiede zwischen sauberer Produktion, Recycling und Zero-Emissions bzw. wie sie sich einander ergänzen. Alle drei Ansätze sind unabdingbar, um aus China ein nachhaltig produzierendes Land zu machen. Die 3R stellen einen ersten Schritt dar, aber Zero-Emissions garantiert eine nachhaltige ökonomische und soziale Entwicklung, die die Zukunft der kommenden chinesischen Generationen nicht zu sehr belastet.

Um eine nachhaltig wirksame Lösung gemäß den Anforderungen des Marktes zu finden, beginnt der Ansatz von Zero-Emissions – wie jeder ökonomische Ansatz – mit einer grundlegenden Analyse dieser Anforderungen und mit einer Suche nach erneuerbaren Rohstoffen. Die Nachfrage nach Papier steigt in China ständig. Als Reaktion darauf importieren die Chinesen nicht nur jede Menge Zellstoff und Recyclingpapier, sondern holzen auch gleichzeitig ihre Wälder ab. Um Tausende kleine umweltschädliche Anlagen zu beseitigen setzte die Regierung auf den Bau

---

[60] www.euromonitor.com – bietet internationale Marktzahlen über Industrien, Länder und Konsumenten an.

von Fabriken mit hoher Kapazität. Da der Rohstoff von den Bäumen jedoch nicht unbegrenzt verfügbar ist und die Entwaldung bereits dramatische Ausmaße erreicht hat, wurden überall im Land Alternativquellen für den Zellstoff genutzt.

Die Lignocellulose, die im Reisstroh und im Bambus enthalten ist, stellt eine wichtige Ressource für die chinesische Papierindustrie dar. Ihre Gewinnung ist eine mehr als 1000 Jahre alte Tradition. Doch die bei der Zellstoffherstellung übliche Verwendung von Alkalisulfaten erschließt nur rund 13 Prozent der Lignocellulose des Reisstrohs. Bei Bambus liegt die Quote nur wenig höher, während beide insgesamt einen Lignocelluloseanteil zwischen 50 und 70 Prozent aufweisen. Die Chemikalien, die eingesetzt werden um die Fasern zu gewinnen, zerstören dabei jedoch den größten Teil und die entstandenen Abfälle enden schließlich als Giftmüll.

Die meisten der alten Fabriken, die Zellstoff auf Basis von Reis und Bambus herstellten, waren klein und schwer zu kontrollieren. Die Regierung entschied, alle Anlagen mit einer Kapazität unterhalb 6.000 Tonnen stillzulegen. Anschließend wurde die Minimalkapazität auf 11.000 Tonnen festgesetzt. Experten bestätigen, dies sei die Minimalkapazität für eine saubere Produktion auf Alkalisulfatbasis, wobei ein Großteil der eingesetzten Chemikalien wiedergewonnen werde. Dennoch konnte der Ertrag von 13 Prozent aufgrund der Aggressivität der Chemikalien auf das Reisstroh nicht gesteigert werden. Die erzwungene Schließung der kleinen Reis und Bambus verarbeitenden Anlagen führte zum Verschwinden der größten Umweltsünder, wohingegen die Einführung neuer Technologien eine äußerst produktive Gewinnung der Lignocellulose mit Hilfe von chemischen Verfahren der Holzverarbeitung garantiert: genau wie in Papierfabriken in Europa und Nordamerika wird die Abfallmasse, die so genannte Schwarzlauge, verbrannt und liefert die nötige Energie und den Dampf für die Zubereitung des Zellstoffs.

Aufgrund der geringen Erträge und der durch Behandlung mit aggressiven chemischen Mitteln verursachten Umweltverschmutzung empfehlen Sachverständige weltweit, Reis und Bambus durch Holz zu ersetzen, und zwar möglichst durch schnellwachsende Bäume wie Kiefer, Tanne oder Eukalyptus. Der Lignocelluloseertrag aus den zu 20 Prozent in der Biomasse enthaltenen Fasern (bzw. 13 Prozent bei Reisstroh und 18 Prozent beim Holz) kann somit auf 90 Prozent steigen. Dieser Ertrag gilt als leistungsfähiger, weil dafür weniger Rohstoff für eine höhere Produktion benötigt wird. Andere Experten haben der chinesischen Regierung empfohlen, sich in Richtung einer nachhaltigen Forstwirtschaft hin zu orientieren: Reduzierung oder Verbot von Chemikalien, eine selektive Erntepraxis zur Vermeidung von Bodenerosion. Den Chinesen stehen also die besten Techniken zur Verfügung. Doch reicht das aus?

Die Zellstoff- und Papierherstellung in China hat sich von den einst tausenden kleinen und nicht kontrollierbaren Anlagen, die mit ineffektiven und umweltschädlichen Methoden arbeiteten, zu einer Produktion mit Großanlagen und sauberen Technologien entwickelt. Die Menge der benötigten Rohstoffe wurde reduziert, das Wasser wird wiederaufbereitet und die Abfälle werden in Energiequellen umgewandelt, was dazu führt, dass weniger Kohleheizkessel zur Stromerzeugung benötigt werden und somit die globale Erwärmung weniger angeheizt wird. Auf den ersten Blick erscheint diese Dynamik lobenswert und müsste noch gefördert werden. Sie hat die Unterstützung der Zentralregierung und lockt außerdem ausländische Investoren an. Diese Lösung ist übrigens nicht nur spezifisch für China: auch Indien reagiert auf die gleiche Weise auf seinen eigenen Papierbedarf.

DER ZERO-EMISSIONS-ANSATZ

Das Zero-Emissions-Konzept bietet einen integrierten Ansatz. Es gibt eine hohe und noch weiter ansteigende Nachfrage nach Papier aufgrund der fortschreitenden Alphabetisierung und einer zugleich wachsenden chinesischen Mittelschicht, die immer mehr Zeitungen liest und immer mehr verpackte Produkte konsumiert.

Die Suche nach einer nachhaltigen Lösung beginnt also mit der Frage nach Optionen, wie die notwendige Lignocellulose verfügbar gemacht werden kann, ohne die jetzige und zukünftige Dynamik abreißen zu lassen und ohne die Natur aus ihrem Gleichgewicht zu bringen. Ein Land wie China, das mit seiner landwirtschaftlichen Nutzfläche und ihrer Wasserversorgung bereits an Grenzen stößt, verfügt nicht über die Millionen von Hektar, die nötig wären, um einen Wald nachhaltig aufzuforsten. Kurz- und mittelfristig werden die traditionellen Bestände an Laub- und Nadelhölzern die wachsende Nachfrage nicht bedienen können. Mit 1,3 Milliarden Einwohnern braucht China somit Alternativquellen für die Papierproduktion. Denn wenn sich China allein auf den Import verließe, würden die Preise auf dem weltweiten Papiermarkt bald in Schwindel erregende Höhen steigen.

Tabelle 8: Vergleich von sauberer Produktion mit Zero Emission am Beispiel von Zellstofffabriken in China

	Zu lösende Probleme	Ansatz »sauberere Produktion«	Ansatz »Zero«
1	Produktivität	Ziel: Ertragssteigerung	Ziel: vollständige Ausnutzung
2	Niedriger Ertrag an Fasern	Stroh durch Holz ersetzen	Technik ändern, weiter Stroh benutzen
3	Gestiegene Nachfrage	Nachhaltig arbeitende Forstwirtschaft initiieren	Vorhandene Biomasse wie Stroh oder Bambus nutzen
4	Kleinbetriebe	Zwangsschließung von Kleinbetrieben	Alkalisulfate vermeiden, Kleinbetriebe aufrechterhalten
5	Restbiomasse	Verbrennen, als Brennstoff nutzen	Technik ändern, Wiederverwertung als Einsatz für Wertschöpfung
6	Giftige Chemikalien	Chemikalien wiederverwerten, Aufbau eines geschlossenen Kreislaufs	Chemikalien ausschließen
7	Wasserverbrauch	Reduzieren, wiederverwerten und recyceln (3Rs)	3Rs, darüber hinaus Reststoffe anderen Industrien zukommen lassen
8	Kosten und Investitionen	Kosten bis zu einer gewissen Höhe senken	Neue Profit-Center schaffen
9	Anzahl der Ernten	Einmal in sieben Jahren	Mindestens einmal pro Jahr

Quelle: ZERI Foundation, Genf

Reisstroh und Bambus sind beide bedeutende Rohstoffquellen, die in China jedoch nur ungenügend genutzt werden. Sie binden auf effektive Weise Kohlenstoff, den sie mit Hilfe von Photosynthese in Lignocellulose, Hemicellulose und Lignin verwandeln. Stroh durch Holz zu ersetzen und mithilfe eines geschlossenen Kreislaufsystems Abfälle, wie sie bei der Produktion von Zellstoff aus Stroh anfallen, zu vermeiden, mag eine Alternative sein, stellt aber keine langfristige Lösung dar. Was sollen die Chinesen mit ihren Abertausend Tonnen Reisstroh anfangen? Das Produktionssystem wäre zwar insgesamt sauberer geworden, es blieben aber riesige Mengen Stroh ungenutzt, die entweder auf den Feldern verfaulen oder verbrannt würden. Im Freien verbranntes Reisstroh ist eine vor allem für Großstädte besonders schädliche Art der Umweltverschmutzung, sie folgt gleich nach Autoabgasen als Verursacher für Atemwegserkrankungen[61].

Weil die Lignocellulosegewinnung auf Basis von Reisstroh, wie sie heute praktiziert wird, nicht effektiv genug ist, sollte man auf eine andere Technologie zurückgreifen. Die Einführung der chemischen Zellstoffproduktion ist ein relativ junges Phänomen. Doch immerhin haben die Chinesen einst das Papier erfunden! Die Trennung der einzelnen Bestandteile könnte durchgeführt werden, indem man auf „neue" alte Technologien zurückgreift. Sofern sie es ermöglichen, einerseits den Bedarf an Zellstoff sicherzustellen und andererseits Abfälle wieder aufzubereiten, könnten sie einen neuen Weg eröffnen. Die Kombination aus Dampfexplosionsverfahren[62] und Ultra- oder Membranfiltrationstechnik[63] erweist sich hierbei als ausgezeichnete Alternative zu Alkalisulfaten, die derzeit noch bei der Zellstoffherstellung zum Einsatz kommen. Diese Technologien benötigen keine schädlichen Chemikalien und folglich auch keine speziellen Vorrichtungen zu ihrer Wiedergewinnung. Es müssen weder giftige Chemikalien recycelt, noch aufwendige geschlossene Kreislaufsysteme entwickelt werden. Darüber hinaus erhöhen das Dampfexplosionsverfahren und die Membranfiltrationstechnik den Lignocelluloseertrag von 13 auf 83 Prozent, was einer mehr als sechsfachen Steigerung entspricht. Reisstroh ist äußerst ergiebig, außerdem umsonst und ohne zusätzliche Wasserzufuhr verfügbar. Es wird mindestens einmal pro Jahr geerntet, in manchen Gegenden sogar zweimal. Selbst schnellwachsende Laubbäume benötigen ein mindestens siebenjähriges Wachstum bevor sie genutzt werden können. Sie verbrauchen viel Wasser, das knapper wird, und da es sich um gentechnisch veränderte Sorten handelt, besteht die Gefahr, dass sie sich ausbreiten und andere Spezies verdrängen.

---

61 Es ist bedauerlich, dass diese Art der Umweltverschmutzung und die dadurch bedingten Krankheiten nicht in der Machbarkeitsstudie der Weltbank auftauchen!

62 Die Dampfexplosion ist eine Technik, bei der Holz in einem geschlossenen Gefäß bei Hochtemperatur unter sehr hohen Druck gesetzt wird. Das Holz wird „weich", weil die Verbindung zwischen dem Lignin und der Cellulose sich zu lösen beginnt. Ist der Hochdruck beendet, verursacht der atmosphärische Druck, dass die Inhaltsstoffe „explodieren" und somit physikalisch gut voneinander getrennt werden können.

63 Die Membranfiltertechnik ist ein Prozess, bei dem eine aus feinen Fasern bestehende Membran benutzt wird, um Fasern ab einer bestimmten Größe zurückzuhalten, während kleinere die Membran passieren.

Das Reisstroh ermöglicht den Bauern einen Primärerlös in Form von Reis und einen sekundären in Form von Fasern und Zellstoff. Sind die neuen Produktionstechniken erst einmal in Betrieb, wird es an ihrer Rentabilität keinen Zweifel mehr geben. Viele Reissorten sind gentechnisch verändert worden, damit sie auf den Feldern weniger Stroh hinterlassen (einmal mehr ein Beweis für wirtschaftlich unsinnige Entscheidungen!), mit dem technischen Fortschritt wird es jedoch bald wieder traditionelle Sorten mit langen Halmen geben. Der Ertrag beschränkt sich im Übrigen nicht nur auf Lignocellulose: andere Komponenten wie Lignin könnten von benachbarten Industriezweigen erschlossen werden. Der Einsatz von Strohfasern für die Herstellung von Papierbrei trägt außerdem zur Schaffung von Kohlenstoffsenken bei, die wir zur Eindämmung der Erderwärmung dringend brauchen.

Die Anwendung des Zero-Emissions-Konzepts stellt nicht nur eine Option für Länder wie China und Indonesien dar, die beide eine dramatisch ansteigende Nachfrage nach Papier erleben. Das gleiche Prinzip lässt sich auch auf Lateinamerika übertragen, wo statt schnell wachsender Faserlieferanten wie Bambus – z.B. die in Kolumbien heimische Art Guadua – Kiefern und Eukalyptus angepflanzt werden.

DIE BAMBUS-OPTION

Bambus ist ebenfalls eine reichlich vorhandene, ergiebige und nachwachsende Lignocellulosequelle. Seine sehr schnell wachsende Biomasse besteht aus langen, hochwertigen Fasern, die so robust und widerstandsfähig sind, dass sie sogar – als Ersatz für Asbest – Zementplatten verstärken, die vom japanischen Konzern Taiheiyo Cement hergestellt werden. Bambus ist härter als Stahl. Er ist ebenso ein ausgezeichneter Rohstoff für Papier, wie die Beispiele in Indien, Indonesien und China zeigen. Unterzieht man ihn einer chemischen Behandlung (Kraft-Verfahren), bei der die Lignocellulose durch Verbrennung der übrigen Bestandteile isoliert wird – eine Technologie, die ursprünglich für Nadelhölzer und nicht für Bambus entwickelt wurde – entsteht aus dem aus Bambusfasern gewonnenen Brei hochwertiges Papier. Mit entsprechender Anpassung von Druck und Temperatur ermöglicht jedoch dasselbe Trennungsverfahren wie beim Reisstroh die Gewinnung von Fasern sowie aller anderen Bestandteile des Bambus. Die Hemicellulose kann z.B. in Süßstoff umgewandelt werden. Das Lignin lässt sich als reiner Brennstoff verwenden, der im Gegensatz zur Schwarzlauge keine belastenden Schadstoffe wie Schwefeloxide, Stickoxide oder flüchtige organische Verbindungen erzeugt. Außerdem dient es als Bindemittel für Spanplatten und ist somit eine Alternative für formaldehydhaltige Harze. Auch wenn das Verbrennen der Schwarzlauge immer noch die bessere Lösung ist, als eine Entsorgung oder Verdünnung und Auswaschung durch Regen, so bleibt der wirtschaftliche Wert eher bescheiden. Der durch Recycling und die Weiterverarbeitung in anderen Industriezweigen erzeugte Mehrwert erweist sich dann doch als die wesentlich bessere Lösung.

Das Potenzial (siehe Abb. 2) ist riesig und übertrifft selbst die Erwartungen der Bambusexperten. Bereits vor seiner Ernte und der anschließenden Verwendung in der Zement- und Papierproduktion kann von Bambus Saft abgezapft werden, der, zu Alkohol vergoren, einen umweltfreundlichen Brennstoff liefert. Der entsaftete und getrocknete Bambus färbt sich gelb. Seine verbliebenen Reststoffe können den Rohstoff für weitere Industriezweige bilden, die kaum jemand mit Bambus in Zusammenhang bringt. So hat die japanische Firma Cera Rica, die Sumo-Ringern Qualitätshaarwachs liefert, viele bislang noch ungenutzte Möglichkeiten entdeckt und forscht aktiv nach Verfahren für ihre Umsetzung.

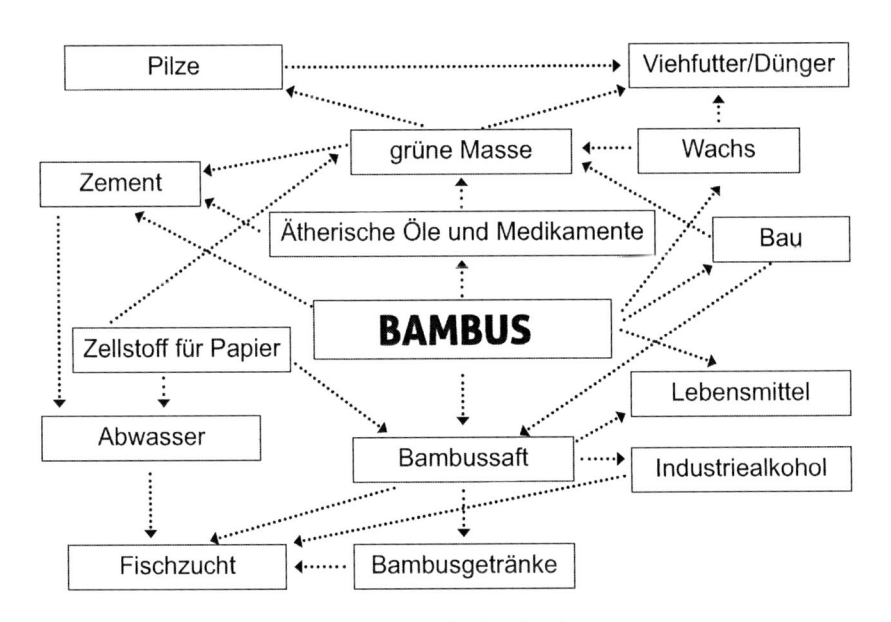

Abbildung 2: Cluster von Industriezweigen um den Bambus herum

Der größte Zementhersteller Japans, Taiheyo Cement, hat ein Investitionsprogramm in Südostasien gestartet, um Bambusfasern in Zement einzubinden. Gunung Sewu in Indonesien, eine der größten Ananasplantagen der Welt, hat damit begonnen, Bambus für die Herstellung von Papier anzubauen. Diese Entwicklungen eröffnen eine Perspektive für eine langfristige und nachhaltige Deckung des wachsenden Papierbedarfs und erschließen gleichzeitig ganz neue Wirtschaftsbereiche. Damit wird viel mehr erreicht als nur auf ein Umweltproblem zu reagieren. Ein wirtschaftlicher Aufschwung entsteht und es wird auf eine kreative Art und Weise auf den zunehmenden Konsum reagiert, ohne dabei von der Erde zu verlangen, dass sie immer mehr produziert. Das ist genau die Art von Entwicklung, auf die wir gewartet haben. Eine saubere Produktion ist nur der erste Schritt, aber das Endziel lautet: Upsizing.

Wie kommt es, dass die Ingenieure der großen schwedischen, finnischen oder kanadischen Papierhersteller sich niemals Gedanken über den natürlichen Faserreichtum im Reisstroh und im Bambus gemacht haben? Die Antwort liegt auf der Hand: haben Sie je Reisfelder oder Bambusplantagen in den nordischen Ländern gesehen? Mit Sicherheit nicht. Hier haben wir einen weiteren Grund, an dem Wert einer ökonomischen, sozialen und ökologischen Globalisierung zu zweifeln, die der Welt einen für nordische Länder typischen Rohstoff aufdrängt und dabei diejenigen Ressourcen aus den Augen verliert, die die Papierindustrie aus der Misere zur Wirtschaftlichkeit führen könnte.

Der wirtschaftlichen Logik zufolge erhält erfahrungsgemäß der jeweils produktivste Akteur auf dem Markt den Zuschlag, einem Markt, wo sich Angebot und Nachfrage gegenüberstehen und jeder Zugang zu denselben Informationen hat. Wenn die Globalisierung aber vor allem auf Basisprodukte aus dem Norden (mit seinen vier Jahreszeiten) setzt und diese Produkte und ihre Herstellverfahren weltweit als Standard aufzwingt, während andere Rohstofflieferanten (wie Reis, Bambus oder Zuckerrohr) zehn Mal mehr Fasern im Jahr und pro Hektar hervorbringen – wer profitiert dann von der Globalisierung? Wenn man Verfahren zur Lignocellulosegewinnung, die für Kiefern, Tannen und Eukalyptus konzipiert wurden, auf Reis, Bambus oder Zuckerrohrbagasse überträgt, zerstört man qualitativ hochwertige Fasern (sogar ein Kind versteht, dass ein Verfahren zur chemischen Umwandlung von Baumfasern nicht für Reisstroh gelten kann). Wer profitiert also von der Globalisierung?

Leider kommt die Globalisierung nur den Aktionären der großen Papierfabriken zugute. Keinesfalls will sie den Hunger nach Papier dort stillen, wo er am schnellsten zunimmt: in der Dritten Welt. Ich glaube hier nicht an eine Verschwörung. Ich bin eher der Meinung, dass die Führungskräfte mit ihrer immer nur auf das Kerngeschäft ausgerichteten Ausbildung blind geworden sind für das reale Leben, für die Möglichkeiten der Artenvielfalt und für die negativen Effekte, die unser so genanntes „modernes" Industriemodell auf unsere Erde und seit Jahrtausenden auf ihr lebenden Kulturen ausübt. Ich habe Ihnen ja bereits gestanden, dass ich selbst keine Ahnung hatte, dass der Gebrauch von Reinigungsmitteln auf Palmölbasis den tropischen Regenwald zerstört. Ich bedaure, dass ich nicht schon viel früher die Funktionsweise des „Systems" begriffen habe und jetzt kämpfe ich dafür, damit es jeder erkennen und die sich ihm daraus bietenden Möglichkeiten ergreifen kann.

9. Die Methodologie des Upsizing

Die Analysemethode ist klar, die wissenschaftliche Grundlage ist gegeben, die Ziele sind abgesteckt und auch der nötige Enthusiasmus treibt uns an. Daher ist es an der Zeit, sich mit der Vorgehensweise zu beschäftigen. Eine Theorie hat nur dann einen Wert, wenn sie uns zu konkreten Ergebnissen führt. Wenngleich Ausnahmen die Regel bestätigen, so gelingt es nur mithilfe einer praktikablen Methodik allerorts und jederzeit systemische Konzepte umzusetzen: in Schulen, Krankenhäusern, Haushalten und in der Industrie.

Das Ziel des Zero-Emissions-Konzepts lässt sich wie folgt zusammenfassen:
- es wird kein Abfall, weder fest, noch flüssig, noch gasförmig produziert
- alle Einsatzgüter werden vollständig verwertet,
- wenn Abfälle entstehen, werden sie zur Wertschöpfung durch andere Industrien genutzt

Der zentrale Begriff im Zero-Emissions-Konzept ist **Mehrwert**. Mehrwert generiert Cash-Flow und beides hält die Wirtschaft in Gang. Mehrwert garantiert nachhaltige Finanzströme. Er ist Voraussetzung für Unabhängigkeit und Wachstum – ein Wachstum, das sich selbst erhält. Wenn Nebenprodukte nur erzeugt bzw. Abfälle nur verwertet werden, damit keine Umweltbelastung entsteht, dann ist Zero-Emissions noch nicht erfüllt. Hier muss Upsizing ins Spiel kommen. Viele Materialien zersetzen sich, werden verbrannt oder einfach zurückgelassen. Doch wenn kein Mehrwert geschaffen wird, wie sollen allein aufgrund weniger Abfallproduktion und verschärften Umweltschutzes mehr Umsatz und Arbeitsplätze entstehen? Politiker sind einhellig der Meinung, Umweltschutz sei eine gute Sache. Nur was ist eigentlich so gut daran?

Erstens werden Kosten reduziert. Immer wieder hört man, die Umwelttechnikindustrie sei ein boomender Markt. Die Verringerung der Verschmutzung und saubere Herstellungsverfahren entstammen jedoch dem linearen Paradigma. Sie verhindern die Verschmutzung nicht komplett. Dementsprechend ist Kostenreduzierung nur bis zu einem gewissen Punkt möglich.

Zweitens entstehen – was viel interessanter ist – Zusatzeinkünfte. Upsizing kann somit definiert werden als:

eine Zusammenfassung industrieller Aktivitäten, durch die wertlose Nebenprodukte der einen Industrie zur Vorleistung für eine andere werden, was dank der zusätzlichen, konkurrenzfähig vermarktbaren Produkte und Dienstleistungen eine Steigerung der Gesamtproduktivität von Kapital, Arbeit und Rohstoffen zur Folge hat. Neue Arbeitsplätze entstehen und Schadstoffe jeglicher Art können nach und nach eliminiert werden.

Upsizing findet in dem Moment statt, sobald eine Industrie Zero-Emissions anvisiert. (siehe Abbildung 3)

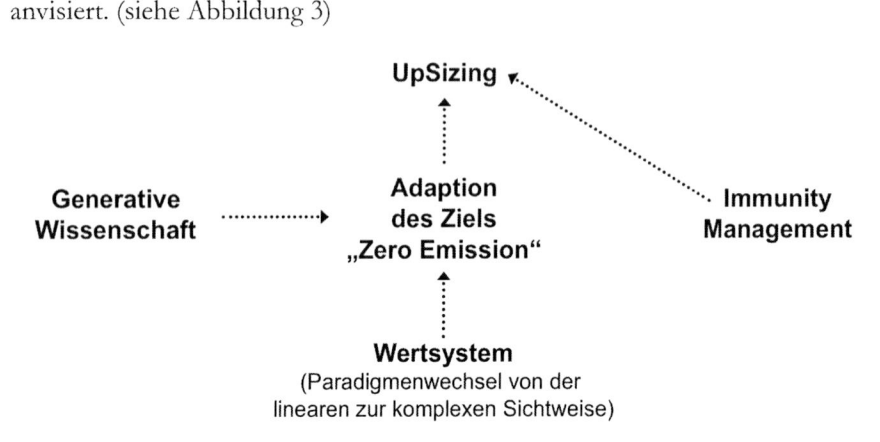

```
                        UpSizing
                           ▲
                           ┆
  Generative    ┄┄┄┄▶  Adaption         ┄┄┄  Immunity
  Wissenschaft          des Ziels              Management
                      „Zero Emission"
                           ▲
                           ┆
                       Wertsystem
                (Paradigmenwechsel von der
                linearen zur komplexen Sichtweise)
```

Abbildung 3: Die Methode des UpSizings

ZERO-EMISSIONS IST DAS ZIEL UND UPSIZING DER WEG DORTHIN

Ziel von Zero-Emissions (der ZERI-Methode) ist es, zunächst einmal Mittel und Wege zu finden, um den im Hauptverfahren benötigten Input zu minimieren. Danach wird durch vollständigen Durchsatz ein Maximum an Output erzielt. Solange die Industrie keinen vollen Durchsatz erreicht, bleibt sie ewig unterhalb ihrer Möglichkeiten. Dies ist keine Kritik, sondern möge eher als Hinweis darauf gelten, dass die industriellen Verfahren noch einen ungeahnten Produktivitätsspielraum bieten. Da keine Industrie dieses Ziel allein erreichen kann (so wie auch kein Baum es vermag, sich selbst um seine Blätter zu kümmern), müssen sich Industrien mit komplementären Bedürfnissen – und folglich daraus entstehenden Synergien – in regionalen Clustern zusammenschließen.

In der Agro-Industrie könnte Zero-Emissions in einem Zeitraum von vier bis fünf Jahren erreicht werden. Lebensmittel-, Bau-, Forst- und Chemieindustrie würden etwa zehn Jahre benötigen, Leder- und Textilindustrie ungefähr zwanzig. Für die anderen Industrien ist mit Zeiträumen von dreißig bis fünfzig Jahren zu rechnen. In Japan haben sich bereits 2.800 Unternehmen auf den Weg gemacht.

Zero-Emissions innerhalb der Herstellung von Fernsehgeräten zu erreichen, ist schwierig und erfordert außergewöhnlichen Innovationsgeist. Die Geräte enthalten viele Metallteile, vor allem aus Chrom oder Blei, für die noch keine Alternative gefunden wurde. Das gleiche gilt für Kopiergeräte – insbesondere Farbkopierer – , Computer, Kühlschränke, Metallfarben, Autos und viele weitere komplexe Produkte. Der Weg zu Zero-Emissions ist lang, aber die ersten Schritte, die Schritte zu Upsizing, können schon heute unternommen werden. Die Methodologie hat umfassende Gültigkeit: Sie ist für jede Aktivität dieselbe – im Haushalt, an der Universität, im Krankenhaus, in der Stadt, auf einer Insel, ganz egal wo. Ihre Anwendung kennt keine Grenzen.

Die Forscher des vom Autor an der Universität der Vereinten Nationen in Tokio gegründeten ZERI-Instituts haben ein Verfahren ausgearbeitet, mit dessen Hilfe clusterbare Industrien identifiziert werden können. Es hat sich bisher für rund hundert Sektoren bewährt. Viele Projekte haben gezeigt, dass die Industrie wesentlich mehr leisten kann, als sie es bisher tat. Die ZERI-Methode hilft, auf komplizierte Fragen einfache Antworten zu finden. Sie ist ein Werkzeug, mit dem die Intelligenz, die in einem Unternehmen, einer Region, oder einfach nur einer Gruppe von Menschen im Überfluss vorhanden ist, freigesetzt werden kann. Die Beseitigung von Umweltverschmutzung, die Schaffung von Arbeitsplätzen und die Verbesserung wirtschaftlicher Rentabilität sind Ziele, die von jeder dieser Gruppen verfolgt werden können.

Die ZERI-Methode wurde von Forschern, Industriellen, Studenten und Beamten auf allen Kontinenten mit Ausnahme der Antarktis getestet. (siehe Tabelle 9) Ihre Umsetzung erfolgte auf Inseln wie Yakushima und Okinawa in Japan sowie Gotland in Schweden, in Städten wie Manizales in Kolumbien und Santa Fe in den Vereinigten Staaten. Unternehmen wie Toyota, Canon und Hitachi haben positiv auf diese Ideen reagiert. Sie alle haben sich der Herausforderung durch die ZERI-Methode auf ihrem Gebiet gestellt.

Tabelle 9: Sektoren, die die ZERI-Methodologie seit 1994 angewendet haben

• Agroindustrielle Verarbeitung	• Fischzucht	• Pharmazie
• Algenverarbeitung	• Früchteverarbeitung	• Pilzanbau
• Ananas	• Funktionsnahrung	• Plantagen
• Antioxidantien, Vitamine und Betakarotin	• Furfural-Gewinnung	• Proteingewinnung
	• Gracilaria	• Rayonfasern
• Bambusverarbeitende Industriezweige	• Hähnchengrills	• Seetang
	• Herstellung von Alkohol	• Sisal
• Banking	• Holzkohle	• Spanplatten
• Baumwolle	• Holzverarbeitung	• technische Dienste
• Baustoffe	• Investmentfonds	• Textilien
• Brauen von Bier	• Jodgewinnung	• Tierfutter
• Cellulose	• Kokosnuss	• Tourismus
• Chemie (organische und anorganische)	• Kolophonium	• Viehzucht
	• Kompost	• Wasserhyazinthenverarbeitung
	• Milch und Milchverarbeitung	
• Detergentien	• Möbel	• Zellstoff und Papier
• Energie	• Nahrungszusätze	• Zement
• Enzymverarbeitung	• Olivenölmühlen	• Zuckerverarbeitung
• Fermentierungsindustrie	• Pflanzenölmühlen	

Die Brauereibranche ist verhältnismäßig schnell von der Theorie zur Praxis übergegangen. In weniger als drei Jahren nachdem das Zero-Emissions- bzw. Upsizing-Konzept entwickelt worden war, wurde in Namibia die erste nach dieser Art produzierenden Brauerei eingeweiht. Wegbereiter hierfür war eine Pilotbrauerei, die eineinhalb Jahre zuvor in Fidschi errichtet worden war. Zurzeit laufen weitere Projekte in Nordamerika, Japan, Schweden und seit kurzem auch in Deutschland[64].

DIE ZERI-METHODOLOGIE

Die ZERI-Methodologie beinhaltet fünf aufeinander folgende Einzelschritte:

1. Modellierung der Gesamtströme anhand von Input-Output-Tabellen,
2. Ermittlung von Wertschöpfungsmöglichkeiten unter Verwendung von Output-Input Tabellen,
3. Konzeption des Clusterings von Industrien,
4. Identifizierung geeigneter Technologien,
5. Entwurf einer entsprechenden Industriepolitik.

---

[64] Meierhof Privatbrauerei in Höxter, Nordrhein Westfalen; das Projekt wird wissenschaftlich begleitet, siehe Echeverria, Evelyn: *Verwertung von Reststoffen der Meierhof Privatbrauerei zum Aufbau eines integrierten Biosystems (IBS)*, Diplomarbeit: Unveröffentlichte Diplomarbeit, Februar 2009 (Leibniz Universität Hannover)

SCHRITT 1: INPUT-OUTPUT-TABELLEN

Die Verwendung von Input-Output-Tabellen hielt Einzug mit der Umweltmanagement-Norm ISO 14001. Sie spielen eine wichtige Rolle bei der Umsetzung von Verfahren, die – wie etwa eine saubere Produktion – garantieren, dass sich ein Unternehmen an den bestmöglichen Standards und Prozessen orientiert. Alle diese Verfahren basieren auf Input-Output-Tabellen. Auf der vertikalen Achse werden die gesamten benötigten Einsatzgüter eingetragen. Auf der horizontalen Achse werden die Outputs der verschiedenen Stadien der Produktion erfasst. Inputs und Outputs sind quantifiziert dargestellt und jeweils leicht nachzuvollziehen. Die Tabelle 10 stellt ein vereinfachtes Beispiel für eine Input-Output-Tabelle dar. Beim Brauen von Bier werden Wasser, Gerstenmalz und Hefe benötigt. Der Ertrag ist Bier, Abwasser, Biertreber und Resthefe sowie Kohlenoxid, das durch die Fermentation des Zuckers entsteht.

Tabelle 10: Einfache Input-Output-Tabelle

Input \ Output	Bier	H_2O	Biertreber	CO_2
H_2O	10 / 100	80 / 100	10 / 100	
Malz	8 / 100	1 / 100	91 / 100	
Hefe	-	-	-	

Quelle: ZERI Foundation, Genf

Noch bevor man sich Gedanken über die Verwendungsmöglichkeiten der Abfälle macht, ist zu prüfen, ob das Produktionssystem verbessert werden kann, etwa durch Senkung des Wasserverbrauchs. Brauereien benötigen meist enorme Wassermengen und konkurrieren häufig so mit ihrem urbanen Umfeld um das Trinkwasser. Jedoch könnte der Verbrauch in den Brauereien durch mehrfache Verwendung des Spülwassers oder den Einbau von Sensoren, die für einen bedarfsgerechten Wasserzulauf sorgen, um die Hälfte gesenkt werden. Das Ergebnis ist in der Tabelle 11 zu sehen.

Doch die Produktivität der Einsatzgüter kann nicht unendlich gesteigert werden. Ihr sind biologische und technische Grenzen gesetzt. Der Geschmack von Bier ist das Ergebnis der Fermentierung von Malzzucker. Die anderen Bestandteile des Gerstenmalzes, etwa Fasern und Proteine, sind Nebenprodukte der Herstellung und das ist auch in Ordnung. Würde man ein Verfahren entwickeln, um alle Komponenten des Malzes zu verwenden, hieße das Endprodukt nicht mehr „Bier".

Tabelle 11: Input-Output-Tabelle für saubere Produktion

Input \ Output	Bier	H_2O	Biertreber	CO_2
H_2O	50 / 10	50 / 30	50 / 10	
Malz	100 / 8	100 / 1	100 / 91	
Hefe	-	-	-	

Quelle: ZERI Foundation, Genf

Die Erstellung einer Input-Output-Tabelle beruht auf dem derzeitigen Wissen der Produktionsingenieure. Sind sie kompetent, so können sie ohne Umschweife zahlenmäßige Auskunft über die Elemente der Tabelle geben. Hierbei handelt es sich nicht um einen kreativen Prozess, sondern lediglich um eine Aufzählung von Tatsachen, eine präzise Darstellung des Inputs, eine klare Einschätzung des Effizienzgrades und eine Quantifizierung des Outputs an festen, flüssigen und gasförmigen Substanzen.

Die Suche nach besseren Verwendungsmöglichkeiten der Inputs führt ganz klar in den Bereich saubere Produktionsprozesse und Technologien. Dieser erste Schritt ist Grundvoraussetzung für unser Ziel Zero-Emissions.

SCHRITT 2: OUTPUT-INPUT-TABELLEN

Der zweite Schritt der ZERI-Methodologie beginnt mit dem Einsatz von Output-Input-Tabellen. Er erfordert Kreativität und liefert die Basis, um für die im Produktionsprozess nicht vollständig genutzten Komponenten eine Mehrwert erzeugende Verwendung zu finden. Die Erfahrungen der ZERI-Teams haben gezeigt, dass man hierbei die Verfahrens- und Produktionsingenieure besser außen vor lässt. Zwar ist ihr Beitrag im Hinblick auf Input-Output-Tabellen unverzichtbar, doch was die Handhabung der Output-Input-Tabellen anbelangt, sollten Unternehmen auf kreativere Kompetenzen aus anderen Bereichen zurückgreifen. Wenn man Wege erschließen will, die im Produktionssektor zuvor noch nie ins Auge gefasst wurden, ist Multidisziplinarität das A und O.

Auf der vertikalen Achse der Tabelle sind alle Outputs, die nicht Teil des Endprodukts sind, eingetragen. Die horizontale Achse listet alle denkbaren Verwendungsmöglichkeiten für diese Einträge auf. Konstruktiv ist diese Tabelle zweifellos nur, wenn die dazugehörige Input-Output-Tabelle korrekt ist, und das Unternehmen außerdem alles unternommen hat, um Kosten zu senken und den Durchsatz zu verbessern, das heißt, mehr aus weniger Rohstoffen zu machen.

Die Outputs müssen präzise und anschaulich quantifiziert werden. So sollten z.B. im Falle der Brauerei die Informationen über den Biertreber ausreichend detailliert sein, um Überlegungen anstellen zu können, wie er am besten verwertet werden könnte bzw. welche seiner Bestandteile für ein anderes Verfahren von Wert sind. Wie hoch sind Wassergehalt (80%), Proteingehalt (24% Trockenmasse) und Fasergehalt (70% Trockenmasse)? Nur wenn solche Daten bekannt sind, können Lösungen gefunden werden. Wenn aber die Brauereiabfälle als eine Art Auflistung von Problemen im typischen Jargon der Umweltingenieure beschrieben werden – man denke nur an „BSB" (biologischer Sauerstoffbedarf), „CSB" (chemischer Sauerstoffbedarf) und „pH-Wert" – kann das kaum zu optimalen Verwertungsmöglichkeiten inspirieren. Was wir brauchen, ist eine Beschreibung von Ressourcen, keine detaillierte Problemanalyse. Probleme werden mithilfe von Untersuchungen identifiziert, Zero-Emissions-Lösungen dagegen durch Kreativität.

Eine vereinfachte Darstellung der Output-Input-Tabelle zeigt Tabelle 12.

Wenn für einen Output eine Verwertungsmöglichkeit gefunden wurde, etwa der Anbau von Pilzen auf einem Substrat mit Zusatz von Biertreber, darf nicht vergessen werden, dass durch diese Verwertung wiederum Abfälle entstehen. Die Sporen wandeln nur 25 bis 50 Prozent des Substrats in Pilze um, und nach einigen Wochen fallen Substratreste an, die auf der vertikalen Achse der Tabelle eingetragen werden müssen. Auch für sie muss eine Verwertung gefunden werden.

Man könnte die Reste als Viehfutter verwenden. Doch auch Vieh hinterlässt Abfall. Es verwandelt zwar sieben Kilo Substratreste in ein Kilo Fleisch, doch gleichzeitig würden weitere feste, flüssige und gasförmige Substanzen erzeugt. Diese wären wiederum Output, der verwendet werden müsste. Eine Möglichkeit wäre, die festen und flüssigen Abfälle in eine Anlage zur Gewinnung von Methangas einzubringen. Das entstehende Biogas könnte der Brauerei als Energiequelle dienen. Der Mineralstoffgehalt der Verbrennungsreste könnte durch eine Behandlung mit aeroben Bakterien und Algen von 60 auf 90 Prozent erhöht und die Reste an Fische verfüttert werden.

Tabelle 12: Output-Input-Tabelle mit dem Ziel Zero-Emissions

Output / Input	Reinigung	Fischzucht	Algen	Bewässerung	Pilze	Regenwürmer	Summe
H_2O	10 / 100	72 / 100	10 / 100	8 / 100	0 / 100	0 / 100	100% / 100%
Fasern Protein	0 / 100	6 / 100	0 / 100	0 / 100	40 / 100	54 / 100	100% / 100%
...							
Kompostreste aus Pilzanbau					100	50	
Hühner							
Dung							

Quelle: ZERI Foundation, Genf

Sobald neue Abfälle entstehen, werden sie auf der vertikalen Achse eingetragen. Dieses System erlaubt es, komplementäre Aktivitäten auf immer effizientere Weise zu verketten. Wenn in einem Sektor alle Outputs als Inputs für andere Aktivitäten eingesetzt werden können, ist das Ziel Zero-Emissions erreicht.

Mit der Zeit wird Zero-Emissions überall zum Tragen kommen, besonders in Industrien, die – in unterschiedlichem Ausmaß – auf die gleichen Rohstoffe und Energiequellen zurückgreifen. Vorbild ist hier das Ökosystem eines Baumes, das Nahrung und Abfälle quasi verwaltet. Sofern die veredelten Outputs nicht über weite Strecken transportiert werden müssen, ist das Ergebnis eine deutliche Leistungssteigerung des Systems.

Für jeden Output gibt es mehrere Verwendungsmöglichkeiten. In den ZERI-Projektgruppen wurde die Erfahrung gemacht, dass unterschiedliche Teams für ein und denselben Sektor zu unterschiedlichen Ergebnissen kommen. Die vielversprechendsten innovativen Lösungen werden ausgewählt, um danach Argumente auszuarbeiten, die die Produktionsingenieure und die Finanzleiter davon überzeugen, dass es wirtschaftlich Sinn macht, eine Pilzproduktion oder eine Regenwurmkultur auf einem bisher ungenutzten Teil des Betriebsgeländes zu betreiben.

Auf der Grundlage der mithilfe der Output-Input-Tabellen gefundenen Ideen ordnet das Team die anstehenden Aktivitäten nach einer Prioritätenskala. Im Rahmen der ZERI-Methode sind folgende Punkte vorgesehen:

- Identifizierung und Evaluation eines Marktes,
- Ermittlung des Energiebedarfs,
- Berechnung und Festlegung des Investitionskapitals,
- Berechnung der benötigten Fläche,
- Evaluation der Möglichkeiten zur Schaffung von Arbeitsplätzen

Die wichtigste Frage ist die der Finanzen: Wie viel zusätzlichen Mehrwert bringt das System ein? Was Verkaufspreise und Rohstoffkosten anbelangt, ist die naheliegendste Möglichkeit nicht immer auch die beste. Wird z.B. eine Tonne Biertreber für 20 Euro als Viehfutter verkauft, dann deckt das kaum die Transportkosten. Wenn jedoch in Japan die Entsorgung einer Tonne Biertreber mit 150 Euro zu Buche schlägt, ist klar, dass die Reste auf andere Art und Weise verwertet werden müssen. Der Anreiz, Mittel und Wege zu einer zusätzlichen Wertschöpfung zu finden, ist groß. Wenn Brauereibesitzer erst erkennen, dass eine Tonne Biertreber einen Ertrag von 250 Kilo Shiitake-Pilze erbringen könnte, und diese, zu einem Kilopreis von vier Euro an einen Großhändler verkauft, Einnahmen von ca. 1.000 Euro pro Tonne Biertreber erzielen, dann wird über die Machbarkeit dieses Unternehmens kein Zweifel mehr bestehen.

Der Vorteil des Pilzanbaus liegt darin, dass nicht viel zusätzliche Energie eingesetzt werden muss (dennoch sollte dieser Posten berücksichtigt werden, da versteckte Kosten die Rentabilität beeinträchtigen können). Die Verflüssigung von Kohlenstoff bei der Fermentation von Bier wäre eine Möglichkeit, dieses

Treibhausgas aufzufangen und es an Mineralwasserproduzenten zu verkaufen. Hier wäre jedoch der Energiebedarf zu hoch, als dass die Investition sich lohnen würde.

Wie viel Kapital muss also investiert werden, um die geplanten Zusatzeinkünfte zu erhalten? Soll der Biertreber zur Pilzproduktion verwendet werden, muss er behandelt werden. Mit einem Feuchtigkeitsgehalt von 80 Prozent ist Treber zunächst nicht als Substrat für Pilze geeignet. Will man den errechneten Betrag von 1.000 Euro pro Tonne erwirtschaften, muss man daher in einen Trockenofen investieren. Viele Brauereien verfügen bereits über einen solchen Ofen, da der Feuchtigkeitsgehalt des Trebers auf unter 20 Prozent reduziert werden muss, bevor er zu einem Käufer oder zur Deponie transportiert werden kann. Auch müssen Regale für die Pilze angeschafft werden. Die Pilzbrut muss sorgfältig gelagert werden und die Beimpfung des Substrats muss in einer keimfreien Umgebung stattfinden. Glücklicherweise sind viele Brauereien mit Laboratorien ausgerüstet, da die Zucht der Bierhefen unter ähnlichen Voraussetzungen erfolgt.

Diese vier Beträge – Entsorgungskosten, veranschlagte Einkünfte, Investitionsumfang und Nettogewinn – müssen bekannt sein, damit der Cash-Flow zwecks Investitionsentscheidung analysiert werden kann. Nach und nach wird der entstehende Mehrwert die finanzielle Unabhängigkeit erhöhen. Wenn das System gut ausgereift und seine Effektivität hoch ist, trägt sich jeder Bereich selbst, so dass keine Subventionierung erforderlich ist.

Die finanzielle Logik des Upsizing ist sinnvoll, da die Anwendung der ZERI-Methodologie Veränderungen im Konzept des Cash-Flow bewirkt und zu Kostensenkungen führt. Der Finanzkreislauf einer Brauerei muss Barmittel beinhalten. Kein Kunde (Supermarkt, Bar, Hotel etc.) bezahlt bei Lieferung in bar. So muss der Brauereibesitzer bis zu zwei Monate auf sein Geld warten – und ein Monat Verzug bedeutet für die Brauerei ein Zwölftel ihres Jahresumsatzes.

Wenn das Geschäft der Brauerei um eine neue Aktivität, zum Beispiel die Pilzproduktion, ergänzt wird, ändert sich der Cash-Flow. Der Rohstoff für die Pilze verlangt keine Ausgaben, da er bereits mit der Bierproduktion verrechnet wurde. Die Investitionen sind gering und die Ernte kontinuierlich. Durch den Verkauf der Pilze auf dem Markt hat die Brauerei permanent Bargeldeinnahmen. Wenn alle Elemente dieses neuen Prozesses fest integriert sind, verbessert das den gesamten Cash-Flow des Unternehmens.

Es wäre nicht das erste Mal, dass die Industrie Synergieeffekte nutzt. Die Investition eines forstwirtschaftlichen Uunternehmens in eine Pizzeriakette erfolgte aufgrund der Komplementarität der Finanzzyklen: Während der Zyklus in der Forstindustrie sehr lang ist, bringt der Verkauf von Pizzen täglich Bargeld. Ein Unternehmen, das seinen Cash-Flow verbessern möchte, kann durchaus Investitionen in ganz andere Geschäftsfelder tätigen. Auf den ersten Blick scheinen es zwei divergente Bereiche zu sein – Brauerei und Pilzproduktion – die ihre Kräfte vereinen. Doch im Hinblick auf ihre Rohstoffkreisläufe ergänzen sich beide Aktivitäten in hohem Maße und ihre Finanzkreisläufe gleichen sich gegenseitig aus. Ohne diese Allianz bekäme der Pilzproduzent sein Substrat nicht kostenlos und der Bierbrauer könnte seinen Cash-Flow nicht so wirksam verbessern.

Die Logik der ZERI-Methodologie beschränkt sich nicht nur auf Rohstoffe und deren Wiederverwertung: Sie findet sich auch in der Optimierung finanzieller Ressourcen wieder, die sich am Cash-Flow ablesen lässt, dem wahrscheinlich wichtigsten Indikator gesunder wirtschaftlicher Aktivitäten.

Wenn die Investitionsanalyse abgeschlossen ist, stellt sich die schwierige Frage: Wo kann das Vorhaben in die Tat umgesetzt werden? Steht Fläche auf dem Betriebsgelände zur Verfügung? Oder in der unmittelbaren Umgebung?

Ein solches Unternehmen ist nur rentabel durchführbar, wenn ausreichend Fläche vorhanden ist. In den meisten Ländern Afrikas, Lateinamerikas und Asiens ist dies der Fall, nicht aber in städtischen Gebieten und schon gar nicht in Japan. Die Umsetzung des Zero-Emissions-Konzepts hängt im Wesentlichen von der verfügbaren Fläche ab. Der Bedarf an Land wird beträchtlich sein für die Masse nützlicher Produkte, die wir aus dem herstellen können, was wir heute noch als Abfall betrachten. Und je höher die Produktivität, desto niedriger wird die Arbeitslosigkeit sein.

SCHRITT 3: DIE ZUSAMMENFASSUNG VON INDUSTRIEN
Heutzutage bleiben viele innovative Ideen das, was sie sind: Ideen. Dies ändert sich, sobald Forschungsteams herausgefunden haben, welche Aktivitäten am besten mit- und untereinander vernetzt werden können.

Dann werden wieder die Produktionsingenieure am Zug sein. Die Zusammenfassung unterschiedlicher Aktivitäten erfolgt unter der Voraussetzung, dass ein Betrieb von den veredelten Abfällen des anderen profitieren kann. Ein Blick auf die Output-Input-Tabellen ist in dieser Hinsicht schon sehr aufschlussreich, doch für die Bestätigung der Funktionsfähigkeit aller Elemente ist eine gründliche Untersuchung der technischen Möglichkeiten unabdingbar. Es mag einleuchtend sein, dass die basischen Abwässer einer Brauerei für die Algenzucht verwendet werden können, aber lassen Örtlichkeiten und Gesetze auch diese Nutzung zu?

DIE RICHTIGE GRÖSSE FINDEN

Der wichtigste Beitrag der Produktionsingenieure besteht darin, mit Hilfe von Biologen, Chemikern und Physikern die Größe der Produktionseinheit festzulegen. Für die Pilotbrauerei in Fidschi lag die optimale Größe für eine Produktion von 2.000 Hektolitern bei 1,2 Hektar. Ihr integriertes Biosystem ist in Kapitel 11 beschrieben. Sollen 20.000 Hektoliter produziert werden, sind zehn Produktionseinheiten à 1,2 Hektar erforderlich. Hier bietet sich wieder der Vergleich mit der Natur an: Hat eine Eiche eine Höhe von 50 Metern erreicht, gilt sie als stattlicher Baum und ihre Fasern sind fest und stark genug, um Wind und Wetter standzuhalten. Doch selbst bei ausreichender Versorgung mit Nährstoffen würde die Eiche nicht weitere 450 Meter in die Höhe wachsen. Sie würde vielmehr noch zehn weiteren Bäumen Platz lassen, jedem mit seinem eigenen Ökosystem. Da der Baum sich seine Nahrung nicht selbst suchen kann, verfügt er um seine Wurzeln, seinen Stamm, seine Äste und seine Blätter herum über eine Nahrungskette, die seine Bedürfnisse erfüllt und es ihm erlaubt, in Zeiten der Knappheit auf Reserven zurückzugreifen.

Wichtig ist die Größe der Produktionseinheit deshalb, weil die verarbeiteten Rohstoff- und Abfallströme im Gleichgewicht zur wirtschaftlichen Effizienz stehen müssen.

Das bedeutet, dass Biologen und Ingenieure ihre Kompetenzen zusammenbringen müssen. Während Ingenieure aufgrund ihrer Ausbildung in der Regel Größenordnungen immer mehr in die Höhe treiben, wissen Biologen, dass es für die Natur gewisse Grenzen gibt. Nehmen wir einmal an, die optimalen Ausmaße des Teiches für eine Fischfarm lägen bei drei Metern Tiefe und 300 Quadratmetern Oberfläche. Stünden jedoch Wasser und Futter für die Unterhaltung eines zehnmal größeren Teiches zur Verfügung, würde ein Ingenieur nicht zögern, sich an dieses Projekt heranzuwagen. Doch ein Biologe weiß nur allzu gut, dass dies nicht nachhaltig wäre. Ein Baum wächst eben nicht 500 Meter hoch, damit er seine Stabilität behält. Der Ingenieur würde argumentieren, dass der Mensch aufgrund seiner Intelligenz in der Lage sei, die Mängel der Natur zu beheben. Er würde auf die Errungenschaften der Pharmaindustrie zurückgreifen und Antibiotika verabreichen, um die Krankheiten abzuwehren, die die Zuchtfische in den Teichen industrieller Fischfarmen in der Regel befallen. Er würde die Anreicherung des Wassers mit Sauerstoff anordnen. Er würde keine Kosten scheuen, um die Eutrophierung des Gewässers[65] zu verhindern. Und hier wären wir schließlich wieder ganz am Anfang angelangt: bei den suboptimalen Verfahren der industriellen Fischzucht.

Der Weg zum Upsizing führt über die Definition der optimalen Größe der Grundeinheit. Sobald diese festgelegt ist – für ein bestimmtes Projekt und in einem bestimmten Kontext –, können weitere Einheiten entstehen. Ingenieure hatten zunächst vermutet, dass die ZERI-Methode nur für kleinere Projekte geeignet sei. Sie haben sich geirrt. Durch das Prinzip der Vervielfältigung der Grundeinheit können die Projekte ganz erstaunliche Ausmaße annehmen, wie das Beispiel von Las Gaviotas, Kolumbien, zeigt (siehe Kapitel 11).

SCHRITT 4: IDENTIFIZIERUNG GEEIGNETER TECHNOLOGIEN

Beim Prozess des Zusammenschließens von Industrien kann es sich herausstellen, dass es an Technologien fehlt. Das mag daran liegen, dass die geeignete Technologie – wie die Umwandlung von Bambussaft in Alkohol durch Fermentation – in Vergessenheit geraten ist, oder daran, dass sie einfach noch nicht entwickelt worden ist – wie im Falle des Furfural. Tatsächlich benötigen wir einen Mix an Technologien. Manche von ihnen werden eine weitreichende Wirkung haben, manche eher auf bescheidenerem Niveau arbeiten, aber eines haben sie alle gemeinsam: einen Nutzen für die örtliche Biodiversität. Die Integration verschiedener Produktionssysteme kann durchaus eine Veränderung von Verfahren und Technologien mit sich bringen. Bevor sich beispielsweise die ZERI-Forscher für die Produktion von Pilzen aus Getreideabfällen stark gemacht hatten, dachte

---

[65] Nährstoffanreicherung in einem Gewässer und damit verbundenes übermäßiges Wachstum von Wasserpflanzen. Der Zersetzungsprozess der organischen Stoffe am Teichboden verbraucht Sauerstoff und senkt somit die Produktivität einer Fischzucht.

niemand, dass so etwas möglich wäre, denn niemand hatte es jemals ausprobiert. Doch der Rohstoff steht in ausreichenden Mengen zur Verfügung. Man musste sich nur noch darauf einigen, wie die Pilzproduktion durchgeführt werden sollte. Nach sechs Monaten Forschung kam man an den Universitäten von Hongkong und Kyoto zu dem Schluss, dass die Idee nicht nur machbar, sondern auch wirtschaftlich sinnvoll sei.

Als die Idee aufkam, dass man Asphalt mit Polycarbonaten aus Compactdiscs vermischen könnte, haben Ingenieure sofort darauf hingewiesen, dass aufgrund der Aluminiumbeschichtung der Discs schädliche Aluminiumpartikel in die Luft abgegeben würden. Da bisher noch kein Verfahren zur Trennung von Plastik und Metall existierte, war die Kreativität der Forscher gefragt. Hier wird der Vorteil des Arbeitens im Netzwerk deutlich, denn für jedes Problem, das diskutiert wird, machen sich die richtigen Köpfe daran, Lösungen zu finden. Wenn also für die Umsetzung einer Idee die nötige Technologie fehlt, ist das noch lange kein Grund, sie aufzugeben. Im Gegenteil: Die Forschung muss kontinuierlich weitergeführt werden, bis das Ziel Zero-Emissions erreicht ist.

SCHRITT 5: AUSARBEITUNG EINER INDUSTRIELLEN POLITIK

Der letzte Schritt der Methodologie besteht darin, eine zusammenfassende Dokumentation zu erstellen, die den Behörden Ansatz, Diagnose und Vorschläge unterbreitet. Die Logik des Zero-Emissions-Konzepts lässt sich nicht immer mit geltenden Gesetzen oder kulturellen Gepflogenheiten vereinen. Zum Beispiel erlauben nur noch wenige Länder die Ansiedlung von Landwirtschaft in Industriegebieten. Während Brauereien in der Regel genau hier zu finden sind, legt die Analyse ihres Rohstoffkreislaufs die Ansiedlung einer landwirtschaftlichen Nutzungsfläche in der Umgebung nahe. Gleiches gilt für die Neutralisierung des pH-Werts von Abwässern. Diese ist in den meisten Ländern vorgeschrieben. Doch wenn die Alkalität der Abwässer der Algenzucht zugute kommt, oder die als Substrat vorgesehenen Getreidereste von Bakterien befreit, sollte der Einsatz chemischer Säuren zwecks Neutralisierung noch einmal überdacht werden. Dieser Zwang nützt ausschließlich der Chemieindustrie. Wenn das Gelände groß genug ist, können sogar die Kosten für den Transport der Abwässer eingespart werden. Die wirtschaftlichen Vorteile liegen auf der Hand. Nur die Gesetzgebung kann sich als Hindernis erweisen. Die Behörden sollten hier jedoch einen flexibleren Kurs einschlagen. Die Industrie wurde in entlegene Gebiete verbannt, weil sie der Umwelt schadet. Aber wenn sie sich ab sofort dem Ziel Zero-Emissions verschreibt, warum sollte sie weiterhin in der Verbannung existieren?

Die Unterstützung seitens der Politik würde zu ganz neuen Möglichkeiten führen: Hervorzuheben ist hier das Konzept von Öko-Industrieparks, das zum Beispiel in Kita Kyushu in Südjapan umgesetzt worden ist, bzw. von der Elektronik-Gruppe NEC, oder aber die Due-Diligence-Prüfung[66] nach ZERI-Kriterien (mehr dazu im nächsten Abschnitt).

Die Planung von Infrastrukturmaßnahmen in Industriezonen und ihre kostenmäßige Einschätzung sind für Gebietskörperschaften eine Investition, die langfristig zu einer guten wirtschaftlichen Entwicklung, zur Schaffung neuer Arbeitsplätze und zu mehr Steuereinnahmen führen soll. In der Vergangenheit wurde hier vieles dem Zufall überlassen, doch wo kein Zugang zu Wasser, zum Straßen- und Schienennetz, zu Energie und zur Entsorgung vorhanden ist, lässt sich auch kein Betrieb nieder. Für eine Industriezone vom Typ ZERI stellen sich die Fragen anders: Welche Industrien müssen angeworben werden? Und welche Industrien bringen Infrastruktur mit?

Orientieren sich die Behörden bei der Auswahl potenzieller Investoren an der ZERI-Methodologie, sind Industrien, die das Wachstum ankurbeln, schnell gefunden. Wie wir bereits gezeigt haben, ist die Verarbeitung von Gerste zu Bier nicht nur für sich genommen eine lohnende Aktivität, sie schafft auch für andere Branchen die Voraussetzung für eine solide Produktivität. Ob diese nun auf der Prioritätenliste stehen oder nicht – sie können sich entwickeln, ohne dass es eines großen Aufwands bedarf. Überall auf der Welt geben Behörden sich die größte Mühe, Automobilhersteller in ihre Region zu locken, da eine Fertigungsstätte nicht nur viele neue Arbeitsplätze verspricht, sondern auch zu einer Ansiedlung von Zulieferbetrieben führt. Ein identischer Ansatz könnte auch mithilfe der ZERI-Methodologie verfolgt werden.

Verarbeitet ein Betrieb hauptsächlich Rohstoffe und erzeugt dabei große Abfallmengen bzw. viele Nebenprodukte, können die örtlichen Behörden anhand der

---

66 Due Dilligence (Beteiligungsprüfung, Informationsoffenlegung): die sorgfältige, systematische und detaillierte Erhebung, Prüfung und Analyse von Daten eines Investitions-, Übernahme- oder Fusionskandidaten.

ZERI-Methodologie ermitteln, inwieweit die Outputs von anderen Betrieben zu verwerten sind. Die Herstellung von Palmöl liefert ein konkretes Beispiel. Wie in Kapitel 6 dargelegt, ist die Verarbeitung von Palmöl nicht die einzige Rentabilitätsquelle für die erst neu erschlossene Region von Kalimantan in Indonesien: Mindestens zehn verschiedene Industrien können um die Plantage herum angesiedelt werden.

DUE DILIGENCE ODER „GEBOTENE SORGFALT" NACH ZERI-KRITERIEN

Wenn Gebietskörperschaften bei ihrer Suche nach Investoren den ZERI-Ansatz zugrunde legen, können auch Investoren derselben Logik folgen, um mögliche Investitionsfelder auszumachen. Warum investiert jemand viel Geld in teure Aktien? Weil darin versteckte Werte liegen, die bislang noch niemand entdeckt hat. Vor einer Akquisition verlangt ein Investor stets einen Due-Diligence-Bericht. Dieser beinhaltet die finanziellen Ergebnisse, die technischen Aktiva, die steuerliche Situation und vermehrt auch Umweltauflagen. Will man expandieren, stellt der Due-Diligence-Bericht ein wesentliches Element im Entscheidungsprozess dar. Ohne diese Vorstudie gäbe es keine Firmenübernahmen, keine Kapitalgewinne und keine neuen Aktivitäten. Wenngleich Konzept und Durchführung dieser Berichte zweifellos sehr wichtig sind, spiegeln sie jedoch nur die gegenwärtige Lage wider. Sie erlauben es nicht, auf zukünftige Perspektiven eines Unternehmens zu schließen.

Das Zero-Emissions-Konzept, vom Autor als Schlüsselelement für die strategische Entwicklung von Unternehmen konzipiert, fordert, dass nichts mehr als Abfall betrachtet wird. Jeder Eintrag in den Produktionsprozess muss vollständig verwertet werden, was nicht verwertet werden kann, muss in andere Produktionsprozesse Eingang finden. Dieses Konzept, das auf der Systemtheorie basiert und durch eine konkrete Methodologie von Input-Output-Tabellen ergänzt und mithilfe eines Netzwerks aus Wissenschaftlern und Studenten unterstützt wird, hat bereits in vielen Wirtschaftszweigen Einzug gehalten. In Zukunft sollte es in Due-Diligence-Berichten eine Ergänzung geben: Due Diligence nach ZERI-Kriterien.

Wenn ein Investor sich in ein Unternehmen einkaufen möchte, ist er auf finanzielles Wachstum aus, das entweder durch Kombination bestehender Investitionen oder durch den Verkauf von Unternehmensteilen erreicht werden soll. Obwohl es zahlreiche Verfahren gibt, den Wert eines Unternehmens zu taxieren, beinhaltet keines von ihnen eine Due-Diligence-Prüfung des Rohstoffkreislaufs, durch die auf zukünftige Möglichkeiten geschlossen werden könnte. Jeder verarbeitende Betrieb, der nur Teile seiner Rohstoffe zu nutzen versteht, verfügt höchstwahrscheinlich über ein noch unbekanntes Wertschöpfungspotenzial. ZERI-Forscher haben in der ganzen Welt erfolgreich ihre auf Rohstoffkreisläufen basierende Due-Diligence-Methode umgesetzt. Hier sind einige Beispiele:

- Der Vorstand eines großen, an der Tokioter Börse notierten japanischen Zementherstellers, wollte die Leistungsfähigkeit seiner Zementplatten, einem stark nachgefragten Baumaterial, verbessern. Eine wissenschaftliche Untersuchung bestätigte, dass die Beimischung längerer Pflanzenfasern die Lebensdauer des Materials erhöht. Vor der Investition erfolgte eine Due-Diligence-Prüfung nach ZERI-Kriterien. Sie ergab, dass Bambus eine geeignete und günstige Rohstoffquelle für die Zwecke des Unternehmens sei. Auch für die Nebenprodukte konnten interessante neue Wertschöpfungsmöglichkeiten ausgemacht werden. So fand man heraus, dass sich der Bambussaft durch Fermentation in Alkohol umwandeln lässt, der einen Teil des Energiebedarfs der Zementfabrik decken könnte. Proteinreiche Rückstände aus dem Spülwasser könnten als Nährstoffe in Fischfarmen genutzt werden. Schließlich wurde ein Forschungsprogramm für alle Komponenten des Bambus, die einen hohen Mehrwert erzeugen, aufgelegt. Darüber hinaus zeigte sich, dass die Zementfabrik dank des in den Bambusfasern enthaltenen Kohlenstoffs ihre CO_2-Bilanz senken konnte.
- Der Verwaltungsrat einer an der Londoner Börse notierten malaiischen Palmölplantage beabsichtigte eine Ausweitung der Unternehmensaktivitäten in Indonesien. Vor der geplanten Investition wurde eine Due-Diligence-Prüfung nach ZERI-Kriterien unternommen. Es stellte sich heraus, dass Palmen nicht nur eine Quelle für Palmöl sind, sondern auch für große Mengen an Vitamin E, einem bis dahin vernachlässigten Nebenprodukt. Außerdem fanden die Forscher heraus, dass man mit Furfural über ein Nebenprodukt verfügt, welches in der Lebensmittel- und Farbindustrie eingesetzt wird und teurer ist als Palmöl.
- Einem schwedischen Gemüsesafthersteller und -großhändler sollte ein Übernahmeangebot unterbreitet werden. Auch hier wurde eine Prüfung

durch die ZERI-Forscher als notwendig erachtet. Die Investoren waren überrascht, als sie erfuhren, dass die Produktionsabfälle als Rohstoffe an die Pharma-, Kosmetik- und Lebensmittelindustrie verkauft werden können. Eine technologische Analyse zeigte, dass die Umsätze binnen eines Jahres zu verdoppeln wären, ohne dass dabei mehr Saft produziert werden müsste. So war es möglich, gleich auf mehreren neuen Märkten Fuß zu fassen – und das ohne umfangreiche Investitionen.

Die Due-Diligence-Prüfung nach ZERI-Kriterien ist ein konkretes Instrument. Sie erlaubt es, Möglichkeiten für finanzielles Wachstum auszumachen, und zwar durch die Zusammenlegung von Sektoren, deren Rohstoffkreisläufe verbunden werden können. Sie eröffnet Perspektiven für Wachstum, Profite und neue Arbeitsplätze. Gleichzeitig können die Umweltbilanzen landwirtschaftlicher und industrieller Aktivitäten ohne zusätzliche Kosten verbessert werden, da keine Abfälle, keine Emissionen mehr entstehen. Jetzt gilt es nur noch, dieses Win-Win-Modell bekannt zu machen.

UNTERNEHMENSZERSCHLAGUNG ODER BILDUNG VON AKTIVA?

Dank Due-Diligence-Prüfung nach ZERI-Kriterien können die Jäger versteckter Aktiva zu Initiatoren einer positiven Veränderung werden. Auf ihrer Suche nach Wertzuwachs müssen sie nicht länger Unternehmen in ihre Einzelteile zerlegen. Für sie wird es gewinnbringender sein, wenn Produktivität und Einkünfte durch die Verwertung von Abfällen vermehrt werden. Mit Unterstützung der Banken könnte Downsizing bald der Vergangenheit angehören. Die Zukunft liegt im Upsizing. Neues Investitionskapital bedeutet dann automatisch Mehrwert, nachhaltiges finanzielles Wachstum, Senkung von Umweltverschmutzung und Schaffung neuer Arbeitsplätze. Und wenn eine Firmenübernahme geplant ist, wird die Belegschaft dieser nicht mehr mit Misstrauen begegnen, sondern mit Enthusiasmus…

AUSBLICK

Die ZERI-Methode ist bereits an zahlreichen Orten in der Welt umgesetzt worden. Im Laufe der Zeit wird sie eine noch vielfältigere Anwendung finden. Ökologen sehen in ihr ein Instrument, mit dem die Umweltverschmutzung auf spektakuläre Art und Weise reduziert werden kann. Für Manager ist sie der

Schlüssel zur Steigerung der Konkurrenzfähigkeit. Für Investoren ist sie ein Mittel, um versteckte Potenziale aufzuspüren und dadurch beträchtliche Wertzuwächse zu erhalten. Regierungen wenden sie an, um im eigenen Land Motoren für wirtschaftliches Wachstum ausfindig zu machen, und mithilfe diverser Fördermaßnahmen in Gang zu setzen. Wissenschaftler sind der Methode gegenüber aufgeschlossen, da sie ein einzigartiges System zur Integration unterschiedlicher Disziplinen darstellt. So wird die ZERI-Methodologie uns dabei helfen, eine nachhaltige Zukunft aufzubauen. Wie wir gesehen haben, eröffnen Output-Input-Tabellen uns den Weg zu ungeahnten Innovationen. Nun stellt sich die Frage: Welchem Managementsystem sollen wir dabei den Vorzug geben?

10. Systeme für ein Immunity Management

Die Auswirkungen der Technik auf die Gesellschaft wurde schon auf vielen Ebenen diskutiert. Jedes neue Produktionssystem beeinflusst das Leben, die Gesellschaft und die Industrie – mal positiv, mal negativ. Neue Technologien riefen zum Teil gewaltigen Widerstand hervor und wurden manchenorts mit offenen Armen empfangen. Sie schufen Gewinner und gleichzeitig blieben Verlierer auf der Strecke. Ihre bahnbrechenden Errungenschaften werden stets mit starkem Interesse verfolgt. Die Einführung des Zero-Emissions-Konzepts auf Grundlage der generativen Wissenschaft und des Upsizing wird da keine Ausnahme bilden.

Im Laufe der Geschichte waren Technologien immer auch ein Element des gesellschaftlichen Wandels. Die Erfindung der Uhr und der Windmühle kennzeichneten die ersten Jahre des zweiten Jahrtausends. Die Erfindung des Buchdrucks war für die Renaissance genauso bedeutend wie der erste Mikrochip für die moderne technische Revolution. Zu Beginn des dritten Jahrtausends übt die Computer- und Telekommunikationstechnik den stärksten Einfluss auf die Gesellschaft aus. Computer, Zahlensysteme, schnurlose Telekommunikationssysteme und ihre Integration in intelligente Mikrosysteme haben eine starke Tiefenwirkung. Sie haben die Arbeitswelt und die Wettbewerbsfähigkeit der einzelnen Länder vollkommen verändert, regelrechte Wirtschaftskriege ausgelöst, umfangreiche Forschungsprogramme erleichtert und sogar die Art und Weise verändert, wie unsere Kinder heute spielen. Und auch hier sehen wir erst den Anfang! Der PC und das Internet haben uns in ganz neue Dimensionen gebracht.

Das innovative Forschungsprogramm von ZERI, das von der Universität der Vereinten Nationen ausging, erreicht heute die ganze Welt über ein Netzwerk von mehr als hundert Orten, an denen Projekte initiiert wurden. Dieses Netzwerk verbindet die Wissenschaftler miteinander und ermöglicht es ihnen, ihr Fachwissen auszutauschen und interdisziplinäre Lösungen zu entwerfen, um den Output des Produktionskreislaufs in neue Produkte mit Mehrwert zu verwandeln. Dieser Fortschritt wäre ohne Zugang zu leistungsstarken Rechnern und modernen Kommunikationssystemen nicht möglich. Genauso wie es mit der veralteten Telefonie-Technik Millionen von Menschen unmöglich war, in die ganze Welt zu telefonieren, so könnten heute virtuelle Labors, die Tausende von

Wissenschaftlern zusammenbringen, ohne Internet nicht derartige Spitzenergebnisse in der Forschung erzielen. Super-Laboratorien wie das CERN (die europäische Organisation für Kernforschung, das größte Teilchen-Physik-Labor der Welt) in der Schweiz oder die Oak Ridge Laboratories in den USA wären heute unbezahlbar. Die meisten Regierungen verfügen nicht über die finanziellen Mittel oder den Mut, sich auf riskante neue Ideen einzulassen.

Das Networking tausender Studenten und die daraus entstandene Arbeit von zehn dezentralisierten und autonomen Elitezentren hätte früher als unüberwindbare Hürde hinsichtlich ihrer Kommunikation und Koordinierung gegolten. Heute ist die Organisation von über 100 parallel laufenden elektronischer Konferenzen über eine Vielzahl hochspezialisierter Themen beinahe genauso einfach wie das Einschalten des Fernsehers, wenn man die Tagesschau sehen will. Wer muss heute noch die Gebrauchsanweisung lesen, um den Fernseher an- und auszuschalten? Wer braucht heute noch Hilfe, um über das Internet eine Videokonferenz abzuhalten? Schon sehr bald werden wir alle in der Lage sein, genau das zu tun.

INSPIRATION FÜR DIE ZUKUNFT

Hinsichtlich der Zukunft gibt es noch viele offene Fragen. Wohin führt uns die mikroelektronische Revolution? Welche Auswirkungen wird sie auf die Gesellschaft haben? Wie werden die (biologischen) Computernetzwerke des dritten Jahrtausends aussehen? Wie werden die neuen Computer- und Informationssysteme das Management beeinflussen? Was für eine Form des Managements wird entstehen? Wird es neue Industriezweige geben? Welche Regierungsform wird vorherrschen? Welche Bedeutung hat all das angesichts des Konzepts von Zero-Emissions und Upsizing?

Das folgende Kapitel wird nicht die endgültige Antwort auf all diese Fragen liefern. Es soll lediglich als Inspirationsquelle dienen. Welches Management- und Organisationsmodell ist am besten zur Nachahmung geeignet? Wir wissen bereits, dass Computernetzwerke zu einer grundlegenden Veränderung der in den Eliteuniversitäten Harvard und INSEAD unterrichteten Managementtechniken führen werden. Die heutigen bürokratischen Regierungssysteme, die noch vor der Computerära geschaffen wurden, werden sich an dieses neue Umfeld anpassen müssen. Beginnen wir also damit, die Zukunft der Informationsnetzwerke näher zu betrachten, und wir werden eine Inspirationsquelle finden, die uns verstehen hilft, wie das zukünftige Netzwerk aussehen wird.

Drei Begriffe werden dabei von Bedeutung sein: **Selbstbestimmung, Autonomie, Dezentralisierung.**

GEHIRNE UND GENE

Die medizinische Forschung kann als ideale Inspirationsquelle zur Ausrichtung der Überlegungen dienen. Ein Vergleich der Rolle des Gehirns und des zentralen Nervensystems mit der unserer Gene im Kontext des Immunsystems eröffnet neue Perspektiven für die Computer der Zukunft. Dieser Vergleich liefert darüber hinaus – und das ist vielleicht noch wichtiger – konkrete Ideen für einen im 21. Jahrhundert erfolgreichen Managementtyp und für die zur Umsetzung von Zero-Emissions und Upsizing nötigen Veränderungen. Wie wir gleich sehen werden handelt es sich um eine Revolution, die mit der Tragweite der Erfindung des Telefons und der Elektrizität vergleichbar ist. Sie wird ein absolut neues Paradigma in die Welt des Managements einführen.

ZENTRALISIERTES MANAGEMENT

Das so genannte Topmanagement steuert das Geschäftsleben eines Unternehmens. Jeder Konzern präsentiert ein Organigramm mit einem Vorstandsvorsitzenden und einem Generaldirektor an der Spitze, welche wiederum dem Aufsichtsrat gegenüber Rechenschaft ablegen. Vorstandsvorsitzender und Generaldirektor einer Firma entsprechen dabei dem Gehirn. Auf ihren Schultern lastet eine enorme Verantwortung. Eine lineare, vertikale und hierarchische Organisation strukturiert das Unternehmen. Dies erfordert große Firmenzentralen zum einen, sowie einen riesigen Personal- und Verwaltungsaufwand zum anderen, denn schließlich müssen die Informationsflut und die Entscheidungsprozesse überwacht werden.

Der Informationsaustausch eines zentralisierten Managements verläuft in zwei verschiedenen Richtungen: nach oben werden Berichte geliefert und nach unten werden Anweisungen erteilt. So liefern die Daten von unten die Grundlage der oben getroffenen Entscheidungen. Ohne Zweifel erinnerten die Ansätze der Human-Relations, des Quality Circle und des Empowerment das Management an die Bedeutung des Humanfaktors. Letzten Endes jedoch siegte der

Top-Down-Ansatz. In der Tat kamen das Downsizing (Gesundschrumpfung bzw. Effizienzsteigerung), die Orientierung auf das Kerngeschäft und das Reengineering (ein Konzept für die durchgreifende Änderung von Geschäftsprozessen) nicht von einfachen Arbeitern oder Angestellten.

Das zentralisierte Management ließ eine gewaltige Bürokratie entstehen, die sich auf eine Informationszentrale stützt – einen Supercomputer, der in der Lage ist, Millionen von Arbeitsvorgängen pro Sekunde durchzuführen. Man findet diese großen Zentralrechner vorzugsweise in beeindruckenden Firmensitzen und dort liegt auch die Quelle für die Weiterentwicklung der multimedialen Technik. Es findet sich genügend Kapital, um den Kauf multimedialer PCs zu ermöglichen. Das Zentralsystem entscheidet, wann und in welchem Format welche Information geliefert werden soll; es ermöglicht, die vielfältigen hierarchischen Ebenen zu durchqueren, Informationen in Form eines betrieblichen Berichtswesens (Reporting) direkt auszutauschen und die Arbeitsausführung zu kontrollieren. Es hat in der Vergangenheit seine Effizienz bewiesen und es wird auch in Zukunft weiter verwendet werden.

Die Frage sollte aber nicht lauten: „Funktioniert das System?" – wir wissen ja, dass es funktioniert. Wir sollten uns die vielmehr die Frage stellen: „Geht es noch besser?" Denn schließlich besagt die Grundregel der freien Marktwirtschaft nicht, es genauso gut zu machen wie die Konkurrenz, sondern dass sich der Erfolg einstellt, wenn man besser ist!

GROSSRECHNER UND GEHIRNE

Betrieb und Steuerung eines Großrechners lassen sich mit dem zentralen Nervensystem vergleichen. Das Gehirn und die Gehirnzellen sind die Zentrale eines tentakelartigen Netzwerkes von Informationssträngen – den Nerven –, die die Schaltzentrale mit Daten füttern. Informationen werden nach oben gereicht, Anweisungen nach unten gegeben. Dieses Verfahren ist schnell, intelligent und einzigartig. Das von der japanischen Regierung von 1980 bis 1989 finanzierte Projekt einer fünften Computergeneration zielte auf einen Nachbau des Gehirns und der menschlichen Körperfunktionen. Dieser Traum konnte nicht umgesetzt werden. Die Forschung kostete mehrere Milliarden Dollar, brachte aber kaum brauchbare Ergebnisse. Die japanische Computerindustrie zieht es vor, lieber über dieses Projekt zu schweigen. Das Projekt einer fünften Computergeneration verfehlte nicht nur sein Ziel, sondern, was noch schlimmer ist, es führte auch nicht zu der Erkenntnis, dass ein Computer das Leben nicht nachahmen kann.

Das Projekt übersah allerdings die Tatsache, dass nicht das Gehirn das leistungsfähigste System des menschlichen Körpers ist. Sollen sich Computer vom Besten, was der Körper zu bieten hat, inspirieren lassen, müssten sie das Immunsystem nachahmen. Gesetzt den Fall, die Firmenleitung muss schnell und effektiv auf Marktschwankungen reagieren und möchte dabei historische Fakten, aktuelle Herausforderungen, richtungsweisende Zukunftsentwicklungen und langfristige Perspektiven berücksichtigen, dann ist das menschliche Immunsystem das beste Modell.

Viele Funktionsweisen und Fähigkeiten des Gehirns liegen noch im Verborgenen. Wir wissen aber, dass das Gehirn an seine Grenzen stößt, insbesondere im Vergleich zum Immunsystem. Seine Speicherkapazität ist relativ gering und sein Datenverarbeitungssystem begrenzt. Das Gehirn eines Menschen kann sich nur an Teile seines eigenen Lebens erinnern; die über Generationen hinweg gesammelten Daten sind verloren. Wer weiß noch ganz genau, was er in seinen ersten zehn Lebensjahren gemacht hat? Und mit fortschreitendem Alter wird das Gedächtnis immer schwächer. Gleichwohl besitzt das Gehirn die Fähigkeit zu träumen und sich die Zukunft vorzustellen – eine Begabung, deren Ausmaße wir noch nicht vollständig erkannt haben.

DAS IMMUNSYSTEM

Das verteilte Gedächtnis – das mit genetischen Codes angefüllt im Netzwerk unserer Zellen vorhanden ist – liefert uns ein ungleichmäßiges Modell. Das Immunsystem kann auf jahrtausendealte Erfahrungswerte zurückgreifen. Der genetische Code der Zellen stellt einen unglaublichen Speicherplatz dar. Er ist autonom und zugleich höchst dezentralisiert. Jede Zelle besitzt eine Kopie dieser riesigen Datenmenge und ist in der Lage, jederzeit einen bestimmten Virus zu erkennen, selbst wenn diese Virusart seit zehn Generationen nicht mehr aufgetaucht ist. Sie vergleicht und verarbeitet Informationen über rund fünf Milliarden Mikroben, denen wir ausgesetzt sind und scannt die Millionen Mikroben, die mit jedem Atemzug in unseren Körper eindringen. Bestimmte Bakterien betrachtet sie als Eindringlinge und macht Jagd auf sie, andere wiederum sieht sie als Verbündete. Sobald ein Eindringling als schädlich erkannt ist, löst sie die Produktion und

Freisetzung von Antikörpern aus oder tötet die infizierte Zelle. Das Immunsystem ist intelligent, es kann eigene Entscheidungen treffen: je mehr Zellen eine potenzielle Gefahr erkennen, desto mehr Antikörper werden produziert.

Das Immunsystem agiert vorausschauend und antizipierend. Es lagert in den Zellen nicht nur eine riesige Informationsmenge, es liefert auch der folgenden Generation das nötige Know-how, um sich an verändernde Verhältnisse anzupassen. Es hat weitgehend zur Entwicklung unseres heutigen Aussehens und zu unserem „Betriebssystem" beigetragen. Da wir zum Beispiel keinen so guten Geruchssinn brauchen wie Hunde, ist unser Riechorgan relativ unterentwickelt. Weil wir aber andererseits geschickt mit unseren Händen umzugehen wissen, haben wir feine und sensible Finger ausgebildet. Gehirn und Geist verfügen über eine Vorstellungskraft, aber nur die Zellen können Veränderungen unseres Körpers bewirken. Um es in Abwandlung eines Zitats von Marshall McLuhan zu formulieren: die vom Gehirn erfundenen Werkzeuge sind stets Verlängerungen unserer Muskeln.

Das menschliche Gehirn hört ab einem Alter von 21 bis 25 Jahren auf, neue Zellen zu produzieren. Gleichzeitig ist das Immunsystem in der Lage, binnen Sekunden Tausende neuer Zellen zu generieren und sich selbst unaufhörlich zu erneuern. Es versucht allerdings nicht, jede einzelne Zelle am Leben zu erhalten: sein Überleben und seine Stärke basieren auf permanenter Selbstzerstörung und einem System ständiger Erneuerung. Wussten Sie, dass nach sechs bis acht Wochen regelmäßig die Gesamtheit Ihrer Zellen erneuert ist?

Das Immunsystem ist ein sich selbst organisierendes System und stellt zugleich das beste bekannte Beispiel für ein dezentralisiertes Management dar. Es ist die praktische Umsetzung des Axioms: „Je komplexer die Herausforderungen sind, desto dezentraler müssen die Entscheidungsstellen organisiert sein." Das Immunsystem trifft keine zentralen Entscheidungen und alle Macht liegt bei den Zellen. Es gibt keine autonome und dezentralisierte Organisation, die effektiver arbeitet.

Wenn wir uns am Mittelfinger der rechten Hand verletzen, dann stoppt das Immunsystem die Blutung, lässt die Wunde verheilen und die Haut nachwachsen, ohne dabei das Gehirn um Hilfe zu bitten. Die linke Hand muss noch nicht einmal wissen, was der rechten Hand passiert ist.

Aber deswegen sind die Zellen des Immunsystems noch lange nicht isoliert. Eine Reihe von Netzwerken verknüpft sie mit den endokrinen Hormondrüsen, die sozusagen die „Server" des menschlichen Körpers sind. Um den Körper gesund zu erhalten, koordiniert das Immunsystem seine Aktivitäten mit dem Hormonsystem über die Drüsen, die wichtige Botenstoffe wie Adrenalin oder andere Hormone absondern und inszeniert auf diese Weise eine dynamische und manchmal auch dissonante Harmonie mit der Leber, den Nieren und der Bauchspeicheldrüse. Diese Organe bestehen aus Milliarden von Zellen, die sich in interaktiven Netzwerken organisieren. Wenn wir nun ein innovatives, vom Immunsystem inspiriertes Computersystem entwickeln wollten, würden die Drüsen als Netzwerkserver fungieren, nach dem Vorbild der Schaltstellen einer dezentralisierten Organisation, wo jeder seinen eigenen Verantwortungsbereich hat.

Detaillierte Versuchsstudien haben erwiesen, dass der Stoffwechsel einer lebenden Zelle Ordnung und Aktivität in einer Weise miteinander verbindet, die von der mechanistischen Wissenschaft nicht beschrieben werden kann. Der Stoffwechsel umfasst Hunderte gleichzeitig stattfindende chemische Reaktionen, die die Nährstoffe der Zelle umwandeln, ihre Grundstrukturen synthetisieren und die Abfallstoffe ausscheiden. Das Immunsystem ist ständig im Einsatz und dabei komplex und bestens organisiert auf der Basis eines vernetzten Netzwerks.

MULTICASTING UND DATENTRANSFER

Um sich in vernetzten Netzwerken organisieren zu können, müssen die Zellen in Übereinstimmung mit dem Immunsystem arbeiten. Jede Zelle kennt ihren Zuständigkeitsbereich und scheint zu wissen, warum sie sich aus primitiven Embryozellen zu Muskelgewebe, Knochenmark oder Zehennägeln entwickelte. Die Zellen geben lebenswichtige Informationen weiter, erhalten Kopien aller Informationen und gewährleisten, dass das komplexe Netzwerksystem des menschlichen Körpers reibungslos funktionieren kann.

Das Immunsystem profitiert von zahlreichen Feedback-Schleifen, die ständig Informationen austauschen. Hier entscheidet niemand, ob und in welcher Form Informationen verteilt werden sollen. Das System weiß, dass es nur dann überleben kann, wenn die wichtigen Informationen geteilt werden und vergewissert sich, dass dies auch geschieht. Viel interessanter ist allerdings die Tatsache, dass die Zellen des Immunsystems ihre Meldungen in alle Richtungen versenden (an alle oder an bestimmte Teile des Netzwerks, wobei sie auch auf jede Nachricht antworten), während das Gehirn seine Signale nur auf einem einzigen Kanal sendet (von einer Zentrale an die Teile mit einem Empfangsgerät).

Wir können diesen Mechanismus des Immunsystems also mit dem Multicasting im Internet vergleichen, wo jeder gleichzeitig Bilder und Videos an mehrere Empfänger verschicken kann und von jedem Antworten erhält, während das Gehirn wie ein Fernsehsender arbeitet, wo nur eine Station eine Sendung an alle ausstrahlt. Das Hauptmerkmal eines autonomen, dezentralisierten Systems äußert sich in seiner Fähigkeit zu Multicasting bezüglich örtlich begrenzter Gruppen (wie den Zellen, die sich um den verletzten Finger kümmern) sowie jedes einzelnen Mitglieds des Netzwerks im Falle eines Großangriffs.

Das Immunsystem lässt ständig Milliarden von Nachrichten und Kopien von Nachrichten zwischen Milliarden von Sendern und Empfängern kursieren. Unsere heutigen binären Computersysteme könnten niemals die Datenflut des Internets bewältigen. Der Vorteil des Immunsystems besteht darin, dass seine Nachrichten nicht auf Texten basieren sondern auf Mustern. Diese auf Bildern oder Objekten basierenden Signale werden im Bruchteil einer Sekunde zugestellt, wodurch die Zellrezeptoren das Gesamtbild erfassen können. So können sie also entscheiden, ob und wie sie reagieren. Bei einer schematischen, visuellen Kommunikation muss man nur sehen, um zu verstehen. Die Daten beschreiben das Objekt und seine wechselseitige Beziehung zu anderen Objekten. So kommunizieren auch die Japaner und Chinesen: jedes Schriftzeichen erzählt eine Geschichte. Dieses System der Wiedererkennung kann sehr schnell die Produktion von Millionen Antikörpern im Immunsystem auslösen, die Produktion von weißen Blutkörperchen, Glucose oder Säuren beschleunigen und den Blutdruck senken, um so den Heilungsprozess zu erleichtern.

Ein auf Bildern basierendes Kommunikationssystem muss Informationen nicht in binäre Codes umwandeln. Das wäre zu langsam, ermüdend und unproduktiv. Wenn unsere Zellen mittels textlicher Informationen kommunizieren müssten, würde unser Körper geschwächt werden und schließlich den Geist aufgeben. Dies eröffnet uns also eine Perspektive für eine neue Computersprache, die es noch zu entwickeln gilt. Ich denke, dass sich in den nächsten 20 bis 50 Jahren ein neuer Standard behaupten wird, der auf Mustern und Bildern basiert und zwar komplexer, aber wesentlich schneller ist als unsere Computer mit ihren binären Codes, die dann wie Dinosaurier wirken werden.

STRATEGISCHE PLANUNG VON INFORMATIONSTECHNOLOGIEN

Die mit dem Entwurf künftiger Computer- und Telekommunikationsnetzwerke beauftragten Strategen müssen sich vom Immunsystem inspirieren lassen. Denkbar wäre dabei ein Computer, der nach Art einer Zelle funktioniert: selbsterhaltend, autark, autonom, dezentralisiert, intelligent und reaktionsfähig. Er wird winzig sein, aber über einen leistungsfähigen Speicherplatz verfügen. Er wird über die Jahre und Jahrzehnte Daten speichern, in einer verantwortungsbewussten und unabhängigen Art funktionieren und mit all den nötigen Tools ausgestattet sein, um Informationen zu empfangen, wieder zu finden und zu verbreiten. Er wird eigenständig kommunizieren, erkennen und urteilen. Er wird seine immateriellen Bestandteile vervielfältigen und mit Milliarden anderer Computer in einem Servernetzwerk kommunizieren. Und das alles in einem Bruchteil von Sekunden.

Spiegelversionen des Computers werden als Sicherheitskopien dienen, wenn ein Computer oder Server abstürzt oder von einem Virus befallen ist oder sich gar selbst zerstört, um die Unversehrtheit des Systems zu bewahren. Eine auf diesem neuen Konzept basierende Kommunikation wird die Durchbrüche im Bezug auf Geschwindigkeit und Leistung der Rechner erbringen, nach denen die Informatiker schon immer gesucht haben. Wir kehren dann vielleicht in die Zeit der Hieroglyphen zurück oder erfinden die asiatischen Schriftzeichen neu, die mit wenigen Pinselstrichen eine konkrete Situation beschreiben. Oder wir erhalten virtuelle Bilder, die durch Projektion auf einen dreidimensionalen Bildschirm wie echte Objekte oder lebende Personen wirken.

Für unsere Computeringenieure ist es an der Zeit, die Textprotokolle und Codes, die bewegte Bilder in Binärsprache umwandeln, durch Algorithmen mit Bildern zu ersetzen. Heute dauert das selbst für einen Superrechner noch lange. Das Ansammeln von Wissen und dessen Auswertung anhand eines Systems mit 26 Buchstaben und rund 50 Schriftzeichen mobilisiert nur einen winzigen Bruchteil der Gehirnkapazität. Muster und Bilder mit millionenfachen Farbkombinationen jedoch können bei ausreichend visuellem Datenmaterial schnell erfasst werden. Wie das Beispiel der Japaner und Chinesen verdeutlicht, kann unser Gehirn bis zu 20.000 verschiedene Schriftzeichen erlernen. Dies verleiht ihnen einen einzigartigen Blick fürs Detail und bietet ihnen die Möglichkeit, Dinge zu verstehen, die einem Abendländer verschlossen bleiben.

Die Zukunft liegt in interaktiven Datenbanken, die auf Bildern und Mustern basieren und die die Nachfolge der heutigen primitiven Datenbanken antreten werden. Die ersten Algorithmen sind bereits in der Entwurfphase. Wenn diese interaktiven Datenbanken erst einmal Realität geworden sind, dann können wir in ein Zeitalter der Super-Informatik eintreten, einer Ära, die jedem offen steht und nicht nur den Experten mit ihren Superrechnern. Der so beliebte Pentium-Chip kann diese Aufgabe nicht erfüllen. Auch die neue Generation leistungsstarker Chips von Intel, Motorola und AMD wird dieser Herausforderung nicht mehr gewachsen sein. Das soll keine Kritik sein, denn diese Chips wurden nicht im Hinblick auf die von uns beschworene Perspektive entworfen. Dafür ist ein grundlegender Fortschritt in der Konzeption von Mikroprozessoren, der Computersprache, der Datenkomprimierungssysteme, der Datenübertragung und der Netzwerke erforderlich.

Angesichts dessen wird man auch Netzwerke für Datenübertragung brauchen, die genauso flexibel und flüssig sind wie die Peptidketten, über die die Körperzellen direkt miteinander kommunizieren. Pioniere wie Dan Mapes in Kalifornien sehen für die Zukunft Computer und Kommunikationsstrukturen, die auf Impulse der Handfläche reagieren. Visionäre wie Kazuhiko Nishi, einer der allerersten Mitarbeiter von Microsoft, könnten aus dieser Struktur ein vermarktbares Produkt machen, so wie er es schon mit dem ersten Laptop gemacht hat.

DAS ENDE DER FIRMENZENTRALEN

Wenn das Management sich am Beispiel des Immunsystems orientiert, mit seinem dezentralen Aufbau und seinem komplexen Informationsaustausch, und dabei alle Beteiligten miteinbezieht, wird sich die Ära der Firmensitze ihrem Ende nähern. Wir werden immer mehr aus der Ferne kommunizieren, während wir jedoch gleichzeitig den persönlichen Kontakt zum Kunden verstärken. Diese Idee, die schon von Visionären wie Nicholas Negroponte oder Seymour Papert formuliert wurde, wird immer mehr zur Realität. Die Unternehmen bemühen sich heute, ihren Kunden absolute Qualität – Null-Fehler – zu bieten und müssen deshalb viel näher an den Markt heran. Dies kann aber nicht gelingen, wenn sie sich hinter den Mauern ihres Firmensitzes verschanzen. Zentralisierung vergrößert den Abstand zum Kunden. Wie schon McDonalds weiß, muss man immer möglichst nah am Verbraucher sein. Es gibt also für die Zukunft keine andere Wahl, als den Standort der Arbeit, die Struktur der Arbeit und den Kontakt zum Kunden neu zu erfinden.

Die Firmensitze könnten in Stätten der Begegnung umgewandelt werden, wo Manager dem Hightech auch den dringend notwendigen Human-Touch hinzufügen können. Die Angestellten wären autonomer, könnten sich selbst organisieren und würden mehr Verantwortung übernehmen. Die Interaktion mit dem Kunden würde dank einfacher Netzwerkcomputer häufiger und intensiver stattfinden, sogar von zu Hause oder aus dem Auto. Die hierarchische Struktur wäre beinahe vollständig aufgelöst. Regionale Subzentren würden sich um den kompletten administrativen Ablauf und das Backoffice kümmern. Derartige Organisationsformen beunruhigen ein Management, das sich an seine Macht klammert. Für Unternehmer jedoch, die auf den über das höchst dezentralisierte Internet zugänglichen Märkten Wohlstand schaffen, bedeutet es genau das Gegenteil.

„SOKRATES ONLINE"

Wenn dies das Szenario ist, das uns die Computer- und Kommunikationstechnologien der Zukunft anbietet und wenn es zugleich die nächste Herausforderung ist, vor die uns der Wettbewerbsmarkt stellt, welche Rolle bleibt dann den Führungskräften? Sie werden grundlegend andere Aufgabenbereiche übernehmen. Das Management von heute kommandiert und kontrolliert. Ihre Aufgabe ist es, die Richtung vorzugeben und die Produktionsmittel bereitzustellen. Ein künftiges Immunity Management wird der Kreativität einen größeren Stellenwert einräumen und wird Fragen stellen anstatt Antworten zu geben oder Genehmigungen zu erteilen. Da die Stärke eines Systems in seiner Fähigkeit beruht, auf Probleme zu reagieren, werden die ersten Herausforderungen aus dem Inneren des Systems selbst kommen. Sokrates, der vor 2000 Jahren das Denken revolutionierte, indem er seinen Schülern pausenlos Fragen stellte und sie so zur Erkenntnis führte, wird wieder eine Hauptrolle spielen. „Sokrates online" wird die Menschen wieder ermuntern, nachzudenken bevor man handelt, nach Alternativen zu suchen, sich für etwas zu begeistern, mehr Lebensqualität zu schaffen und auf die Bedürfnisse der Menschheit angemessen zu reagieren. Nichts ist anregender für den Geist, als wenn man ständig befragt wird. Wussten Sie übrigens, dass Sokrates weder lesen noch schreiben konnte?

Wie jeder weiß, der regelmäßig vor einem großen Publikum spricht, blüht Kreativität meistens dann auf, wenn das Publikum die unerwartetsten Fragen stellt. Außerdem, wie ein kluger Lehrer einst sagte, gibt es keine dummen Fragen, sondern nur dumme Antworten. Das zentralisierte Computersystem verleitete die Manager dazu, sich mit der Kontrolle der Ausführung ihrer Anweisungen zu begnügen, während ihre eigentliche Verantwortung doch darin liegen sollte, strategische Visionen zu entwerfen, ihre Mitarbeiter zu inspirieren und die Erwartungen der Kunden zu erfüllen.

Sokrates repräsentiert die Führungsfigur, die wir heute brauchen. Eine Führungspersönlichkeit ist nicht zwangsläufig eine Person, die auf jede Frage die passende Antwort parat hat. Ein echter Anführer ist jemand, der ohne Kenntnis der Streitfrage oder des Interessengleichgewichts die Parteien zu einem offenen Dialog ermuntert, damit daraus eine gemeinsame Vision und ein gemeinsamer Aktionsplan entstehen kann. Das soll natürlich nicht heißen, dass charismatische Visionäre keine Rolle mehr spielen. Das Leittier im Sinne eines Immunity Management jedoch spielt die Rolle eines Vermittlers, der Menschen dazu bringen kann, das Beste in sich zu finden (wie in der Werbung von Apple „The Power to be your best").

Die Revolution des Total Quality Management (TQM) in den siebziger und achtziger Jahren lehrte die Manager, dass, wenn man geeignete Ideen finden will, um die konkrete Situation an der Basis zu verbessern, man zuerst die Leute befragen muss, die ständig dort arbeiten. Dieselbe Philosophie gilt auch für ein umweltgerechtes und soziales Management. Die Unternehmensleiter haben diese Logik für den technischen Aspekt des Produktionsablaufs bereits akzeptiert. Sie müssen sich nun aber auf eine Übernahme dieses Prinzips in allen Ebenen des Unternehmens vorbereiten. Die Zeit, um auf neue Bedürfnisse und Anforderungen zu reagieren, wird kürzer. Man muss zukünftig in der Lage sein, jederzeit neue Trends, die sich auf dem Markt abzeichnen, zu antizipieren. Kaufleute werden speziellere Marktnischen anvisieren und die Produktionssysteme werden das Produktdesign direkt an die Wünsche der Verbraucher anpassen.

Dies alles lässt sich nur mit dem Einwirken zahlloser intelligenter und schneller Operatoren in einer ereignisgesteuerten Prozesskette realisieren, die über eine Vielzahl höchst reaktionsfähiger Feedback-Schleifen miteinander verbunden sind. Jedes Element des Systems wird dabei seine Intelligenz erkennen. Wie sehr sie auch im Einzelnen ausgeprägt ist, die Intelligenz wird überall präsent sein, und zwar vor allem dank der zunehmenden Vernetzung der Computer. Die freie Marktwirtschaft wird so zu ihrer Perfektion heranreifen, denn der freie Austausch von Waren kann sich nur durch den unbegrenzten Zugang aller zu allen Informationen weiterentwickeln. Die Demokratie wird dadurch gestärkt, denn der Markt ist eine der dafür nötigen Voraussetzungen. Jeder Fehler wird beseitigt werden müssen. Die Konkurrenz nutzt jede noch so kleine Lücke und wie wir ja wissen, kann David gegen Goliath gewinnen. Die besten Waffen im Kampf gegen die Unzulänglichkeiten des Marketings und der Produktion, sind die, die vom Immunsystem inspiriert wurden. Und dieses System wird noch stärker, wenn es ständig neu herausgefordert wird. Dabei ist es hilfreich, Fragen zu stellen – nur Antworten zu geben allerdings nicht.

Es ist an der Zeit, die Macht zu handeln und zu entscheiden nicht mehr ausschließlich den Ökonomen und Wirtschaftsingenieuren zu überlassen. Auch mit einem Master of Business Administration (MBA) sind sie letztendlich nur dazu ausgebildet, zu kontrollieren und zu entscheiden, wie im jeweiligen Kerngeschäft ein Maximum an Gewinn zu erwirtschaften ist. Wie wir gesehen haben, ist diese Theorie zweifellos auf dem Höhepunkt ihrer Popularität und wird vielerorts geradezu fanatisch angewendet. Um die Chancen zu nutzen, die es ermöglichen, die Bedürfnisse aller Menschen weltweit zu befriedigen, müssen wir diese Denkweise aufgeben und uns von einem dezentralisierten und vernetzten System inspirieren lassen, in dem Intelligenz allgegenwärtig ist und wo der Wunsch zu handeln den Erfolg bestimmt.

ZUSAMMENSCHLUSS VON INDUSTRIEN

Das Immunsystem bietet eine weitere Inspirationsquelle für eine industrielle Revolution: den Zusammenschluss und die Vernetzung von Netzwerken. ZERI zeigt uns, dass ein isoliertes Unternehmen nicht die Gesamtheit seiner Rohstoffe nutzen kann. Um 100 Prozent des Inputs zu verwerten, müssen Unternehmen in Gruppen oder in Netzwerken zusammenarbeiten. Eine lineare Produktionsstruktur, die nur auf ein einziges Produkt zielt, wird immer große Mengen

Ausschuss bzw. Abfall erzeugen. Während die Natur keinen Abfall kennt – was für eine Spezies nicht nützlich ist, ist nützlich für eine andere –, ist der Mensch das einzige Lebewesen, das Dinge herstellt, die niemandem nützen.

Die Industrie hat bereits mit der Praxis des Just-in-time Konzepte für Zusammenschlüsse und Vernetzungen vorgelegt. Die marktbeherrschenden Industriezweige forderten von ihren Zulieferern eine standortnahe Niederlassung, um auf diese Weise die Zwischenlagerung beträchtlich verringern zu können, in einigen Fällen sogar von drei Monaten auf nur dreißig Minuten. Die daraus resultierende Reduzierung des Kapitalbedarfs ermöglichte wiederum die Finanzierung wichtiger Anleihen. Es überrascht also nicht, dass sich das Konzept des Just-in-time bzw. der fertigungssynchronen Materialbereitstellung als wichtige Voraussetzung für das Überleben in einer wettbewerbsbetonten Weltwirtschaft aufdrängte. Wenn die Zinssätze 16 Prozent oder sogar 20 Prozent erreichen, braucht man nicht lange zu überlegen. Heute sind die Zinssätze niedrig, trotzdem lockern die Automobilhersteller nicht den Druck auf ihre Zulieferfirmen. Just-in-time ist auch Auslöser für die rund um das Automobil neu entstandene Transportindustrie. Die Automobilhersteller würden verschwinden, wenn sich nicht andere Unternehmen rund um ihre Standorte herum zusammenschlössen.

Dieselbe Logik des Clustering lässt sich für die vollständige Verwertung der Rohstoffe, die für den Herstellungsprozess nötig sind, anwenden. Wenn die einzige Möglichkeit zur Entsorgung der Platz raubenden Abfallmengen darin besteht, zusätzliche Ausgaben aufzuwenden und der Gesellschaft die Belastung durch Verbrennungsanlagen und Mülldeponien aufzubürden, ist ein neuer Denkansatz nötig. Die dezentralen Netzwerke, die installiert wurden, um mit dem Konzept des Just-in-time die Kapitalverschwendung zu stoppen, müssen auch zur Wiedergewinnung der Stoffe dienen, die sonst auf dem Abfall landen.

Durch das Verknüpfen vierzig verschiedener biochemischer Prozesse in einer Brauerei hat ZERI gezeigt, dass es durchaus möglich ist, die Fermentierungsprozesse in integrierte Biosysteme umzuwandeln, wo alles wiederverwertet wird – einschließlich des Kohlenoxids, der Wärme sowie der festen und flüssigen Abfälle. Die von der Brauindustrie auf den Fidschi-Inseln und in Namibia durchgeführten Forschungen und Versuche bestätigen, dass ein integriertes Biosystem bis zu sieben Mal mehr Nahrung, Energie und Dünger als herkömmliche

Brauereien erzeugen kann und dass ein solches System, ohne dabei die Umwelt zu verschmutzen, zusätzliche Arbeitsplätze schafft.

Die systemische Funktionsweise der Natur erweist sich als äußerst effizient: in der Fauna und Flora arbeiten Milliarden von Zellen harmonisch im Verbund, wobei jede einzelne etwas produziert oder von anderen erhält, im Rahmen ihrer Möglichkeiten recycelt und nur etwas abstößt, was andere wieder aufnehmen können. Das systemische Denken und die Vernetzung autonomer, sich gegenseitig ergänzender Operatoren oder „Systemadministratoren" ist lediglich eine Nachahmung der Natur. Die effizientesten Unternehmen der Zukunft werden auf dieselbe Weise arbeiten.

Durch die Optimierung ihrer Gewinne haben die industriellen Zusammenschlüsse gezeigt, dass eine solche Entwicklung möglich ist. Die Industrie muss begreifen, dass unser Rohstoffkreislauf nicht ewig in dieser verschwenderischen Art und Weise fortgeführt werden kann. Jedes Jahr wächst die Bevölkerung unseres Planeten um rund 80 Millionen Menschen, wir können von der Erde jedoch nicht erwarten, dass sie deshalb auch mehr produziert. Ganz im Gegenteil, wir müssen lernen, aus genauso viel mehr zu machen. Die Natur und die Zellen zeigen uns nur den Weg und die Industrie muss sich von der Vision des Immunity Management inspirieren lassen.

WIE MAN DIE MENSCHEN GLÜCKLICH MACHEN KANN

Die Manager und die Wirtschaftsstrategen haben die Entscheidungsgewalt über ihre Unternehmen, doch worüber entscheiden die Staatsorgane? Die Unzufriedenheit der Bevölkerung vieler Länder mit ihren etablierten politischen Parteien und klassischen Regierungen ist offensichtlich. So offensichtlich, dass die Bürgermeister der drei größten japanischen Städte die weit verbreitete Politikverdrossenheit ausnutzten und sich als unabhängige Kandidaten zur Wahl stellten. Dieses Phänomen beschränkt sich nicht nur auf Japan. Wenn die politischen Institutionen nach dem Vorbild des Immunsystems funktionieren würden, dann wären, von einigen Ausnahmen abgesehen, die Zentralregierungen überflüssig. Regionalverwaltungen sind die Hauptakteure bei der Wiederbelebung der Wirtschaft der jeweiligen Region, um den Bedürfnissen ihrer Bewohner gerecht zu werden. Und diejenigen Gemeinden, Städte und Regionen, die wie ein Netzwerk von Zellen funktionieren, werden dabei am leistungsfähigsten sein.

Es ist interessant festzustellen, dass in den letzten Jahrzehnten die Wirtschaft in Europa dort am erfolgreichsten war, wo auch die Regionalisierung am meisten gefördert wurde. In der Bundesrepublik Deutschland mit ihren 16 relativ unabhängigen Bundesländern hat Bayern die stärkste Wirtschaft. Die Separatistenbewegungen der Basken und Katalanen in Spanien ermöglichten eine Stärkung des Arbeitsmarkts, wodurch gleichzeitig die Aufmerksamkeit von den mittelmäßigen Leistungen der spanischen Gesamtwirtschaft abgelenkt wurde. Die hart erkämpfte wirtschaftliche Autonomie Kataloniens und des Baskenlandes ließ die beiden Regionen in die Liga der leistungsstärksten Wirtschaften Europas aufsteigen. Das Beispiel Europas zeigt also, dass die Regionalisierung Sinn macht, wenn die soziale und wirtschaftliche Entscheidungsgewalt auf eine Ebene übertragen wird, wo sie in Einklang mit der jeweiligen kulturellen Identität steht.

Wie könnten unsere zentralistischen Besteuerungs- und Verteilungssysteme des Wohlstands jemals den Bedürfnissen der Regionen und Gemeinden gerecht werden? Dieses System fördert lediglich Korruption, Lobbyismus von Interessensverbänden und Machtspiele. Auf lokaler Ebene ist alles transparent, auf Landesebene eher undurchsichtig. Wie kann eine Zentralregierung die politischen Entscheidungen für die Wirtschaftsentwicklung in so riesigen Ländern wie Indonesien oder Brasilien bestimmen, oder für Indien, wo 600 verschiedene Sprachen gesprochen werden? Eine zentralistische Wirtschaftsstruktur dient nur den Interessengruppen, die lieber Arbeitsplätze abbauen anstatt neue zu schaffen!

Nach Ende des Zweiten Weltkriegs haben viele Regierungen versucht, ihre Bürger vor Armut zu schützen und das war die Geburtsstunde des Wohlfahrtsstaats. Der Staat garantierte jedem Bürger ein Existenzminimum, das Recht auf Arbeit und bei Bedarf eine Gesundheitsversorgung. Charakteristisch für dieses System war, dass dem Staat die Verantwortung für den Sozialschutz anvertraut wurde. Weltweit wird es jedoch immer kostspieliger, allen Gesellschaftsschichten ein derartiges soziales Sicherheitssystem zu garantieren. Als Folge davon hat in vielen Ländern ein schrittweiser Abbau der Wohlstandsgesellschaft und ihres Sozialsystems begonnen. Anstatt nun detailliert zu erläutern, welche Möglichkeiten sich für den Staat durch ein Immunity Management ergeben würden, möchte ich lieber an das eigentliche Ziel einer Regierung erinnern, wie es bei Gabriel García Márquez in „Der Geruch der Guayave" beschrieben wird:

"Welche Regierungsform wünschen Sie sich für Ihr Land?"
"Irgendeine, Hauptsache, sie macht die armen Menschen glücklich. Stellen Sie sich das nur einmal vor!"

Wir wissen nur zu gut, dass es in der jüngeren Geschichte nur wenigen Regierungen – wenn überhaupt – gelungen ist, arme Menschen glücklich zu machen. Viele Regierungen stürzen ihre Bürger ganz im Gegenteil sogar eher ins Unglück – mit Korruption, übermäßigen Steuern, dem Fehlen jeglicher Ethik oder einem aufgeblähten Bürokratieapparat.

Ist es nicht an der Zeit, die Art und Weise zu überdenken, wie die Geschäftswelt und die Politik geführt werden muss, damit die Menschen am Ende doch glücklich sein können? Denn genau dafür ist das Immunsystem gemacht: es sorgt für einen gesunden Geist in einem gesunden Körper.

11. Erste Erfolge

Dieses Buch hat bisher Ideen und Konzepte vorgestellt, eine Methodik skizziert und sich auf Erfahrungsberichte bezogen. Eine solche Initiative kann aber in nur wenigen Jahren einen Rückgang des Interesses erleben, wenn sie keine konkreten Ergebnisse vorweist. Dieses Kapitel wird also von fünf Erfolgsgeschichten handeln. Es sind nicht die einzigen, denn so unterschiedliche Länder wie Japan, Indonesien oder Brasilien haben ebenso ihre ersten Schritte in diese Richtung gemacht. Die folgenden fünf Beispiele, in unterschiedlichen Reifestadien, demonstrieren die Vielfalt und Flexibilität des Konzepts und der Methodik.

LAS GAVIOTAS

Das 1966 von Paolo Lugari im ostkolumbianischen Vichada gegründete Umweltforschungszentrum „Las Gaviotas" betreibt einen der weltweit fortschrittlichsten Ansätze der Generativen Wissenschaft, des Upsizing und des Prinzips Zero-Emissions. Während Kolumbien mit einer der dramatischsten sozialen Krisen seiner Geschichte konfrontiert ist, ließen die politischen Führer die Entwicklung von Initiativen und Innovationen auf eine Weise zu, von der die Welt noch viel lernen kann. Ich habe mittlerweile mehr als 120 Länder bereist und viele Beispiele gesehen, wie innovatives Denken in die Tat umgesetzt werden kann. Nachdem ich Las Gaviotas nun schon mehr als zwanzig Mal besucht habe – das erste Mal war 1984 anlässlich einer Sitzung des Club of Rome – bin ich davon überzeugt, dass dieser Ort ein Paradebeispiel für eine nachhaltige Entwicklung ist. Seltsamerweise ist er so gut wie unbekannt.

Ursprünglich beschränkte sich der Ruf von Las Gaviotas auf die Entwicklung von erneuerbaren Energien wie die Nutzung von Wind zum Hochpumpen von Wasser und Solarenergie, um das Wasser zu erhitzen. Aber die Ingenieure des Forschungszentrums waren ebenso darauf aus, konkrete Lösungen zu finden, um das Schicksal der Armen zu verbessern. Die ambitionierteste Anwendung von Solarenergie zur Erzeugung warmen Wassers fand in Bogota und Medellin statt. Sie entstand aus einer gemeinsamen Initiative von Las Gaviotas, dem kolumbianischen Wissenschaftsministerium und der Zentralen Hypothekenbank Kolumbiens (BCHC). Sie nahm keinerlei technische oder finanzielle Hilfe aus dem Ausland in Anspruch. Der damalige Präsident der BCHC, Mario Calderon Rivera, erbrachte den Beweis, dass nicht nur Sozialwohnungen nach seinen

Vorstellungen den Armen zugute kommen, sondern auch erneuerbare Energien von der Regierung finanziert werden können. So finanzierte die BCHC z. B. in El Tunal und in El Salitre ehrgeizige Projekte zur Entwicklung des sozialen Wohnungsbaus, die sich an Familien mit geringem Einkommen richteten, oftmals Familien am Rande des Existenzminimums. Während Mario Calderon Riveras Schirmherrschaft über diese Programme ließ die Bank 40.000 Wohnungen bauen, die mit einer Solarheizung zur Erzeugung von warmem Wasser ausgerüstet waren. 25 Jahre später funktionieren diese Qualitätsanlagen noch immer mit der gleichen Effizienz. Können Sie sich vorstellen, dass Las Gaviotas den Bewohnern von Sozialwohnungen eine 25 Jahre währende Qualitätsgarantie bietet? So etwas hat es weder in Frankreich noch in Gabun jemals gegeben...

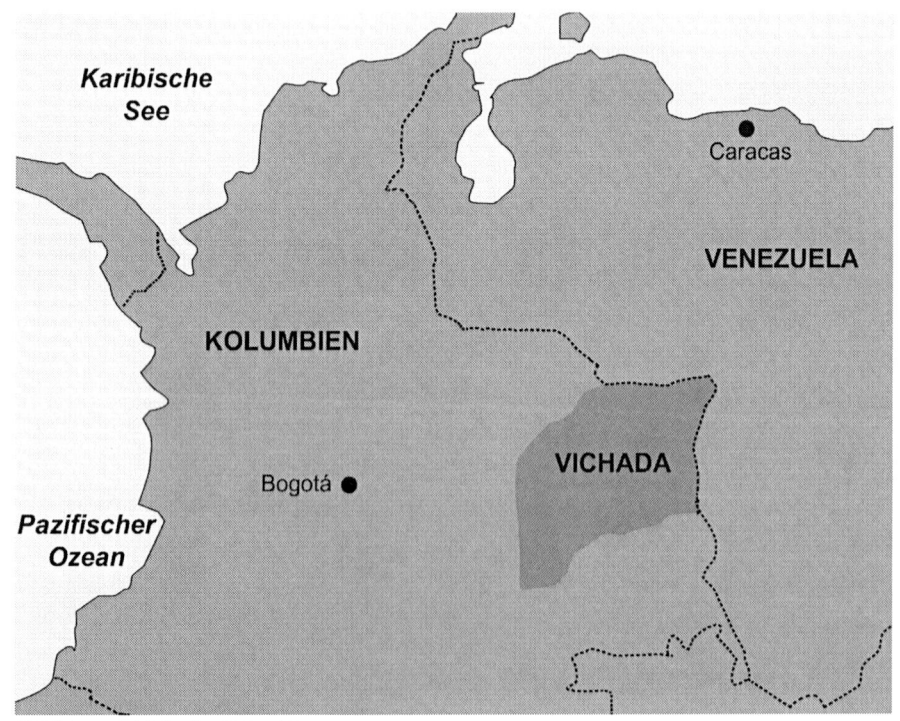

Abbildung 4: Vichada, Kolumbien

Im Laufe der Jahre hat sich Las Gaviotas in zahlreichen Projekten engagiert, um zu demonstrieren, dass erneuerbare Energien wirtschaftlich rentabel sind und zugleich meist die einzig mögliche Alternative für eine soziale und wirtschaftliche Entwicklung darstellen, sowohl in der Stadt wie auch auf dem Land. Paolo Lugari hat gezeigt, dass kolumbianisches Know-how Ausgangspunkt vieler Innovationen ist, dank des Erfindergeistes und der Kreativität einheimischer Techniker und Ingenieure. Die Einführung der Solarküche ist ein weiterer Faktor für die Entwicklung vor Ort. Sie funktioniert auf eine halbindustrielle Weise mit Öl, das aus Baumwollsamen gewonnen, und dann in Vakuumröhren erhitzt wird. Diese Solarküche ermöglicht es Köchen in Herbergen oder Krankenhäusern in entlegenen Regionen zweimal am Tag eine warme Mahlzeit zu kochen ohne dabei Holz, Kohle, Torf oder Benzin zu verwenden. Das stellt einen deutlichen Unterschied zu den sonst üblichen Praktiken dar. Die Ingenieure bei Las Gaviotas haben ebenfalls einen Prototyp für einen Solarkühlschrank entwickelt.

DAS AUTARKE KRANKENHAUS

Die Fähigkeit von Las Gaviotas, eine Vielzahl verschiedener Ziele im Zuge einer nachhaltigen Entwicklung zusammenzubringen, wird am Beispiel des autarken Krankenhauses von Vichada deutlich, einer isolierten ländlichen Gegend, eine Tagesfahrt bzw. zwei Flugstunden von Bogota entfernt. Das Team um Paolo Lugari hat eine Einrichtung entworfen und gebaut, die ihre eigene Energie erzeugt, ihr eigenes Wasser destilliert, die dort üblichen regionalen Speisen zubereitet, die Luftfeuchtigkeit in den OPs auf 17 Prozent senkt, eine natürliche Klimaanlage betreibt und eine spezielle Reha-Abteilung mit Hängematten bereitstellt für Ureinwohner, die sich in moderner Bettwäsche nicht wohl fühlen.

Das Konzept ist raffiniert, die verwendete Technik einfach. Die konkrete Umsetzung erfolgt mit niedrigeren Bau- und Betriebskosten als bei einem herkömmlichen Krankenhaus. Das Krankenhaus von Las Gaviotas errang durch seine außergewöhnliche Konzeption bald Aufmerksamkeit und wurde von einer japanischen Architekturzeitschrift als eines der zehn Wunder der Weltarchitektur ausgewählt. Die Solarmodule auf dem Dach des Krankenhauses ermöglichen die Destillierung und Demineralisierung von Wasser, ohne dabei nicht-erneuerbare Energiequellen zu nutzen. Die Familien der Ureinwohner bleiben im Krankenhaus in der Nähe ihrer kranken Angehörigen und erleichtern so deren Genesungsprozess. Sie bringen regionale Heilpflanzen mit und bevorzugen ihre eigenen traditionellen Speisen. Nach über 15-jährigem Betrieb (das Krankenhaus wurde 1993 eröffnet) kann sich Las Gaviotas dank des reichen Pflanzenwissens der Eingeborenen verschiedener Stämme heute eines einzigartigen botanischen Gartens rühmen.

FORTSCHRITTE IN GRÖSSEREM MASSSTAB

Paolo Lugaris Visionen reichen jedoch weit darüber hinaus. Seiner Meinung nach zeigen die Erfahrungen von Vichada, einer extrem benachteiligten Region Kolumbiens, dass eine nachhaltige Entwicklung nicht nur machbar, sondern auch das einzige Mittel für einen langfristigen Erfolg ist. Für Paolo Lugari beruht der Erfolg auf einem systematischen Ansatz und der Fähigkeit, Werte zu schaffen. Wie wir sehen werden sind das Zusammenwirken von Zielen, das Clustering von Industrien und die Wertschöpfung die wichtigsten Pfeiler dieses Erfolgs.

Tabelle 13: Strategie zur Bekämpfung der Armut

1.	Wiederaufforstung zum Klimaschutz
2.	Erhalt und Wiederherstellung der Biovielfalt
3.	Wertschöpfung
4.	Maximierung der Ressourcennutzung auf nachhaltige Weise
5.	Auf Qualität basierender Wettbewerb
6.	Innovation und Entwicklung angemessener Technologie
7.	Vollständige Nutzung aller Ressourcen: null Abfall bzw. Emissionen
8.	Schaffung von Arbeitsplätzen
9.	Erhalt der Kultur der Ureinwohner
10.	Versorgung mit gesundem Wasser als Präventivmaßnahme

Quelle: The ZERI Institute for Latin America

WIEDERAUFFORSTUNG UND KLIMAWANDEL

Früher gab es auf dem Gebiet von Vichada vorwiegend tropischen Regenwald. Ausgangspunkt für die nachfolgende Initiative war die Erkenntnis, dass Kolumbien jährlich 100.000 Hektar primären Urwalds abholzt. Ein Land, das heute immer noch zu den größten Sauerstoffproduzenten zählt, war dabei, mit rasender Geschwindigkeit seine Regenerationsfähigkeit zu zerstören! Las Gaviotas engagierte sich also für das größte jemals in Kolumbien gestartete Widerausforstungsprogramm. In Kolumbien werden nur 4,1 Millionen Hektar landwirtschaftlich genutzt. Vichada verfügt über 6,3 Millionen Hektar Steppengebiete, die wieder ihrer ursprünglichen Funktion als tropischer Regenwald zurückgegeben werden können. Die Fähigkeit des Bodens zur Bindung von CO_2 wieder herzustellen war jedoch nicht das einzige Ziel dieses massiven Wiederaufforstungsprogramms. Es reagierte ebenfalls auf die Notwendigkeit der Wiederherstellung der Artenvielfalt sowie auf den Bedarf nach neuen Arbeitsplätzen und den Schutz der Gesundheit von Kindern.

Das Anpflanzen von Bäumen in Vichada war eine große Herausforderung. Wir haben vergessen, dass die Anden aus einem Aufeinandertreffen tektonischer Platten entstanden sind. Die Entstehung dieses Gebirges zwang große Flüsse wie den Amazonas und den Orinoko, deren Wasser einst in den Pazifik floss, sich einen Weg in entgegengesetzter Richtung zum Atlantik zu bahnen. Diese geologische Umwälzung hat – zusammen mit Erdbeben, Vulkanausbrüchen und einer schleifenden Erosion – den Boden extrem sauer werden lassen, mit einem pH-Wert von 4. Zudem minimieren die extremen Sommer mit Temperaturen, die über mehrere Monate hinweg über 40° Celsius betragen können, ein trockener Boden sowie langanhaltende Trockenperioden ohne jeglichen Regenfall die Überlebenschancen junger Bäume. Ganz im Sinne einer eingeleiteten Studie entschied man, die Steppen mit einer heimischen Art, der karibischen Kiefer (Pinus Carribae), wiederaufzuforsten. Nach zwei Jahren stellte sich heraus, dass diese Kiefernart in Symbiose mit dem Mycorrhiza-Pilz bei den jüngeren Bäumen die für diese schwierigen klimatischen Bedingungen nötige Widerstandsfähigkeit hervorrief, und zwar dank ihres Schattens, der sie vor der tödlichen UV-Strahlung schützt.

Im Jahr 2000 hatte Las Gaviotas bereits rund 8.000 Hektar gepflanzt und es zeigten sich erstaunliche Ergebnisse. Die Kiefern schützten den Boden vor der sengenden Sonne und die ständig herabfallenden Nadeln bildeten die Grundlage für einen fruchtbaren Humusboden. So konnte der pH-Wert des Bodens von 4 auf 5 steigen, wodurch sich der Bodenuntergrund leichter regenerieren konnte und eine neue Vegetation entstand. Die Artenvielfalt wurde wiederhergestellt. Mit einer Überlebensquote der Bäume von 92 Prozent hat Las Gaviotas bewiesen, dass Wiederaufforstung selbst dann möglich ist, wenn die Wissenschaft anderer Auffassung ist. Als der Entschluss zur monokulturellen Wiederaufforstung mit der karibischen Kiefer bekannt wurde, haben viele diese Wahl verurteilt: „Das ist doch nicht ökologisch korrekt!" Die Natur hat diesen Leuten aber ein Schnippchen geschlagen! Dem jüngsten botanischen Bericht zufolge leben nunmehr rund 260 neue Spezies in diesem Mikroklima, das nirgendwo sonst in dieser Form vorkommt. Der Schutzschild gegen die Hitze, die neu entstandene Humusschicht und die fortschreitende Verbesserung des Säuregehalts des Bodens ließen eine Artenvielfalt wiederauferstehen, die aufgrund menschlicher Ignoranz bereits verkümmert war. Vögel und Bienen bringen Pollen und Samen aus bis zu 300 Kilometern weiter östlich gelegenen tropischen Regenwäldern mit, von dort, wo der Orinoko den Anfang des Amazonasregenwaldes markiert. Zusammen mit diesen neuen Pflanzenarten stellen sich auch Bakterien, Insekten, Vögel und Säugetiere ein. Die Ureinwohner der Llanos, einer Nachbarregion von Vichada, sind begeistert und beginnen, Heilpflanzen wieder zu entdecken, die bis vor kurzem noch als ausgestorben galten. Das Paradies ist zurückgekehrt. Las Gaviotas hat den Schlüssel zum Schutz und zur Förderung der Artenvielfalt gefunden.

ENTWICKLUNG SINNVOLLER TECHNOLOGIEN

Der Zeitraum in dem in Vichada die Kiefer angepflanzt werden kann dauert nicht länger als drei Monate im Jahr. Es musste also schnell gearbeitet werden. Las Gaviotas war gezwungen, sinnvolle Technologien zu konzipieren. Das importierte Material wurde den Bodenverhältnissen und der Geschwindigkeit, in der die Pflanzer vorankommen können, angepasst. Weil das Erdreich trocken und der Boden hart ist, hat man etwas größere Triebe gepflanzt. Heute schafft ein einziges Team bereits alle zwei Sekunden die Pflanzung eines Baumes, und das 24 Stunden am Tag und drei Monate im Jahr. So konnten 1.000 Hektar verloren geglaubtes Land wiederhergestellt werden. Hierbei handelt es sich wahrscheinlich um eines der schnellsten Aufforstungsprojekte der Welt.

WERTSCHÖPFUNG

Die Kiefer ist dem Säuregehalt des Bodens gegenüber resistent und nebenbei auch eine Einkommensquelle. Sie reift innerhalb von acht bis zehn Jahren und produziert in kurzer Zeit sieben Gramm des Baumharzes Kolophonium pro Tag. Kolophonium kann in industriell nutzbares Harz verwandelt werden. Das Endprodukt ist ein wichtiger Bestandteil von Naturfarben und von qualitativ hochwertigem Hochglanzpapier – Produkten mit stetig zunehmender Nachfrage. Kolumbien importiert heute jedes Jahr 4.000 Tonnen Kolophonium, vorwiegend aus Honduras, Venezuela, Mexiko und China. Gleichzeitig jedoch könnte Las Gaviotas den heimischen Markt mit der Verarbeitung des Harzes in der Umgebung von Vichada versorgen. Der Marktpreis variiert zwischen 400 und 600 Euro pro Tonne. Mit einer monatlichen Anfangsproduktion von 100 Tonnen nimmt Las Gaviotas die Herausforderung zur Schaffung von Mehrwert an, bleibt dabei aber immer im Rahmen der Marktwirtschaft und sorgt gleichzeitig für eine wechselwirksame Aufwertung der Wiederaufforstung, der Artenvielfalt und der technologischen Entwicklung.

Die Suche nach neu geschaffenen Werten ist der Antrieb für Innovation. Das Verpacken von Kolophonium war früher schwer und kompliziert. Die Arbeiter von Las Gaviotas, die zwar ein geringes Bildungsniveau haben, aber über eine hohe kollektive Intelligenz verfügen, haben sich eine Kiste ausgedacht, die aus drei von einer Vakuumschicht getrennten Lagen Karton besteht, in der sich heißes destilliertes Kolophonium leicht transportieren lässt. Diese innovative Verpackungsmethode reduziert den Aufwand zur Behandlung des Kolophoniums, vor allem die Notwendigkeit, es abzukühlen. Da das Fassungsvermögen 25 Kilogramm beträgt, kann das Paket auch mit Leichtigkeit von einer Person transportiert werden. Und darüber hinaus ist es auch noch recycelbar! Dank dieser Erfindung hat der Hersteller des Kartons Papel de Colombia (Papier Kolumbiens) den nationalen Preis für Innovation auf dem Gebiet der Industrieverpackungen bekommen. Das Team freut sich, dass seine Erfindung auch in anderen Sektoren Anwendung findet.

KONKURRENZ DURCH QUALITÄT

Die Wiederaufforstung hätte ohne eine Investition in die Kolophoniumproduktion nicht zu Ende gebracht werden können. Diese wurde mithilfe der Unterstützung japanischer Fonds für Internationale Zusammenarbeit in Höhe von 2 Millionen Dollar getätigt und kam durch die Vermittlung der Bank für Interamerikanische Entwicklung zustande. Ein kolumbianisches Ingenieursteam hatte die bestehenden Produktionsmittel untersucht. Nach der Errichtung der Umwandlungsanlage konnte man eine rapide Verbesserung des Produktionsprozesses beobachten. Heute ist sie die sauberste Naturharzfabrik, die außerdem den Markt mit dem qualitativ hochwertigsten Kolophonium beliefert. Die Qualität ist das Resultat gründlich durchdachter Schritte und der Einbindung der Angestellten in den Arbeitsprozess: Las Gaviotas verfügt über sehr motivierte Arbeitskräfte.

VON EINER SAUBEREN PRODUKTION ZU ZERO-EMISSIONS

Das Ziel des Produktionsprozesses ist Zero-Emissions. So werden die Polyethylensäcke, die bei der Ernte von Kolophonium zum Einsatz kommen, als Schläuche und Plastikfolien in der Landwirtschaft wiederverwendet. Einmal im Monat werden alle Abfälle gesammelt und zur Weiterverarbeitung nach Bogota geschickt. Die Plastiksäcke werden eingesammelt und getrocknet, um das Kolophonium zu verwerten, das an ihnen hängen blieb – ansonsten würde sich daraus ein für den Boden giftiger Abfall bilden. Die Zurückgewinnung der Abfallmengen auf ein Jahr hochgerechnet entspricht einer Tagesproduktion. Der Abfall wird als Bestandteil für das wichtigste örtliche Baumaterial, den Trockenziegel, genutzt, weil er wasserresistent ist und vor Ort produziert wird.

SCHAFFUNG VON ARBEITSPLÄTZEN

Die durch die Kolophoniumumwandlung und die Instandhaltung der Geräte geschaffenen Arbeitsplätze ermöglichten im Jahr 2005 die Anstellung von 200 Vollzeitarbeitskräften. Die heutigen Erlöse reichen aus, um ihre Gehälter zu zahlen sowie ihre Kost und Logis. Ohne derartige Initiativen hätte die Region niemals so viele Arbeitsplätze schaffen können. Las Gaviotas ernährt heute mehr als 2.000 Familien.

UNTERSTÜTZUNG DER INDIGENEN BEVÖLKERUNG

Las Gaviotas reagiert auf eine weitere Herausforderung: die Unterstützung und Förderung der lokalen Kultur. Las Gaviotas beschäftigt überwiegend Ureinwohner und praktiziert eine positive Diskriminierung, indem sie ihnen mehr zahlt als den Weißen. Von Montagmorgen bis Freitagnachmittag arbeiten die Arbeiter auf den Kiefernplantagen und kehren am Wochenende in ihre Dörfer zurück, die sie innerhalb von drei Stunden mit dem Fahrrad erreichen können. Die Eingeborenen sprechen neben Spanisch noch mehrere andere Sprachen. Las Gaviotas leistet einen Beitrag zur Verringerung der Armut, weil es den Ureinwohnern die Möglichkeit gibt, ihre Kultur zu bewahren und einer bezahlten Beschäftigung nachzugehen.

WASSER UND GESUNDHEIT

Die Auswirkung des jungen Waldes geht über die Wiederherstellung der Flora und Fauna hinaus. Er spielt auch eine wichtige Rolle als Wasserfilter. Darüber hinaus verändert die neue Baumdecke der Savanne die Dynamik des Klimas, denn, – wie in einer Dokumentation des japanischen Fernsehsenders Fuji zu sehen war – sobald Wolken über die gepflanzten Bäumen hinweg ziehen, beginnt es zu regnen! Und da der Schatten der Bäume die Bodentemperatur unter die des Regenwassers absinken lässt, ist der Boden gut drainiert.

Las Gaviotas hat recht bald von der hervorragenden Qualität des Grundwassers aus dem Wald profitiert: es ist reich an Nährstoffen und wird von Bakterien entgiftet. Die meisten der im Krankenhaus erbrachten Pflegeleistungen stehen in

Verbindung mit Magen-Darm-Krankheiten. Die Hauptursache für die Kindersterblichkeit in der Region ist die schlechte Wasserqualität, die Diarrhoe, Cholera, Typhus, Hepatitis und Ruhr verursacht und die Ausbreitung von Salmonellen und Kolibakterien fördert. Da 70 Prozent der Gesundheitsprobleme Vichadas direkt auf das Wasser zurückzuführen sind, bietet der Wald durch das Abfüllen des qualitativen Oberflächenwassers die Chance zu einer wirtschaftlichen Entwicklung bei gleichzeitig geringen Kosten. Eine Flasche mit 0,5 Liter Wasser von Las Gaviotas kostet den Verbraucher nur 500 Pesos, also das Fünftel des Preises von Wasser aus Bogota, bei dem allein schon der Transport unerschwinglich ist. Es ist ein beständiges Anliegen von Las Gaviotas, die Verfügbarkeit von Trinkwasser zu garantieren und eine präventive Gesundheitspolitik durchzuführen.

NEUE EINKOMMENSQUELLEN

Las Gaviotas leitete ein sehr leistungsfähiges ländliches Krankenhaus bis die Zentralverwaltung in Bogota und die Legislative eines den ländlichen Bedürfnissen gegenüber unsensiblen Parlaments seine Schließung anordneten. Das Parlament verabschiedete ein Gesetz, das vorsah, dass Krankenhäuser mit einem bestimmten Mindestniveau an Technik ausgestattet sein müssen und dass die Ärzteteams ein bestimmtes Spektrum an Spezialgebieten anbieten müssen. In einem urbanen Umfeld würde dies sicherlich Sinn machen. Im Hinterland aber ist es besonders schwer, einen Mediziner dazu zu motivieren, seine Karriere in abgelegenen Gegenden mit der Behandlung vorwiegend indigener Patienten zu verbringen. Das Gesetz schrieb außerdem vor, dass jedes Krankenhaus an ein Versicherungssystem mit mindestens 10.000 Mitgliedern angeschlossen sein muss. Die Gesetzgeber missachteten dabei die Tatsache, dass die Provinz Vichada mit einer Größe, die den Beneluxländern entspricht, nur 26.000 Einwohner hat und dort ein Krankenhaus auf Basis eines solchen staatlichen Krankenversicherungssystems niemals finanzierbar ist.

Paolo Lugari und sein Team ließen sich aber nicht entmutigen. Die Herstellung von sauberem Wasser fordert optimale sanitäre Bedingungen und die verordnete Schließung des Krankenhauses ließ eine außergewöhnliche Einrichtung leer stehen. Heute bietet das Gebäude einen der besten Beiträge zu Vichadas Gesundheitssystem: die örtliche Produktion von hochwertigem Wasser zu niedrigen Kosten. Man hofft, dass diese „Präventivmedizin" ihren Beitrag zur Erfüllung der ursprünglichen Ziele des Landkrankenhauses leisten wird und dass es eines

Tages wiedereröffnet wird, vorausgesetzt, dass die Entscheidungsträger sich eines Besseren besinnen und die Realitäten der ländlichen Regionen berücksichtigen. In Gegenden wie Vichada mit einer endemischen Armut und einer mangelhaften Gesundheitsversorgung machen die vereinheitlichten Standards einer wachsenden Metropole wenig Sinn.

Die Wasserflaschen von Las Gaviotas wurden zu einem Symbol für Kreativität. Da die landesweite Vorschrift Glas- oder Wasserflaschen verlangt und Las Gaviotas wiederum nicht über zertifizierte Recyclingsysteme verfügt, gab man den Flaschen die Form von Legosteinen. Die gebrauchten Flaschen von Las Gaviotas werden so zu Spielzeug für die Armen oder möglicherweise auch zu Baumaterial, da sie sich wie Legosteine zusammenstecken lassen. Die Technische Universität in Turin, Partner des Erziehungsprogramms von ZERI, hat das Design verbessert und dem „Legostein" damit eine längere Halbwertzeit verliehen. Ein Einweggebrauch der Plastikflaschen stellte in der Tat eine übertriebene Verschwendung dar, was sich die Reichen zwar leisten können, nicht aber die Bewohner einer armen Region.

Mit einer Fördermenge von täglich 10 Kubikmeter pro Hektar wurde der Erfolg des durch den Wald wiedergewonnenen Trinkwassers zu einem bedeutenden Geschäft, das so überhaupt nicht in den Plänen zur Wiederaufforstung vorkam. In der von Humberto Maturana und Francisco Varela entwickelten Systemtheorie wird so etwas „Autopoiesis" genannt, ein Prozess der Selbsterschaffung und -erhaltung eines Systems. Das System findet seinen eigenen Weg.

Wenn Sie sich nun entscheiden würden, 25 Jahre lang täglich eine Wasserflasche von Las Gaviotas zu trinken, finanzierten Sie damit die Rückwandlung von 9 Hektar Savanne in tropischen Regenwald! Welche Wunderkraft, oder vielmehr, wie viel Fruchtbarkeit Ihre Kaufkraft doch besitzt! Mit jedem Euro, den Sie für eine Flasche Évian ausgeben, machen Sie die Aktionäre von Nestlé reicher, wenn Sie aber reines Wasser aus einer Region mit keinerlei Industrie und Landwirtschaft in einem Umkreis von 500 Kilometern trinken, dann nehmen Sie die Zukunft unseres Planeten in die Hand.

Das erscheint wie ein Traum, aber lassen Sie uns doch die Rechnung aufstellen. Die Kosten für Herstellung und Verschiffung entsprechen einem Verkaufspreis von 1 € pro Flasche bei Direktverkauf ohne Zwischenhändler über das Internet. Das macht 365 € pro Jahr und 9.150 € in 25 Jahren. Mit einer Investition von 1.000 € pro Hektar haben Sie damit etwas vollbracht, was angesichts einer einfachen Wasserflasche unmöglich erscheint, angesichts der möglichen Auswirkungen des täglichen Kaufs von einem Liter Wasser von Las Gaviotas aber offensichtlich wird.

Das ist nur der Anfang, denn das System ist noch ausbaufähig. Dank der vom Wasserverkauf stammenden Finanzierung wird Las Gaviotas 1.100 Bäume pro Hektar pflanzen. Nach 6 bis 10 Jahren müssen mindestens 500 Bäume gefällt werden, damit der Wald sich auf natürliche Weise regenerieren kann. Dieses Vorgehen liefert 25 Tonnen Holz pro Hektar, also 225 Tonnen bei 9 Hektar. In Ihrem ganzen Leben werden Sie nicht eine solche Menge an Papier, Möbel und Parkett verbrauchen. Stellen Sie sich also nur vor, dass Sie mit dem Kauf einer einzigen Flasche Wasser pro Tag die für einen lebenslangen Papierverbrauch nötige Produktion in Gang setzen ... und dabei gleichzeitig einen tropischen Regenwald wiederaufforsten! Hier wird deutlich, dass das Genie natürlicher Systeme bei weitem alles übertrifft, was die Professoren der großen Managerschmieden lehren.

Und all das nimmt kein Ende ... Wenn Las Gaviotas inmitten von Tausenden von Kiefern 100 Palmen zur Gewinnung von pflanzlichem Öl anpflanzte, würden Sie obendrein noch Biodiesel erzeugen. Die aus 300 verschiedenen Palmenarten Amazoniens ausgewählten 100 Palmen würden nach 3 Jahren auf 9 Hektar 4.500 Liter pflanzlichen Treibstoff produzieren, was Ihnen ermöglichte, mit einem Fiat Panda, einem Clio oder einem Polo 90.000 km im Jahr zu fahren. Und da ein Baum nicht mehr CO_2 erzeugt, als er über seinen Stoffkreislauf aufnimmt, hätte Ihr Auto drei Jahre lang keinerlei Auswirkungen auf das Klima. Das „System" kümmert sich darum! All das ist möglich mit Hilfe Ihrer Entscheidung, täglich einen Liter Wasser von Las Gaviotas zu trinken, zum gleichen Preis wie dem von Évian, Badoit oder Perrier...

Und wenn Sie sich einmal mit den Transportkosten und den CO_2-Emissionen beschäftigen, die beim Transport von Trinkwasser aus Amazonien nach Europa entstünden, dann wissen Sie, dass jeder neu gepflanzte Hektar jährlich 18 Tonnen CO_2 auffängt sobald der Wald herangereift ist. Das würde nicht nur den Ausstoß von CO_2 durch den Transport auf dem Seeweg decken, sondern auch den Ihres Urlaubsfliegers und Ihrer Heizung. Und wenn Sie ohnehin schon ein Auto mit Biodiesel fahren und zusätzlich täglich eine Flasche Wasser trinken, die aus einem komplexen System mit einer Vielfalt an Vorteilen entstammt, dann demonstrieren Sie Verantwortungsgefühl sowohl für Ihre eigene Zukunft als auch für die unseres Planeten. Dieser tägliche Verbrauch schafft pro vier Hektar Nutzfläche einen permanenten Arbeitsplatz. Es wird Sie sicher nicht überraschen, dass es in der Region von Las Gaviotas keine Konflikte mit der Guerilla, keine Entführungen, keine Geiselnahmen und keine bekannten Menschenrechtsverletzungen gibt. Wenn das System Wasser, Nahrung, Energie, Gesundheitsversorgung und Arbeitsplätze liefert, dann gibt es keinen Grund, Krieg zu führen oder in den Untergrund zu gehen.

HARMONIE

Kolumbien ist ein Land auf der Suche nach Harmonie. Die oft mit den Aktivitäten der Drogenkartelle in Verbindung stehende Gewalt manifestiert sich auf beängstigende Weise und Korruption herrscht überall. Wenn man aber kolumbianische Musik hört oder örtliche Tanzveranstaltungen besucht, wird klar, dass die Kolumbianer einen Sinn für Harmonie haben. Mit ihrer Kultur, ihrer Musik, ihren Tänze und ihren Lieder beweisen die Arbeiter von Vichada ihr Gemeinschaftsgefühl. Es sind solche Initiativen am Rande wie die von Las Gaviotas, die es Kolumbien ermöglichen werden, die Krise zu überwinden. In Bogota wäre das nicht denkbar. Von Las Gaviotas lernen wir aber, dass das Überleben des Stärkeren nicht das Ziel sein kann, sondern dass nur Zusammenarbeit und Teamgeist es möglich machen, aus dem Teufelskreis der Armut auszubrechen.

Paolo Lugari hat die größte Wandmalerei der Gegend finanziert. Sie stellt die Geschichte von Las Gaviotas dar sowie die Träume, die noch verwirklicht werden sollen. Es gibt nur wenige Orte in der Welt, wo es gelang, das Konzept des Upsizing so gut umzusetzen wie in Las Gaviotas und dabei zugleich Arbeitsplätze, Krankenpflege, soziale Entwicklung, wirtschaftlichen Aufschwung, technologische Innovationen und Trinkwasserversorgung zu sichern. Die vielleicht beste Synthese dieses globalen Paradigmas findet sich in einem Satz auf der Wandmalerei: „Der Mensch ist nur dann reif, wenn er weiß, wie er seine Träume verwirklicht." Oder aber mit den Worten von Gabriel Garcia Marquez, der anlässlich einer Rede in Bogota Paolo Lugari einen „Welterfinder" nannte.

Tabelle 14: Das Potenzial von Las Gaviotas' Wiederaufforstung

Kosten für die Wiederaufforstung	1000 Dollar pro Hektar
CO_2-Senke pro Hektar	6 Tonnen im Jahr
Zur Verfügung stehende Fläche	6 Millionen Hektar
Totale CO_2-Senke	36 Millionen Tonnen im Jahr
Geschätztes Beschäftigungspotential	120 000 Jobs, die eine Million Menschen ernähren
Investitionskosten	6 Milliarden Dollar

Quelle: The ZERI Institute for Latin America

DIE 10 GEBOTE ZUR EINDÄMMUNG DER ARMUT

1. Du sollst wiederaufforsten, um den Klimawandel einzuschränken oder zu stoppen!
2. Du sollst die Artenvielfalt bewahren und wiederherstellen!
3. Du sollst Wertschöpfung erzielen!
4. Du sollst die nachhaltige Nutzung der Ressourcen maximieren!
5. Du sollst durch Qualität konkurrenzfähig sein!
6. Du sollst neue sinnvolle Technologien entwickeln!
7. Du sollst die Gesamtheit der Ressourcen nutzen und weder Abfälle noch Umweltverschmutzung verursachen!
8. Du sollst Arbeitsplätze schaffen!
9. Du sollst die indigenen Kulturen schützen!
10. Du sollst für reines und bekömmliches Wasser sorgen!

DIE SCHULE VON MONTFORT BOYS TOWN AUF DEN FIDSCHI-INSELN

Im Jahr 1996 reiste der 72-jährige Umweltschützer Professor George Chan zu einem Treffen auf der größten der Fidschi-Inseln, einem der abgelegensten Länder der Welt im Südpazifik, elf Flugstunden und fünf Zeitzonen westlich von Peru und drei Flugstunden und zwei Zeitzonen östlich von Australien. Es ging um die Initiierung eines außergewöhnlichen Experiments.

George Chan ist ein Anhänger von integrierten Ökofarmen[67]. Deren Grundsatz ist die Nutzung von Abfällen in der Landwirtschaft, sei es als Düngemittel oder als Energiequelle, und zwar in einem ununterbrochenen Kreislauf, der weder Abfälle

---

67 Integrated Bio-Systems (IBS), dt: Integriertes Biosystem

noch Umweltverschmutzung verursacht. Das Projekt von George Chan schien fast zu schön um wahr zu sein, aber aus den Abfällen einer kurz zuvor in der Hauptstadt Suva gegründeten Brauerei entstanden fünf neue, absolut umweltverträgliche Betriebe. Was ursprünglich umweltschädlicher Abfall war, verwandelte sich in frische Pilze, Schweinefleisch, Fische, Gemüse und Treibstoff für Stromgeneratoren. Der Ort des Treffens war identisch mit dem Ort des Experiments, nämlich eine Schule für gesellschaftlich benachteiligte Jungen mit dem Namen Montfort Boys Town, die von den Ordensbrüdern von Saint-Gabriel gegründet wurde und die nach ihrem Gründer Montfort – oder Louis-Marie Grignon, wie er mit richtigem Namen hieß – benannt wurde. Die Schüler dieser Schule züchteten bereits Fische in einem Becken, um damit einen wirtschaftlichen Beitrag für die Einrichtung zu leisten. Chan wurde von zwei Lehrern der Schule und von S.T. Chang, einem Professor der Chinesischen Universität Hongkong und Pilzexperte, begleitet. Professor Chang brachte die Gruppe zusammen in der Hoffnung, dieses Experiment könne viele positive Effekte bewirken.

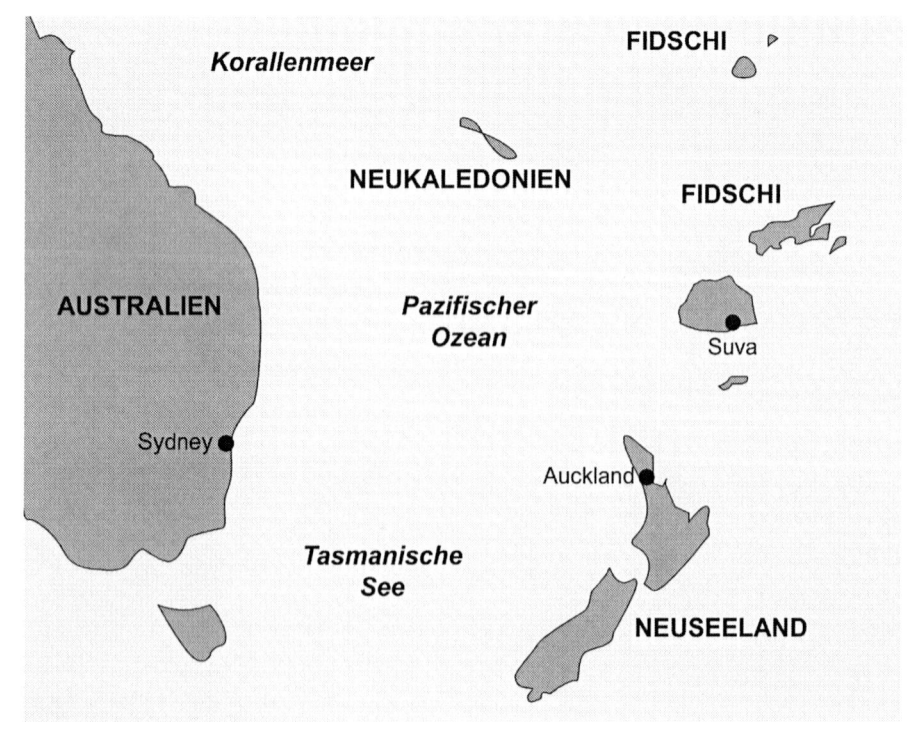

Abbildung 5: Suva, Fidschi

Die Fidschi-Inseln wurden aus mehreren Gründen ausgewählt. Zunächst handelt es sich um ein armes Land: eine auf der Basis von agrar-industriellen Abfällen betriebene integrierte Farm könnte eine effiziente und nachhaltige Landwirtschaft fördern ohne dabei die Probleme zu schaffen, die in vielen Ländern als Begleiterscheinungen einer im großen Maßstab betriebenen intensiven Landwirtschaft auftreten (hohe Umweltverschmutzung, Anfälligkeit von Monokulturen für Epidemien, Verlust von Arbeitsplätzen durch Automatisierung, starke Exportabhängigkeit). Die Fidschi-Inseln waren bereits mit der Fischzucht vertraut: ein wichtiges Argument für Chang, denn so wäre die neue Tätigkeit nicht vollkommen fremdartig. Vor allem aber sahen sich die Fidschi-Inseln mit einer Zeitbombe konfrontiert: die wichtigste Industrie, die Zuckergewinnung, war ernsthaft bedroht, wenn Europa aufhörte, zu subventionierten Preisen zu kaufen. Die Fidschi-Inseln waren also gezwungen, der Bedrohung, die auf ihrem Export lastete, entgegenzuwirken.

Die Schule von Montfort Boys Town wurde wegen ihrer für das Experiment günstigen Umgebung ausgewählt. Zunächst verfügte sie über den nötigen Platz. Dann haben die meisten Schüler von Montfort nur wenig Einkommen (viele sind Waisen) und die Schule setzt vor allem auf handwerkliche Fächer. Zu guter Letzt waren viele von ihnen bereits mit den traditionellen Fischzuchtmethoden vertraut. So konnte die Schule als Gegenleistung für eine Investition, die einen anhaltenden Nahrungsüberschuss bot, die nötige Arbeitskraft zur Verfügung stellen. Das Experiment schuf eine Verknüpfung von Schulerziehung und dem nationalen Bedarf nach einer produktiveren und umweltverträglicheren Wirtschaft.

BIER UND PILZE

Das Experiment wurde in der Schule durchgeführt. Professor Chan konzipierte das Projekt mit Unterstützung von Wissenschaftlern aus der ganzen Welt, stützte sich aber vorwiegend auf seine eigene 40-jährige Feldforschung auf diesem Gebiet. Ein Element, auf das Chan besonders stolz ist, ist eine Hütte mit rotem Strohdach – eine traditionelle Bauweise auf den Fidschi-Inseln, die einst auf der Insel weit verbreitet war, bevor Stahl und mit Asbest verstärkte Gipsplatten zu gängigen Baustoffen wurden. Diese Hütte besteht aus nur einem einzigen Raum. Dach und Wände sind mit Stroh bedeckt. Die Montfort-Schüler haben sie mit einer jahrhundertealten Technik gebaut. Sie haben Mangrovenzweige geschnitten, die in der Umgebung reichlich vorkommen und Schilf für das Dach geerntet. Wäre die Hütte zum Wohnen bestimmt gewesen, hätte darin eine Familie mit fünf oder sechs Personen auf Matratzen auf dem Boden schlafen können. Anstelle einer Familie beherbergt die Hütte jedoch Regalreihen, auf denen Pilze in Plastikzylindern gedeihen.

Die Zylinder sind mit Biertreber gefüllt, einem feuchten Brei aus Getreiderückständen, reich an biochemisch gebundenen Kohlehydraten, die von Tieren nicht gut verdaut werden können. Diese Abfälle wurden getrocknet und dann mit Reisstroh, Staub oder Papierfetzen vermischt. Mit Hilfe eines Enzyms, das sie produzieren, zerstören die Pilze die Getreidemoleküle, um daraus die Nahrung für ihr Wachstum zu gewinnen. Dabei hinterlassen sie ein für Hühner, Schweine und andere Tiere essbares Restprodukt. Professor Chang begab sich zwei Mal nach Montfort, um unter Berücksichtigung der Anforderungen von Pilzkulturen die örtlichen geographischen und klimatischen Bedingungen zu bewerten. Er wählte drei Arten geeigneter Pilze aus: Shiitake (Lentinus edudus), einen der teuersten Pilze der Welt, den Austerpilz (Pleurotus sajur-caju), der in den Tropen leicht wächst und den Dunkelstreifigen Scheidling (Volvariella volvacea), der in Vietnam verbreitet ist. Jede dieser Arten kann sich in dem feuchten Klima, das bei der Inselhauptstadt Suva vorherrscht, entfalten. Die Pilze wurden vom Koronovia-Labor des fidschianischen Landwirtschaftsministeriums auf die Eigenarten ihrer Kultur untersucht. Eine einheimische Art wäre wünschenswerter gewesen, aber die Sporenbanken konnten so schnell keine zur Verfügung stellen.

Der von der Brauerei bereitgestellte Biertreber ist natürlich umsonst: wenn die Schule ihn nicht nutzte, würde die Brauerei ihn an Viehzüchter abgeben, die nur den Transport zahlen. Obwohl der Biertreber ein Viertel seines Gewichts an Proteinen liefert, hat er nur wenig kommerzielle Absatzmöglichkeit. Chan und Chang vertreten die Meinung, dass es nur zwei konkrete Wege gibt, dem Getreide das Protein zu entziehen: entweder gibt man es Würmern als Futter oder man züchtet damit Pilze. Es wurde beschlossen, in Montfort beide Optionen auszuprobieren. Die Pilze sind in der Produktionskette allerdings weiter oben angesiedelt, denn sie sie haben einen höheren Marktwert.

Die Pilze ernähren sich durch Umwandlung von Lignocellulose in Kohlehydrate, was das Lignin abspaltet. In einer herkömmlichen Pilzfarm ist das Restprodukt des Herstellungsprozesses zumeist verloren. Es wird auf Felder gestreut, wo es die Ernte düngen, aber auch abtöten kann. In Montfort wiederum müssen die Jungen es nur ein paar Meter weiter in einen Holzverschlag tragen, in dem Hühner und Schweine gehalten werden. Der Abfall aus der Pilzproduktion ist für die Tiere ebenso nahrhaft wie unschädlich. Es stellt ein ausgezeichnetes Futtermittel dar, vorausgesetzt man gewöhnt die Tiere frühzeitig daran. So essen die Schüler von Montfort also dank ihrer integrierten Viehzucht jeden Tag verschiedene Fleischsorten wie Schwein oder Lamm, aber auch Fisch – all das, was sich keiner von ihnen außerhalb der Schule leisten könnte.

Zweimal am Tag werden die Tierexkremente mit einem Wasserstrahl in einen Behälter aus Zement und Metall geleert. Dort produzieren anaerobe Bakterien Methangas. Letzteres wird als Brennstoff verwendet, um das Pilzsubstrat unter Dampf zu sterilisieren. Der Digester erzeugt pro Tag eine Brennstoffmenge von rund drei Gallonen, eine nicht unerhebliche Menge für die Schule und die Fidschi-Inseln. Ohne diesen Biokonverter würde das Gas in die Atmosphäre abgegeben und sein wirtschaftlicher Wert wäre verloren. Das angewandte System ist zugleich raffiniert und rentabel.

Währenddessen wird die feste Materie, die am Ende aus dem Konverter herauskommt, quasi in Nährstoffe umgewandelt: Stickstoff, Phosphor und Kalium, die zur Algenzucht dienen. Die Arbeit ist nun zu 60 Prozent vollendet. Dank der Schwerkraft durchläuft der Dung drei Algenbecken, in denen Bakterien, Plankton, Benthon, Makrophyten, Halophyten und andere Mikroorganismen alles fressen, was von tierischen Exkrementen übrig bleibt und dabei noch 30 Prozent zusätzliche Mineralstoffe hinzufügen. Die Algen werden regelmäßig geerntet zum einen als Nahrungsergänzung für die Schweine, zum anderen als hochwertiger Dünger für das Gemüse und das Obst, das auf den Deichen neben den Becken angebaut wird. Was aus dem dritten und letzten Becken kommt und dann in das große Fischbecken gegeben wird, ist schließlich perfektes Fischfutter. George Chan hat diese Vorgehensweise in Vietnam und China angewandt und bestätigt, dass 100 Prozent des Futters, das die verschiedenen Fischarten benötigen, aus dem Biokonverter kommen können. Das große Fischbecken ist ein eigenes Biotop mit sieben Fischarten und Krabben.

Obwohl es ein Werk des Menschen ist, ahmt dieses Ökosystem die Natur nach und braucht keine bedeutenden Eingriffe wie den Zusatz von Antibiotika oder

Hormonen, der in herkömmlichen Aufzuchtbetrieben üblich ist. Montfort muss nicht einmal Nahrungsergänzung kaufen, einer der Hauptposten im Budget von handelsüblichen Zuchten. Auf den Fidschi-Inseln bedeutet das 200 bis 300 € Ausgaben auf 1.000 € Einnahmen. Die Energie zum Abpumpen von Wasser und die Antibiotika gegen Krankheiten sind zwei weitere erhebliche Budgetposten in konventionellen Zuchten. Außerdem werden alle jungen Fische zur Produktivitätssteigerung mit Hormonen behandelt, damit sie Männchen werden (Weibchen legen Eier und ihr Gewicht ist niedriger). In Montfort braucht man aber weder Pumpen noch Elektrizität für das Becken, das die Schwerkraft nutzt. Chan lehnt auch Antibiotika kategorisch ab, weil die Technologien des integrierten Biosystems Krankheiten ohnehin fernhalten. Und da sich die Population des Beckens nicht nur auf eine Fischart beschränkt, ist diese nicht anfällig für den Ausbruch von Tierseuchen.

Ein Teil der Fische, zweifelsohne der mit dem geringsten Marktwert, landet auf den Tellern der Schüler. Der Rest wird verkauft. Der Überschuss an neuen Nährstoffen auf der Wasseroberfläche ernährt wiederum hydroponische Kulturen. Blumen, Maniok und beliebte Gemüsesorten werden ebenso am Beckenrand angebaut, so dass ihre Wurzeln die im Wasser vorkommenden überschüssigen Nährstoffe auffangen. Ein Großteil der Pflanzen wird exportiert. Sie sorgen für ein fünftes Tätigkeitsfeld und verschaffen der Schule eine zusätzliche Einnahmequelle. Das leistungsfähige System des Professor Chan lässt alle fünf Organismenreiche arbeiten: Bakterien, Algen, Pilze, Pflanzen und Tiere.

Sind Sie sich des Unterschieds zu einer künstlichen Fischzucht bewusst, die auf Hormone, Antibiotika und andere Konzentrate industrieller Abfälle setzt – so genannte fortschrittliche Technologien – und auf genmanipulierte Fische? Welches System würden Sie bevorzugen? Welches ist leistungsfähiger, ergiebiger, geschmackvoller und bereitet mehr Freude?

Obwohl ein Pilotprojekt, unterliegt die Farm von Montfort doch in gleicher Weise seriöser wissenschaftlicher Kontrolle. Parallel zu den Fischbecken läuft eine Vergleichsstudie. Nur wenige Meter vom ökologischen System Professor Chans getrennt unterhält Montfort sechs ganz herkömmliche Fischbecken, die schon seit geraumer Zeit zur Nahrungsbeschaffung und als Einkommensquelle dienen. In jedes dieser Becken fallen die Abfälle eines direkt oberhalb befindlichen Hühnerstalls und diese Abfälle werden dann von den Fischen und anderen Beckenbewohnern gefressen. Ihr System beinhaltet allerdings weder einen Biokonverter noch Algenkulturen oder Pilze. Die Leistungsfähigkeit der Systeme wird permanent analysiert und Kosten und Nutzen werden über einen längeren Zeitraum verglichen, um die tatsächlichen Vorteile der ökologischen Methode im Verhältnis zu anderen Methoden abwägen zu können.

Diese effiziente Nutzung der Ressourcen, die übrigens schon seit Jahrhunderten bekannt ist, war früher wesentlich mehr verbreitet als heute. In China und Südostasien wird Fischen seit Jahrtausenden organischer Abfall zum Fressen gegeben. Die Azteken-Kulturen des 15. Jahrhunderts hatten in ihren Städten Kanalnetze gebaut, die Aufzuchtbecken speisten, in denen Fische mit Abfällen gefüttert wurden. Die heutigen Bemühungen zielen sowohl auf die Wiederentdeckung vergessener Techniken als auch auf die Nutzung biologischer und ökologischer Fortschritte, die aus ihnen hervorgingen, und passen sie an die moderne Wirtschaft an. Der bedeutendste Beitrag des Zero-Emissions-Konzepts ist die Verknüpfung von traditionellem Know-how unserer Vorfahren mit dem Potenzial der Wertschöpfung, die sich aus Abfällen ergibt.

Das Projekt von Montfort Boys Town wird anderen systemisch ansetzenden Pojekten in so unterschiedlichen Ländern wie Lettland, Brasilien und Kolumbien eine Plattform bieten.

DIE FIDSCHI-INSELN UND ZUCKER

Welche Folgen hat das Pilotprojekt von Montfort für die Wirtschaft der Fidschi-Inseln? Kann ein solches Experiment in kleinem Maßstab Lösungen für die Probleme liefern, mit denen die Insel inmitten der Weltwirtschaft konfrontiert ist?

Das Fundament der fidschianischen Landwirtschaft ist der Zucker, der rund ein Drittel der Exporterlöse des Landes ausmacht. 20 Prozent des Bodens wird auf diese Weise vom Zuckerrohranbau genutzt und die Ernte, die ein Viertel des heimischen Arbeitsmarkts mobilisiert, wird zu 98 Prozent exportiert. Die Hälfte davon geht nach Großbritannien, die ehemalige Kolonialmacht der Fidschi-Inseln, der überwiegende Rest in die Europäische Union, und zwar zu Vorzugspreisen, die im Abkommen von Lomé festgelegt wurden. Diese reichen

Abnehmer zahlen bis zum zweifachen Wert des Weltmarktpreises. Ohne diese Vorzugspreise könnten die Fidschi-Inseln nicht mit großen Ländern wie Indonesien oder Brasilien konkurrieren, die dank ihrer riesigen Wirtschaftssysteme in der Lage sind, Zucker zu niedrigeren Kosten zu produzieren.

Heute stellt sich allerdings heraus, dass sich diese Vorzugsabkommen unter dem Druck der Welthandelsorganisation WTO ihrem Ende nähern, da die WTO die Zerschlagung aller Vorzugspreise verfolgt. Der Freihandel kann die fidschianische Zuckerindustrie zwar nicht in seiner Gesamtheit zerstören, die Exporte werden aber zurückgehen sobald ein günstigerer Zucker auf ausländischen Märkten auftaucht. Auf den Fidschi-Inseln wie auch in anderen armen Ländern kann der Wegfall einer exportorientierten Industrie die gesamte nationale Wirtschaft ruinieren. Die Karibikinseln erwartet bei ihrer Bananenproduktion ein ähnliches Schicksal. Es müssen also Alternativen gefunden werden.

Viele Fidschianer wünschen sich eine Diversifizierung der Wirtschaft und mehr Unabhängigkeit von einem risikoreichen Erwerbszweig. Einige setzen auf den Tourismus, der sich zwar sicherlich entwickelt, von dessen Erlösen aber nicht alle Fidschianer profitieren. Die in erster Linie im Landwirtschaftssektor tätige Bevölkerung kann nicht einfach im Hotelgewerbe oder beim Sporttauchen angestellt werden, wo gut ausgebildetes Personal verlangt wird. Es wäre vorteilhafter, den Zuckerrohr durch ein breiteres Spektrum landwirtschaftlicher Produkte zu ersetzen.

Im Rahmen eines Workshops des Entwicklungsprogramms der Vereinten Nationen (UNDP) entwickelte George Chan Szenarien anhand der Daten aus den ersten drei Betriebsjahren der integrierten Farm von Montfort. Das investierte Kapital von 6.000 € stammte aus einer Spende von japanischen Unternehmern. Chan betonte, dass Schweine nicht viel Platz brauchen und dass die in Montfort errichtete Infrastruktur 120 Tiere unterbringen könne, die der Schule einen jährlichen Erlös von 25.000 € einbrächten. Zwei Fischzuchtbecken bringen zusätzliche Einnahmen von 8.000 €. Das Methangas wird den Marktschwankungen und Produktionskosten entsprechend für rund 4.000 € verkauft. Zusammen mit den 6.000 € aus der Pilzproduktion und den 1.000 €, die aus den schwimmenden hydroponischen Gärten hervorgehen, verfügen die Schüler und ihre Lehrer über einen Jahresumsatz von 40.000 €. Von dieser Zahl müssen 10.000 € abgezogen werden für Transportkosten, für den Kauf von Schweinen, Containern zur

Methangaskonvertierung, Futterzusätzen und schließlich für Abschreibungen. Es verbleibt also ein Nettogewinn von 30.000 € (die Bank von Hawaii schätzt das jährliche Pro-Kopf-Einkommen der Fidschi-Inseln auf 2.000 €).

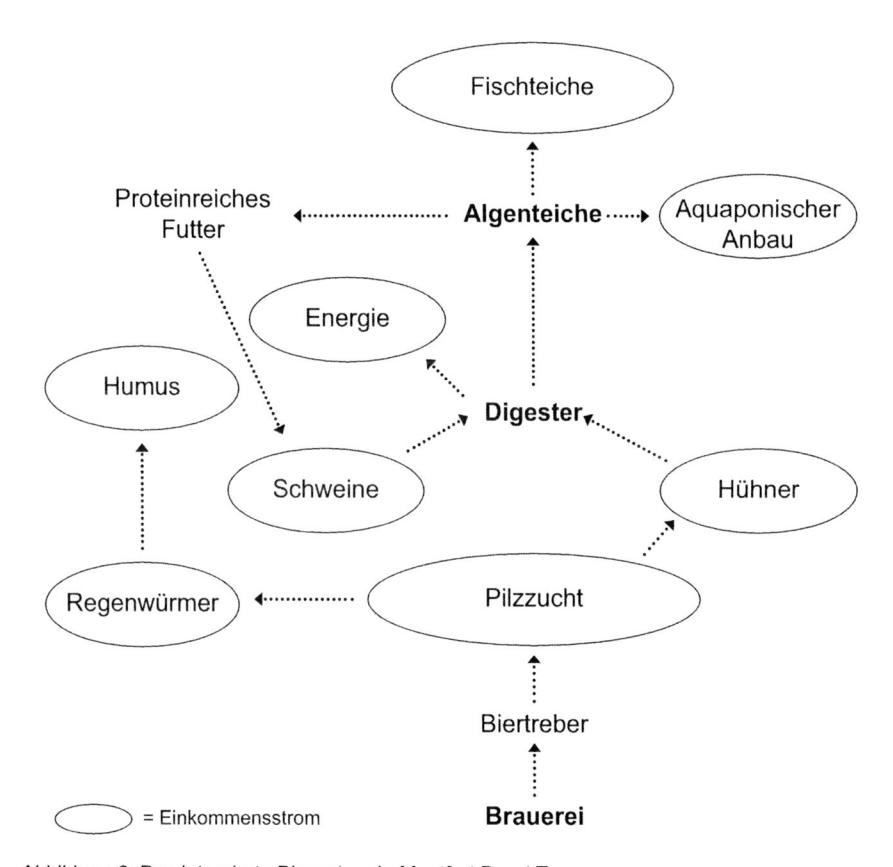

Abbildung 6: Das integrierte Biosystem in Montfort Boys' Town

Wenn George Chan Recht behält, wird der Ertrag der Schule auf einen Wert anwachsen, der einem Jahresgehalt von 15 Fidschianern entspricht. Das Wasser der Korallenriffe um die Fidschi-Inseln wird etwas sauberer werden. Die Schüler und die Nachbargemeinde werden eine reichhaltigere Ernährung bekommen, die auf nachhaltige Weise produziert wird. Da Erfolg immer mehr Erfolg erzeugt, laufen auf den Inseln bereits andere davon inspirierte Projekte. Und nicht nur dort, sondern auch in vielen anderen entlegenen Gegenden der Welt. Wir sehen also, dass Kreativität und Innovation zunächst in der Peripherie der Weltwirtschaft entstehen.

BUSINESS IM NAMIBISCHEN TSUMEB

Die „Brauerei der Zukunft" in Tsumeb in Namibia ist die erste kommerzielle Umsetzung des Konzepts von Zero-Emissions. Sie dient eigentlich als Fabrik für Proteine zur Fischzucht. Sie unterhält auch eine Anlage zur Pilzproduktion und stellt für die Stadt eine bedeutende Energieversorgungsquelle dar. Namibia Breweries Ltd übernahm das Zero-Emissions-Konzept für die neue Brauerei, nachdem das Pilotprojekt auf den Fidschi-Inseln gezeigt hat, dass dieser Ansatz zum Fermentationsprozess in tropischen Ländern passt. Um den dafür nötigen Platz zu schaffen, begann der Konzern, die Brauerei aus dem Industriegebiet von Tsumeb in eine 13 km entfernte Farm auszulagern. Der Bau der Brauerei wurde im März 1996 fertig gestellt und die Produktion begann im Mai desselben Jahres. Ziel war die Verarbeitung der gesamten Abwassermenge und ein Beitrag zur Energieversorgung. Nach eingehenden Studien und der Befragung zahlreicher Wissenschaftler bezüglich der besten Nutzung fester organischer Abfälle verwendet die Brauerei nun ein von Professor George Chan konzipiertes System, der auch dessen Aufbau beaufsichtige.

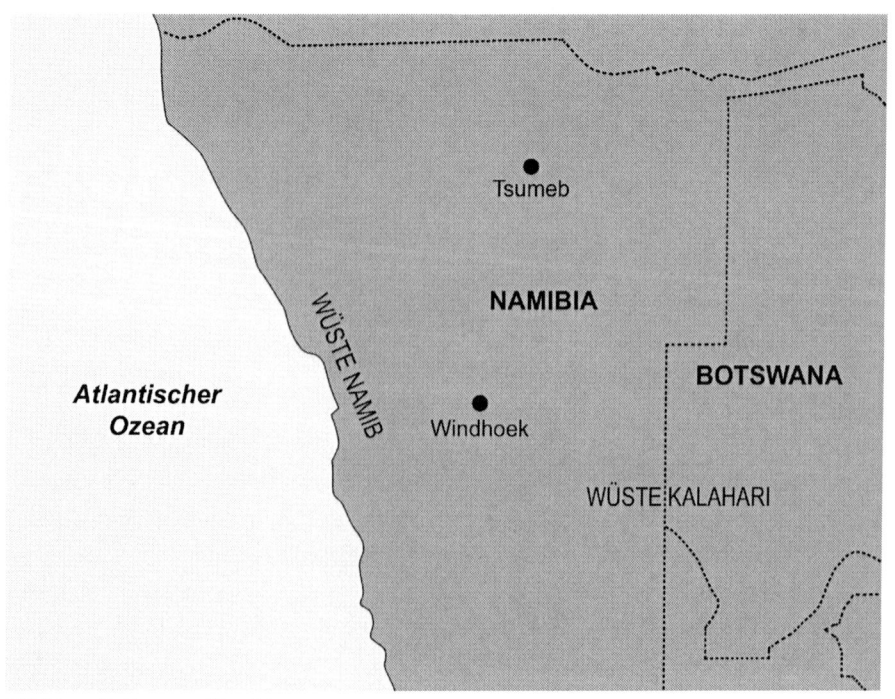

Abbildung 7: Tsumeb, Namibia

Die Brauerei in Tsumeb ist weltweit die erste, die aufgrund eines Zusammenschlusses einer Brauerei mit einer Pilzproduktion umweltgerecht wirtschaftliche Gewinne erzielt, und das zu einem Zeitpunkt, wo sich Probleme und Möglichkeiten gleichzeitig häufen. Auf den ersten Blick fanden die Wissenschaftler die Idee seltsam. Nach Meinung der Gelehrten war die Luft für den Anbau von Pilzen zu trocken. In einer linearen Logik hatten sie auch nicht Unrecht, in unserem systematischen Ansatz aber erbringt das Wasser der Brauerei die fehlende Feuchtigkeit. Das Substrat, eine Mischung aus der Hirseart „Sorgho" und „Elefantenkraut", besitzt eine ausgezeichnete Ertragfähigkeit im Verhältnis zur produzierten Biomasse.

Der Bierkonsum steigt in der ganzen Welt an, besonders in Asien, aber auch in Afrika und Lateinamerika. Außerdem nimmt die Frage, wie mit den Abfällen verfahren werden soll, eine wichtige Stellung ein, zumal die Entsorgungs- und Verbrennungskosten die Brauereien immer mehr belasten. Da gleichzeitig der demographische Druck zunimmt, gibt es weltweit eine höhere Nachfrage nach eiweißhaltiger Ernährung.

Anlässlich der offiziellen Eröffnung der Brauerei von Tsumeb verkündete Namibias Präsident Dr. Sam Nujoma: „Man geht davon aus, dass man für eine Erhöhung der Produktivität Arbeitsplätze abbauen muss. Wir beweisen hiermit, dass man durch die Konzentration auf die Produktivität von Rohstoffen mehr Werte, mehr Gewinn, mehr Arbeitsplätze und eine Rendite auf höhere Investitionen erzeugt, ohne dabei die Umwelt zu verschmutzen. All das nennt sich Upsizing, das Industriemodell der Zukunft."

Die Pilzkulturen von Tsumeb begegneten zunächst einigen klimatisch bedingten Schwierigkeiten, aber dank der raffinierten, von Professor S.T. Chang realisierten Anpassungsmethoden, funktioniert das System heute vollständig auf der Basis des Biertrebers der Brauerei. Die Pilze werden täglich ohne thermostatische Kontrolle geerntet, selbst wenn die Außentemperatur 40° Celsius übersteigt. Parallel dazu wird eine Schweinezucht betrieben, deren organische Abfälle in den Biokonverter kommen, der seinerseits genügend Methangas erzeugt, um den für die Vorbereitung des Substrats benötigten Dampf zu gewinnen.

Die Anwendung der ZERI-Methodik in der Brauerei hat weltweit Interesse ausgelöst. Es werden neue Projekte in Nordamerika (Montana, Colorado - USA,

St. John - Kanada), Japan und Schweden ins Leben gerufen. Letzteres feierte 2005 bereits sein 10-jähriges Jubiläum bei der Herstellung von Brot auf der Basis von örtlichen Brauereiabfällen.

Obwohl es sich um ein Konzept handelt, das erst vor einigen Jahren in einem Bericht der Chinesischen Akademie der Wissenschaften (in einer Machbarkeitsstudie für das Konzept eines ökologischen Biosystems) entworfen wurde, verlief der Fortschritt erstaunlich schnell. Da die laufenden Projekte in sehr unterschiedlichen Klimazonen gelegen sind, werden die Ergebnisse später einer Untersuchung unterzogen, die es ermöglichen soll, die Leistungsfähigkeit und Flexibilität des Systems ZERI zu optimieren. Im Laufe des Jahres 2000 musste die Brauerei in Tsumeb ihre Tore schließen, da der Bierkonsum nicht den Vorhersagen entsprach. Heute widmet sich die Anlage ausschließlich der Pilzproduktion. Der umliegende Kiefernwald liefert große Mengen Brennholz, das vollständig genutzt wird. Wenn sich die Brauerei auf eine Kerngeschäftsstrategie beschränkt hätte, hätte ihre Schließung große soziale Probleme verursacht. Da sie aber Teil eines vielschichtigen Apparats war, wurde die örtliche Wirtschaft noch schlagkräftiger und die Neueröffnung nach der Schließung des Hauptwerks geschah dann ziemlich schnell. Das war eine wichtige Lektion für jene Wirtschaftsstrategen, die dem europäischen „Downsizing" nahe stehen.

WASSERHYAZINTHEN IN AFRIKA

Die Wasserhyazinthe (Eichhornia crassipes) ist eine wunderbare Pflanze. Ihre Blüten sind so beeindruckend und schön, dass die Kolonisatoren Lateinamerikas sie nach Afrika brachten, um die Seen und Teiche zu verschönern. Sie blüht beinahe immer und gedeiht in nährstoffreichem Wasser. Dennoch ist diese Schönheit für Afrika zu einem ernsten Problem geworden. Die afrikanischen Regierungen haben sie auf die schwarze Liste der Plagen gesetzt und internationale Organisationen wie die Weltbank, die Welternährungsorganisation (FAO) oder das Entwicklungsprogramm der Vereinten Nationen (UNDP) haben Gelder investiert, um sie auszurotten.

Die Schäden, die durch das exzessive Wachstum der Wasserhyazinthe entstehen (sie kann in nur zwei Wochen ihr Gewicht und ihre Fläche verdoppeln) werden in der Umgebung der afrikanischen Seen offensichtlich: in Simbabwe, Malawi, Sambia, Tansania, Kenia und Uganda. Die Wasserhyazinthe überwuchert alle anderen im Wasser herrschenden Lebensformen: Fische, Schildkröten, Algen oder Plankton. Sie absorbiert und verbraucht den im Wasser vorkommenden Sauerstoff und verursacht so ein entscheidendes Problem, besonders nachts wenn die Photosynthese ruht. Folglich verlieren die Fischer ihre Erwerbsquelle. Außerdem senkt sie die Fließgeschwindigkeit der Flüsse und die dicken Schwimmpflanzenteppiche behindern die Schifffahrt, so dass Motorboote stecken bleiben und das Kanu zum einzig möglichen Transportmittel wird. Die Wassermenge, die die Wasserkraftwerke speist, geht ebenfalls deutlich zurück, nicht nur wegen der charakteristischen großen Oberfläche der Wasserhyazinthe, sondern auch weil ihre großen Blätter und ihre massenhafte Vermehrung die Verdunstung fördern. Die Energieproduktion ist davon auch betroffen. Wenn die Wasserhyazinthe in die Turbinen eindringt, kann sie sie im Extremfall sogar blockieren und damit die Stromversorgung eines ganzen Landes bedrohen, wie es in Sambia bereits der Fall ist. Das hat auch Auswirkungen auf den Tourismus. Infolgedessen suchen zahlreiche Länder in der ganzen Welt und besonders in Afrika nach dauerhaften Lösungen für die Probleme, die der Eindringling verursacht.

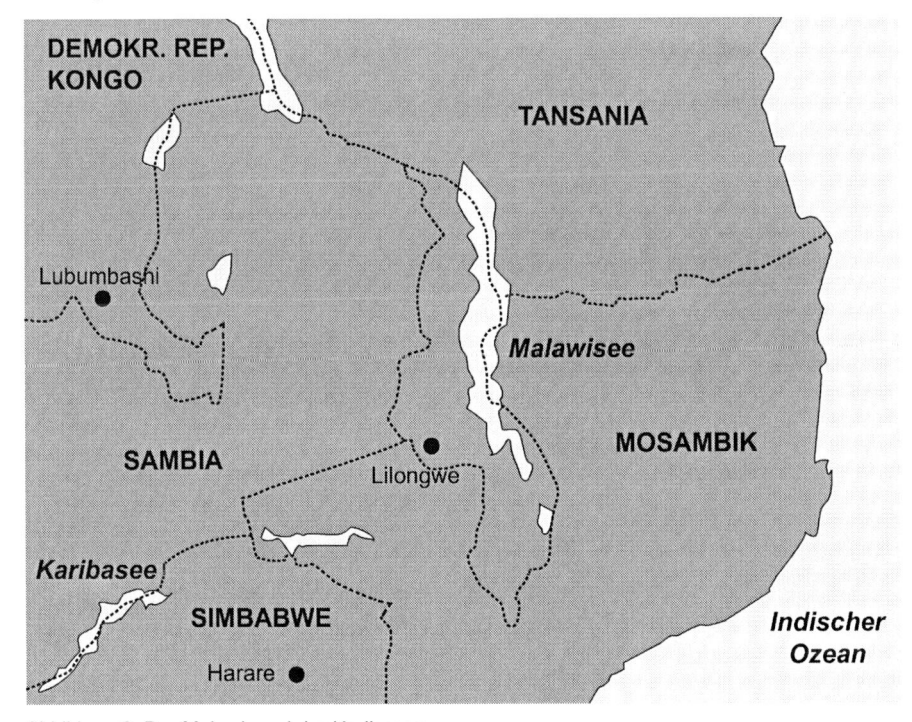

Abbildung 8: Der Malawi- und der Karibasee

Die bis jetzt gefundenen Lösungen sind allerdings nur sehr begrenzt. Die gängigste Art der Ausmerzung greift auf Pflanzenvernichtungsmittel zurück und hinterlässt giftige Rückstände, die Fische und andere für das Biotop nützliche Spezies töten. Dieses Vorgehen wurde als Verbrechen gegen die Natur eingestuft und dabei sind die langfristigen Folgen für die Umwelt noch nicht einmal annähernd bekannt. Außerdem ist es äußerst kostenintensiv. Das Schlimmste dabei ist allerdings, dass dadurch das Ziel nicht erreicht wurde. In Malawi hat die Wasserhyazinthe den Malawisee erobert und als letzten Ausweg warf man Pestizide aus der Luft ab. Einige Monate nach der Säuberungsaktion tauchte die Wasserhyazinthe wieder auf und behauptete in weniger als einem halben Jahr wieder ihre Vormachtstellung, wohingegen die Pestizide das Unterwasserleben ausdünnten und die Wasserqualität minderten.

Die verschiedenen Arten der Wasserhyazinthe haben eine Eigenschaft gemein: ihre Keimfähigkeit besteht sieben Jahre. Daraus ergibt sich, dass ihre Ausrottung nicht zu bewerkstelligen ist, solange ihre Blätter, Wurzeln und Samen nicht über einen entsprechenden Zeitraum vernichtet werden. Pestizide stellen eine kaum denkbare Strategie dar, da sie das gesamte Leben im Wasser in großem Umfang aufs Spiel setzen.

„Natürliche" Lösungen wurden auch ausprobiert. An einigen Orten wurde die Australische Schabe eingeführt, denn die Larven dieses Insekts fressen die Blätter der Pflanze. Diese Lösung ist jedoch nicht dauerhaft, denn die Biomasse der verwesenden Wasserhyazinthe ist die Ursache von zahlreichen organischen Abfällen, die große Mengen Sauerstoff verbrauchen und anorganische Mineralien freisetzen. Die Wasserhyazinthe ernährt sich nämlich von Mineralien und Nährstoffen aus dem Boden, die wiederum aufgrund intensiver landwirtschaftlicher Praktiken vom Regen in Seen und Flüsse gespült werden. Die Pflanze absorbiert sie zwar, aber wenn sie stirbt, scheidet sie sie wieder ins Wasser aus und schafft dadurch eine günstige Voraussetzung für ihre Rückkehr. Parallel dazu werfen die langfristigen Folgen der Einführung fremder Insekten für einheimische Wasserpflanzen und das Ökosystem im Allgemeinen schwerwiegende Fragen auf. Was geschieht mit der Australischen Schabe, wenn die Hyazinthe verschwindet? Wie wird sie sich anpassen?

Die Ausrottung der Pflanze wurde sowohl auf manuelle Weise als auch mit Hilfe von Maschinen versucht. In Sambia, wo die Situation kritisch geworden ist, wurde die Armee zu Hilfe gerufen, die Flüsse freizuräumen, um so den Wasserpegel zu halten und ein Blockieren der Stromturbinen zu verhindern. In der Umgebung von Harare, der Hauptstadt Simbabwes, haben die Nationalparks 200 Vollzeitbeschäftigte eingestellt, vorwiegend Frauen, die die Hyazinthe mit der Hand beseitigen. Alle diese Versuche sind fehlgeschlagen. In Simbabwe schien der See am Freitag bereinigt zu sein, am Sonntag war jedoch der Zugangskanal wieder von der Hyazinthe verstopft.

Die für diesen Kampf eingesetzten Arbeiter verdienen nicht mehr als 1,30 € am Tag. Aber mit Kosten von 260 € / Tag, 300 Tage im Jahr, plus die Kosten für den Abtransport der Biomasse, gaben die Nationalparks letztendlich 80.000 € jährlich aus, nur um die Wasserzufuhr eines einzigen Sees zu sichern. Der Distrikt um den Kariba-See, der zwischen Sambia und Simbabwe liegt, ist in einer noch schlimmeren Situation: hier sind 160.000 € im Jahr erforderlich, nur um die Schäden zu begrenzen, während die wirtschaftlichen Folgeverluste über zwei Millionen Euro betragen.

Diese Schlacht ist verloren. Das dürfte aber nicht überraschen, denn man erreicht nie eine dauerhafte Lösung, wenn man nur die Symptome und nicht die Ursachen bekämpft. Die Wasserhyazinthe ist eine widerstandsfähige Pflanze, ihre unaufhaltsame Invasion ist aber nur ein Symptom des eigentlichen Problems, dem die betroffenen Regionen ausgesetzt sind, nämlich der Bodenerosion. Jedes Mal wenn der Humus aufgrund einer intensiven Landwirtschaft und/oder eines exzessiven Einsatzes nicht löslicher Düngemittel ausgelaugt ist, sammeln sich die Nährstoffe und Mineralien in Flussbetten und in Seen an und bieten so eine nährstoffreiche Umgebung, die ideal für ein schnelles Wachstum der Wasserhyazinthe ist.

Eine ganz andere Strategie wird hier benötigt: die Strategie des Upsizing.

Wenn man, anstatt die Wasserhyazinthe als das Problem zu betrachten, sie als Reaktion der Natur auf die vom Menschen angerichteten Schäden sieht, dann finden sich auch andere Lösungsansätze. Wenn die Mineralien und Nährstoffe den Nitraten Platz machen, die in großen Mengen in der Landwirtschaft eingesetzt werden, dann landet der fruchtbare Teil der Erde im Wasser. Der

Humusboden, der in Dämme einsickert und sich auf dem Grund von Flüssen und Seen ablagert, droht so für immer verloren zu gehen. Die Wasserhyazinthe ist die Antwort der Natur auf eine von Menschenhand verursachte Störung. Wir müssen also versuchen wiederherzustellen, was in Mitleidenschaft gezogen wurde. Anstatt die „Plage" auszurotten, sollte der Mensch lieber erkennen, dass die Wasserhyazinthe eine einzigartige Chance bietet, die Nährstoffe wiederzuerlangen, die dem Boden durch unsachgemäße Maßnahmen entzogen wurden. Mit Hilfe von Photosynthese und dem reichlich vorhandenen Wasser verarbeitet die Wasserhyazinthe alle verlorenen Mineralien und verwandelt sie in Biomasse mit ausgezeichneter Qualität und einem hohem Nährstoffgehalt.

Als sich ein Team von Wissenschaftlern, Studenten und Professoren der Fakultät für Landwirtschaft und Natürliche Ressourcen im Januar 1997 auf Einladung des UNDP in der namibischen Hauptstadt Windhoek traf, um das Potenzial des Upsizing, der Generativen Wissenschaft und Zero-Emissions zu untersuchen, wurde die Wasserhyazinthe als Studienobjekt ausgewählt.

Die Wissenschaftler identifizierten den besten Weg, wie diese Biomasse nutzbar zu machen ist. Da die Fasern sehr resistent sind und weder Zuchtvieh noch Wild sie fressen, Zebras und Elefanten inklusive, kann man sie kühl und trocken lagern. So blieb als einzige Option die Pilzproduktion.

AFRIKA UND DIE PILZE

Pilzanbau auf der Basis von getrockneter Wasserhyazinthe wurde in Afrika noch nie ausprobiert. Obwohl auf dem Kontinent etwa ein Viertel der Pilzarten unseres Planeten heimisch sind, kommt nur 0,3 Prozent der Weltproduktion aus Afrika und die Mehrheit der Kulturen stammt von ausländischen Arten. Der Weltmarkt für Speisepilze wird auf 11 Milliarden Euro und der für Pilze im rasant wachsenden medizinischen Sektor auf knapp 5 Milliarden Euro geschätzt. Insgesamt ähnelt der Pilzmarkt dem Markt eines herkömmlichen Produkts wie z. B. Kaffee. Aufgrund der ein Jahrhundert währenden Kolonialisierung verfügt Afrika nur über eine geringe Kenntnis seiner eigenen Artenvielfalt. Und wegen der zunehmenden Abholzung ist der Lebensraum einer Reihe von Spezies gefährdet, während ihre natürlichen Eigenschaften – ob sie als Nahrungsmittel oder als Medizin geeignet sind – identifiziert wurden. Es gibt in Afrika keine Sporenbank, die die Bauern und Unternehmer mit dem nötigen Material versorgt. Nur in Südafrika werden in großem Maßstab und mit kommerziellem Ziel Pilze angebaut und auch dort handelt es sich nicht um einheimische Arten. Simbabwe und andere Nachbarländer kaufen als Reaktion auf ihre eigene Nachfrage Pilze von Südafrika. Allerdings haben zahlreiche afrikanische Arten, die früher traditionelle Nahrungsmittel waren, einen einzigartigen, ausländischen Arten weit überlegenen Geschmack. In der Vergangenheit waren Pilze eine saisonabhängige Frucht, die in der Regenzeit geerntet wurde und die ländlichen Gemeinschaften mit zusätzlicher Nahrung versorgte. Heute ist der Preis für Pilze gestiegen, weil sie in ihrem natürlichen Lebensraum verschwunden sind. Pilze stellen ein nicht zu unterschätzendes Potenzial für die ländlichen Gemeinschaften dar, wenn sie dieses Grundnahrungsmittel wieder entdecken und die Wasserhyazinthe als Substrat nutzen.

MACHBARKEITSSTUDIEN

Obwohl die Ranger des Nationalparks beobachtet hatten, dass Pilze spontan auf den Haufen getrockneter Wasserhyazinthen gedeihen, kamen sie nicht auf die Idee, daraus eine vermarktbare Kultur zu machen. Unter der Leitung von Professor Chang beschlossen Wissenschaftler, in fünf Ländern eine Machbarkeitsstudie durchzuführen. Bei einem Treffen in der Afrikanischen Universität von Mutare in Simbabwe, das von Margaret Tagwira organisiert wurde, konnten sie beeindruckende Resultate bestaunen.

Nach nur neun Tagen produzierte das von der Wasserhyazinthe stammende getrocknete Substrat bereits Pilze afrikanischen Ursprungs und nach dieser ersten Ernte dauerte es nur weitere zehn Tage, bis eine zweite und sogar eine dritte Ernte folgte. Eine Tonne getrocknetes Hyazinthsubstrat produzierte 1,1 Tonnen Pilze, also mehr als ein herkömmliches leistungsfähiges Substrat wie Sägemehl. Da das aus der Wasserhyazinthe gewonnene Substrat reich an Mineral- und Nährstoffen ist, waren die Pilze neben ihren für eine gesunde Ernährung üblichen Bestandteilen auch reich an Kalium, Magnesium, Jod und Kalzium. Ein Großteil dessen, was bei der Auswaschung des Humus verloren ging, fand sich in den Pilzen wieder. Das bedeutet, dass die Wasserhyazinthe, wenn Flüsse und Seen von Industrieabfällen verunreinigt wurden, schädliche Metalle wie Cadmium und Blei absorbieren kann. Daraus ergibt sich ein potenzielles Problem, das nur dadurch gelöst werden kann, indem man die Nutzung der Pflanze als Substrat auf solche Gebiete beschränkt, wo die Umwelt intakt ist.

Der Abfall des Substrats der Wasserhyazinthe ist nach seiner Nutzung für den Pilzanbau auch eine geeignete Nahrung für Mastvieh. Da die Lignocellulose beinahe komplett von den Enzymen der Pilze zerstört wurde, kann der Rest der Masse zur Aufzucht von Regenwürmern dienen, die die Erde in Humus umwandeln. Dieser Humus kann dann in den Boden zurückkehren, wo er einen Teil der verlorenen Oberflächenschicht anreichert und erneuert. Regenwürmer hingegen sind ein perfektes Futter für Hühner.

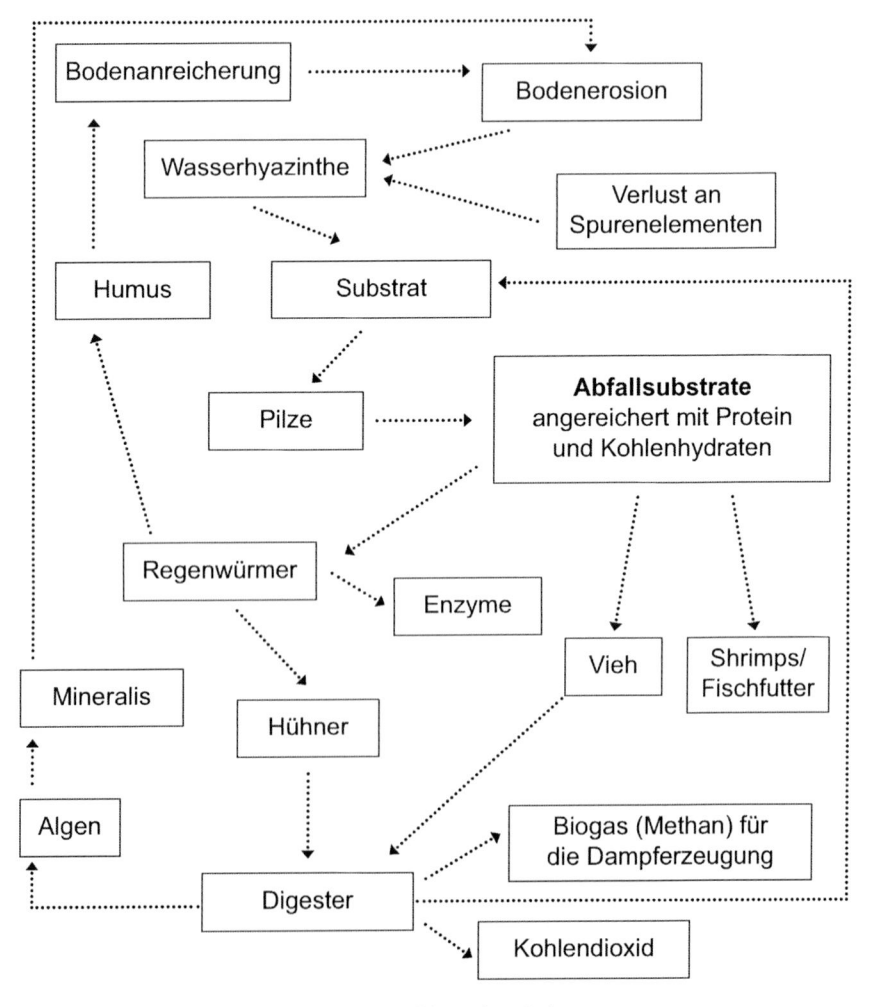

Abbildung 9: Das integrierte Biosystem für die Wasserhyazinthe

Der Kreislauf der Biomasse der Wasserhyazinthe ermöglicht ebenfalls eine Produktion von Biogasen auf der Basis von Abfällen (die Jauche von Mastvieh und Hühnern kann in einen Biokonverter gegeben werden), die zur Sterilisierung des Pilzsubstrats benötigt werden. Auf diese Weise muss kein Holz verbrannt werden. Das Endergebnis ist ein System, das Erträge und Arbeitsplätze erzeugt und ein Problem in eine Perspektive verwandelt.

Die wirtschaftliche Machbarkeit des Systems ist bewiesen. In einer klassischen Pilzkultur stehen 60 bis 80 Prozent der Kosten im Zusammenhang mit dem Substrat: vom Einkauf bis hin zur für die Sterilisierung benötigten Energie. Die Sterilisierung befreit das Substrat von Mikroorganismen, die andernfalls mit den Sporen konkurrieren würden. Wenn der Rohstoff, im vorliegenden Fall die Wasserhyazinthe, umsonst ist und die Kosten für die Energie sich auf den Kauf eines Biokonverters beschränken, dann wird der Prozess extrem leistungsfähig. Ein Kleinbauer muss nicht mehr als 400 € investieren, um ihn in Betrieb zu nehmen und zum Gegenwert seiner Aufstellung kann er bereits einen Monat nach der Hyazinthenernte die ersten Pilzen verkaufen. Die von George Chan für die Grameen Bank entworfenen Biokonverter kosten je 20 Dollar und haben eine Lebensdauer von zwei Jahren. Ein professionelleres und industriell nutzbareres Equipment mit einer Kapazität von 10 bis 20 Kubikmetern erfordert eine Investition von 4.000 €, was sich aber in einem Jahr amortisieren kann. Solche Unternehmen lassen sich optimal durch Kleinstkredite finanzieren.

ZERI hat sich in Zusammenarbeit mit dem UNDP an ein Programm für eine beschleunigte Errichtung kleiner Pilzfarmen in Simbabwe gewagt.

MODELLE FÜR EINE NACHHALTIGE WIRTSCHAFT

Afrika braucht eine neue Herangehensweise an seine Probleme. Die sozioökonomischen Vorteile des ZERI-Konzepts können die Entscheidungsträger dabei motivieren. Die 200 Arbeiter, die in der Umgebung von Harare zu Minimallöhnen die Wasserhyazinthe roden, könnten 1.000 Pilzproduzenten mit wesentlich höheren Gehältern Platz machen: wenn man nämlich den Marktpreis der Pilze berücksichtigt, dann erzielt man eine beträchtliche Wertschöpfung.

Es geht hierbei um eine langfristige Lösung, die Beharrlichkeit, manchmal die einer ganzen Generation, erfordert. Die Aktion kann aber schon jetzt beginnen.

Das Pilotprojekt an der Afrikanischen Universität in Simbabwe hat den Beweis seiner Leistungsfähigkeit erbracht. Die Bevölkerung in der Gegend des Victoriasees, des Malawisees, des Akosombo-Staudamms und des Sambesi benötigt Schulen und Ausbildung. Anstatt Pilze aus Südafrika zu importieren, kann Simbabwe mit der Produktion eigener Pilze autark werden. Alles, was zur Steigerung der Erträge und zur Vermehrung von Arbeitsplätzen benötigt wird, ist in Reichweite in Form einer erneuerbaren Ressource, die gemeinhin als Bedrohung gilt. Der Mensch muss nur lernen, die Natur zu verstehen.

Tabelle 15: Anwendung der generativen Wissenschaft auf den Einkommensstrom von ungelernten Arbeitern am Beispiel der Wasserhyazinthe

Mindestlohn für 200 ungelernte Arbeiter (je 16,10 Z$)	322,00 Z$ pro Tag
Plus Transportkosten	500,00 Z$ pro Tag
Preis für 1 Kilo Pilze	100 Z$ pro Kilo
Tägliche Sammelmenge an Wasserhyazinthen bei 200 Arbeitern	5 Tonnen pro Tag
Mögliche Pilzmenge	5,5 Tonnen pro Tag
Mögliches Einkommen pro Tag	550 000 Z$
Preisnachlass durch erhöhte Produktion	200 000 Z$
Möglicher Tagesverdienst für 1000 Arbeiter	je 200 Z$
Steigerung des Einkommens um das Zehnfache	
Produktion von Regenwürmern auf 1 Tonne Substrat	100 Kilo
Hühnerzucht	46 Kilo
Erzeugung von Humus	1000 Kilo

Quelle: ZERI Foundation, Genf

Stephen Adei, der Vertreter der UNDP in Namibia, meint: „Die Welt ist geprägt von einer Ironie der Armut, der achtlosen Verschwendung, der Ungerechtigkeit und der Abhängigkeit. Jeden Tag könnte die Menge der in New York zerstörten oder weggeworfenen Nahrungsmittel anderswo rund eine Million Menschen ernähren. Genau hier liegt die Stärke von ZERI, denn die Initiative schlägt dauerhafte Lösungen vor."

GOTLAND

Håkan Ahlsten ist Banker auf der Insel Gotland. Er hat am zweiten Weltkongress für Zero-Emissions teilgenommen, der im Mai 1996 in Chattanooga in Tennessee stattfand. Für ihn war die Möglichkeit einer andersartigen wirtschaftlichen Entwicklung, die sowohl auf die Bedürfnisse der Umwelt als auch auf die Erwartungen hinsichtlich Arbeitsplätzen und Produktivität reagiert, besonders verlockend.

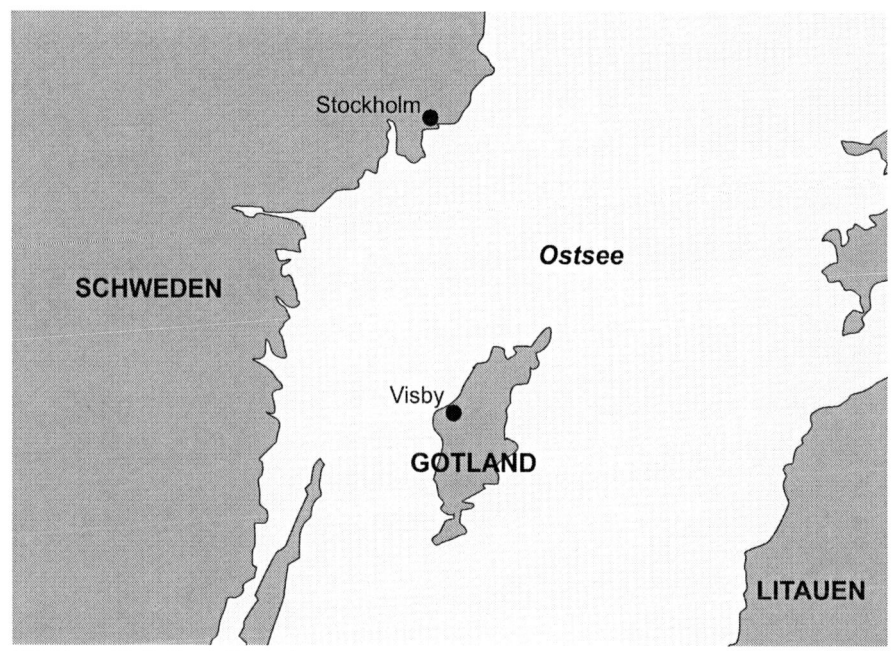

Abbildung 10: Gotland, Schweden

Die Insel Gotland ist die größte Insel in der Ostsee und liegt zwischen Schweden und Finnland. Dort wurde eine umfangreiche Befragung durchgeführt, um zu ermitteln, was für eine Entwicklung die 46.000 Einwohner wünschen. Die im Frühjahr 1996 veröffentlichten Kernpunkte für eine wirtschaftliche Entwicklung Gotlands waren klar:

- Schaffung von Arbeitsplätzen;
- Ausbau der Nahrungsmittelindustrie unter Verwendung heimischer Rohstoffe;

- Verbesserung des Umweltschutzes;
- Erweiterung von Know-how und Technologien;
- eine bessere Information der Einwohner.
- Die Einwohner Gotlands wünschten sich, dass die Entwicklung über kleinere und mittlere Unternehmen führt, was im Einklang mit den Prinzipien von ZERI steht. Kleinere Unternehmen haben eine größere Chance auf schnellen Erfolg und bergen zugleich weniger Risiken: zwei wichtige Eigenschaften für Innovation.

Gotland musste bis 2010 3.000 zusätzliche Arbeitsplätze schaffen. Die gegenwärtigen Wirtschaftsprognosen ließen jedoch kein für einen solchen Anstieg ausreichendes Wachstum vermuten. Gotlands Strategie wies ausdrücklich darauf hin, dass kreative und innovative Ideen gebraucht werden, die ein dauerhaftes Wachstum anstreben. Die ergiebigsten und zugleich ungenutzten Ressourcen der Insel – landwirtschaftliche Produkte und ihre Überreste – wurden so zur natürlichen Zielscheibe von ZERI.

Das gemeinsam aufgestellte Programm legte die Prioritäten fest. Dazu gehörte vor allem die Einführung neuer Produktionsmethoden auf der Basis von Abfällen. Die erste Umsetzung des Projekts wurde bereits für das Folgejahr geplant. Alle Initiativen starteten im kleinen Maßstab und mit begrenzten Ambitionen. Das Ziel war, so schnell wie möglich bescheidene „Erfolgsgeschichten" zu schreiben, um so später ehrgeizigere Projekte anzukurbeln.

KAROTTEN AUS GOTLAND

Gotland produziert jährlich 15.000 Tonnen Karotten, also ein Drittel der schwedischen Produktion. Die Karotten von Gotland gelten als qualitativ hochwertig. Knapp ein Viertel der Ernte wird jedoch weggeworfen, da es nicht den Minimalanfoderungen entspricht. Für die Supermärkte ist nicht der Geschmack, sondern das Aussehen entscheidend: alle Karotten müssen dieselbe charakteristische spitze Form haben. Die Karotten, die diesen Kriterien nicht entsprechen, werden an Schweine verfüttert.

Die gesamte Produktion wurde von „Ryftes" gekauft, der bedeutendsten landwirtschaftlichen Genossenschaft der Insel. Diese Genossenschaft verfügte über Platz, wenig benutztes Equipment und unterbeschäftigte Arbeitskräfte.

Die Produktion weist heute sieben verschiedene Formen auf.

Zunächst einmal gibt es die „Babykarotte". Vor zehn Jahren erweckte dieses kleine Gemüse nicht das geringste Interesse. Heute wird die Babykarotte zu einem achtfachen Preis der gewöhnlichen Karotte als Amuse-Gueule für Aperitifs verkauft.

Die zweite Kategorie stellen die falsch geformten Karotten dar, die trotz ihrer hohen Qualität nicht geschätzt werden. In hauchdünne Scheiben geschnitten werden diese Karotten zum Bestandteil eines neuen Produkts, des Karottenkuchens. Eine darauf spezialisierte Bäckerei hat ein für den Export bestimmtes Produkt entworfen, denn Gotland hat nicht genügend Einwohner, um alle Kuchen essen zu können, die täglich die Fabrik verlassen. Sobald sie gebacken sind, werden die Kuchen eingefroren und in die ganze Welt verschickt. Diese 25 Prozent der „Abfälle" sind jedoch nicht ausreichend, um die steigende Nachfrage auf so entfernten Märkten wie Hongkong, Singapur oder Japan zu befriedigen. Die auf Karottenkuchen spezialisierte Bäckerei beschäftigt 46 Personen auf Vollzeitbasis und stellt die größte private Investition auf der Insel dar.

Es gibt außerdem noch je nach Größe drei weitere Kategorien der Karotte, die in den Großhandel kommen. Sie werden alle verpackt, was ihren Wert im Vergleich zu losem Gemüse steigert.

Die größten Karotten werden für die Produktion von Karottensaft zurückbehalten. Die schwedischen Verbraucher sind bereit, bis zu 30 Schwedische Kronen (SEK), also ungefähr 3,50 €, für einen Liter frischen Karottensaft im Einzelhandel auszugeben (bzw. denselben Preis für ein Glas mit 200 ml in einem Café oder Restaurant). Pasteurisierter Karottensaft kostet 15 SEK pro Liter.

Zu guter Letzt können die Produktionsabfälle der Saftherstellung an Schweine und Hühner verfüttert werden, was dem Fleisch wegen des Gehalts von Beta-Carotin eine natürliche Färbung verleiht. Da die Rückstände der Karottensaftproduktion hochwertige Komponenten enthalten (Beta-Carotin, Vitamine, Antioxidationsmittel), untersucht ein Forschungsprojekt die technischen und ökonomischen Aspekte ihrer Gewinnung und Verwertung.

Auswahl, Herstellung, Verpackung und Verteilung des Karottensafts beschäftigte ursprünglich rund 50 Personen. Das im Laufe der vergangenen zehn Jahre entwickelte Programm ermöglichte die Schaffung von 250 Arbeitsplätzen. Die Karotte avancierte zum Motor der heimischen Wirtschaft.

Ganz offensichtlich benötigt diese Tätigkeit viel Energie. Håkan Ahlstens Bank „Landshypotek" hat in einen großen Windkraftpark investiert, der das Doppelte der für den Transport der Karottenkuchen in Kühlcontainern nach Asien benötigten Kilowatt erzeugt.

So entstand also auf der Basis einer in Gotland vorkommenden Ressource ein neues Wirtschaftsfeld. Wenn 3.000 Tonnen Karotten in Saft verwandelt werden, macht das eine Million Liter bzw. 2.500 Flaschen pro Tag bei einer auf das ganze Jahr verteilten Produktion. Der potenzielle Umsatz beläuft sich in einer Größenordnung von 10 Millionen SEK, allein für den Saft. Da die Karotten für 3 SEK pro Kilo verkauft werden, stellt alles zusammen eine immense Wertschöpfung für die Bauern und die Genossenschaft dar.

Die Umwandlung von Abfällen in Rohstoffe ist ein beispielhaftes Projekt von ZERI.

DIE TOURISTISCHE ANZIEHUNGSKRAFT DER BRAUEREI VON GOTLAND

Die schwedische Brauerei Pripps Blå hat 1995 in Visby, der größten Stadt der Insel, eine Mini-Brauerei gebaut. Es wurde ein Standort im Zentrum gewählt, der gut vom Hafen aus zu erreichen ist. Diese Brauerei stellt auf der Basis von Biertreber Brot her.

Da nahezu das gesamte Bier auf der Insel vom Festland importiert wurde, war es möglich, eine örtliche Bierindustrie aufzubauen. Gotlands Name und der gute Ruf der Insel ermöglichten den Export des Biers auf das Festland. Die neue Brauerei konnte von fünf oder sechs Personen betrieben werden. Der Service für Touristen und der Handel mit damit verbundenen Produkten beschäftigten 25 weitere Personen.

Die Brauerei hat eine Kapazität von 3.000 Hektolitern bzw. einer Million Flaschen pro Jahr. Das ist zwar keine große Menge, aber in einer am Biosystem orientierten Logik handelt es sich um eine zusätzliche Einnahme.

EIN LEBENDES LABOR

Die Insel Gotland ist im Begriff, ein lebendes Labor zu werden, das für Partnerschaften zwischen Universitäten, Unternehmern, Gewerkschaften und örtlichen Körperschaften offen ist. Ein lebendes Labor, das die Idee von Zero-Emissions in einem westeuropäischen Umfeld testet. Der Erfolg von Gotland beruht auf der Hoffnung, die konservative Denkweise in Europa in Bewegung zu versetzen und der Hoffnung, dass das Arbeitsmarktproblem nicht mehr vom Schicksal abhängig ist. Gotland hat bewiesen, dass die Zeit reif ist für Upsizing.

EPILOG

Blog April 2010

über den Stand der Entwicklung der weltweiten Upsizing-Projekte

BAMBUS: VOM BAUMATERIAL ZUR GESTALTUNG VON SCHULEN

5. April:

Daiwa hat in Japan ein zweites Gebäude gebaut, das das nationale Klimaanlagensystem benutzt. Es wurde als Teil der Initiative für „Biomimesis" (Bionik) ausgewählt. Das erste Bürogebäude bezog natürliche Klimaanlagenkonzepte mit ein, wie wir sie von Termiten und Zebras kennen. Termiten halten im Innern ihres Baus ständig die gleiche Temperatur. Ohne diese Stabilität könnten sie keine Pilze ernten (die Hauptnahrung der Termiten). Das Zebra wiederum bildet ein Fell mit schwarzen und weißen Streifen. Dieses Fell ermöglicht ein beeindruckendes Spiel zwischen den wärmeabweisenden weißen Streifen und den wärmeschluckenden schwarzen Streifen. Der Temperaturunterschied verursacht einen Druckunterschied, der für Luftzufuhr sorgt und die Körperoberfläche abkühlt.

Die ZERI-Stiftung ist Partner von Anders Nyquist, einem der weltbesten Experten für eine nachhaltige Bauweise. Er schuf 1964 das erste Ökodorf, lange bevor irgendjemand nur von so etwas träumte. Als ZERI 1998 begann, Bambus zu einem Symbol für Nachhaltigkeit zu verwandeln – zu einer Zeit als Bambus noch gleichbedeutend mit Armut war –, war dies das Startzeichen für eine Revolution der Bauweisen. Der vom Kolumbianer Simon Velez entworfene ZERI-Pavillon war der meistbesuchte auf der Weltausstellung EXPO 2000 und rund 6,4 Millionen Besucher konnten dort mitverfolgen, wie 3.500 zusammengesetzte Bambusteile ein zum Rhythmus der Erde tanzendes Bauwerk bildeten.

Die Erfahrung mit Bambus erhebt die Stiftung aus ihrem Pionierdasein für eine „grüne" Bauweise dahin, wohin sich noch niemand gewagt hat. Das neue Konzept kalifornischer Schulen setzt das Hauptaugenmerk auf die Gesundheit von Kindern und erzielt dabei einen Energieverbrauch, der weit unter dem erforderlichen Stand für den höchstdotierten Architekturpreis der Vereinigten Staaten liegt. Hierbei handelt es sich um einen integrierten Systemansatz, der sich durch die Bevorzugung lokal verfügbarer Ressourcen und vor Ort durchführbarer Arbeiten unterscheidet.

Zur Reduzierung des Energieverbrauchs bringt man in der Regel eine dreifache Verglasung und zusätzliche Isolierung an. Die Fenster werden mit UV-Filtern beschichtet, die verhindern sollen, dass Sonnenstrahlen die Teppichböden verfärben, die den Lärm dämpfen und das Komfortgefühl erhöhen. Die Luft zirkuliert im ganzen Gebäude in einer Schleife. So spart man Heizöl, das ansonsten nötig wäre, um die Außenluft zu erwärmen (oder abzukühlen). Wenn diese Situation weiter andauert, mutieren die Teppichböden der Schule mit der Zeit zu „Mottennestern". Deshalb begann die ZERI Stiftung, nachdem sie sich mit der Struktur der Gebäude (aus Bambus) beschäftigt hatte, sich um die Gesundheit der Bewohner zu kümmern, und vergewisserte sich seitdem, ob beides bei einer gleichzeitigen Reduzierung der Investitionskosten berücksichtigt wird. Das Interesse für Bambus kam zunächst aus Kolumbien – weitere Projekte werden derzeit in Europa, Lateinamerika und Japan durchgeführt. Und das ist erst der Anfang.

VON EINEM PILOTPROJEKT AUF DEN FIDSCHI-INSELN ZU EINER GRUNDAUSRICHTUNG IN BRASILIEN
19. April:

Der Ordensbruder Paul von der Katholischen Schule im fidschianischen Montfort Boys Town hat das Biogas angezündet, das aus dem vor 11 Jahren von George Chan gebauten Kessel stammt. Es ist erstaunlich, wenn man sieht, wie eine Anfangsinvestition von 4.000 Dollar für einen Heizkessel mit zwei Zementöfen genauso gut mit Schweinedung betrieben wird. Der Boden, der vor zehn Jahren kahl und unfruchtbar schien, ist heute üppig und reich an Taro, einer stärkehaltigen Knolle aus der Familie der Aronstabgewächse, dem wichtigsten Nahrungsmittel der Südseeinsulaner. Walter, der das Programm als Student vor sieben Jahren leitete, wurde nun von der British Army angestellt und Daniel, der mit ihm auf der Weltausstellung (EXPO) 2000 in Hannover das integrierte Biosystem vorgestellt hatte, spielt heute in der Rugbynationalmannschaft der Fidschi-Inseln. George Chan führt seinen Kreuzzug für integrierte Ökofarmen auf Mauritius fort und hat heute, im Alter von 83 Jahren, immer noch neue Tipps, wie die Produktivität gesteigert werden kann.

Francisco Fleck war der erste Stipendiat von ZERI. Er verbrachte sechs Wochen mit der Dokumentierung von Professor Chans Pionierarbeit auf den Fidschi-Inseln: wie die Schweine mit landwirtschaftlichen Abfällen gefüttert werden, wie ihr Dung Biogas erzeugt und wie die Reste aus dem Heizkessel Algen produzieren, die Wasser in ein ideales Medium verwandeln, in dem Makrophyten, Halophyten, Benthon, Zooplankton und Phytoplankton gedeihen. Alle diese Organismen dienen als Nahrung für die Fische. Das heißt also, dass kein Fischfutter gekauft werden muss. Francisco hat diese Erfahrungswerte nach Brasilien übertragen. Er hat mehrere Programme und Workshops organisiert, vor allem im Bundesstaat Paraná, wo sich die nachhaltige Stadt Curitiba befindet und wo er die Unterstützung von Alexandre Takamatsu vom Institut für Wissenschaft und Forschung fand. Heute gehören 20.000 Schweine zu einem integrierten ökologischen Projekt mit 80 Farmen und die in einer wissenschaftlichen Publikation der Universität von Namibia dokumentierte Pionierleistung der Fidschi-Inseln zeigt, dass die Globalisierung vielleicht eines Tages dem Wohlstand aller Menschen dienen kann.

EINE WAISE AUS SIMBABWE TEILT IHR UNTERNEHMERISCHES WISSEN MIT MIT DER WELT
21. April:

Chido Govero ist wieder in ihrer Heimat angekommen. Das Mädchen hatte mit sieben Jahren eines Nachts seine Eltern verloren und wurde dadurch zum Familienoberhaupt. Viele Jahre lang hat Chido Mülltonnen auf der Suche nach Essbarem durchwühlt und für eine Schale Hirse gearbeitet. Margaret Tagwira brachte ihr 1996 im Rahmen eines ZERI-Projektes bei, wie man mit wenigen Mitteln Pilze anbaut. Chido hat ihr Wissen zur Gründung eines kleinen Unternehmens genutzt und so konnte sie die Schule ihres kleinen Bruders zahlen und ihrer fast blinden Großmutter helfen. Zunächst begann Chido mit dem Anbau von Pilzen auf der Basis der Wasserhyazinthe, einer schell wachsenden Wasserpflanze, die zu einer Plage wurde. Dann hat sie die Nutzung nahezu jeglicher Landwirtschaftsabfälle gelernt, inklusive gemähtem Gras. Chido wollte ihr Know-how an Kinder weitergeben und entschied so, für zwei Monate nach Kolumbien zu gehen um dort zu leben und arbeiten. Dort lernte sie die Technik der Pilzproduktion auf Basis der Biomasseabfälle des Kaffeestrauchs kennen, einer Technik, bei der Carmenza Jaramillo Pionierarbeit leistete.

In Simbabwe gibt es viele Kaffeeproduzenten ohne Rohstoffe. In dem Wissen, dass rund 1.000 kolumbianische Farmer ihre Kaffeeproduktion um Pilzproduktion erweitert haben, will Chido das gleiche Prinzip nach Simbabwe importieren. Während ihres Aufenthalts in Manizales hatte sie Kontakt mit suburbanen Landwirten und experimentierte auch selbst, wie der Ertrag der Pilzkulturen optimiert werden kann. Den wissenschaftlich durchgeführten Maßnahmen entsprechend erzielen Chido und ihr Team ein Höchstniveau an biologischer Effizienz. 100 Kilo getrocknete Biomasse erzeugen 200 Kilo frische Pilze. Diese Ergebnisse beeindruckten die Biologieprofessoren der Universität von Manizales. Chido teilt ihr Wissen ebenfalls mit den Kindern der von Melva Ines Aristizabel gegründeten örtlichen Sonderschule, die als erste die Fabeln des Unterrichtsprogramms von ZERI einsetzte. Es ist fantastisch zu sehen, wie autistische, taubstumme oder am Down-Syndrom leidende Kinder die vereinfachten Techniken lernen, die Chido im Laufe der Jahre entwickelte. Das Lernen anhand von Fabeln ist ein fruchtbares Feld.

Chido hat seitdem Unternehmer in den USA und Europa inspiriert, Kaffeesatz in Großstädten einzusammeln und in Edelpilze umzuwandeln. An einer dieser Firmen ist sie beteiligt, so dass die Gewinne auch dazu beitragen, ihren Traum zu verwirklichen, Tausende von Waisen in Afrika zu erreichen.

Die Armen und die Hungrigen können sich als die besten Erneuerer erweisen. Chido verwandelt diese Leute in Unternehmer, und zwar in einer Zahl, die wir oft für unbedeutend halten. Sie macht es auf dieselbe unnachgiebige Art und Weise, wie sie auch nicht akzeptierte, dass der Tod ihrer Mutter das Ende aller Hoffnung ist und so die Energie zum Weiterleben fand. Mit 24 Jahren ist sie bereit für ihre Rolle als Schöpferin des Wandels, den sich viele von uns herbeisehnen..

VON FABELN ZU EINEM UNTERRICHTSSYSTEM
24. April:
Marubol, der größte koreanische Kinderbuchverlag, bestätigt, dass er die 36 Fabeln von Gunter Pauli veröffentlichen wird. Dank weltweit durchgeführter Feldversuche und der Inspiration von hunderten Wissenschaftlern wird aus einfachen Geschichten ein komplettes Unterrichtssystem. Die ersten Geschichten wurden 1995 verfasst, um die wissenschaftliche Grundlage von Projekten zu erklären, die für einige Leute nichts als Fantasiegebilde und für andere wiederum Realität darstellen.

Die 36 Fabeln decken 1.500 wissenschaftliche Themen ab – das ist mehr als ein Akademiker mit Doktortitel jemals in seiner Laufbahn schaffen wird. Die Fabeln bieten Fakten und Konzepte, die ein Erwachsener möglicherweise als Hirngespinst betrachtet. Kinder unterscheiden jedoch nicht zwischen Fantasie und

Realität, in ihren Augen ist alles reell. Das Unterrichtssystem öffnet Türen zur Biologie, zur Chemie, zur Physik, zur Mathematik und zu vielen anderen Fächern. So können Kinder begreifen, wie man mit örtlich verfügbaren Ressourcen auf die Grundbedürfnisse aller Menschen reagieren kann.

Die Wissenschaft wird mit Emotionen, Kunst und Systemkonzepten angereichert und macht den Kindern Lust zum Experimentieren, anstatt nur einfach zu reden, was eine typische „Krankheit" der vorherigen Generation war. Das Unterrichtsprogramm beginnt mit einer einfachen Geschichte, die nicht länger als drei Minuten dauert und wird dann mit Musik fortgesetzt, die auf eine leicht verständliche Weise geschichtliche Ereignisse inszeniert. Darauf folgt Tanz, eine sehr wirksame Methode der Einbeziehung. Schließlich wird alles mittels eines Zeichentrickfilms wiederholt, wodurch die Kinder auf eine Art und Weise angesprochen werden, die sie mögen. Eine Auswahl von Paolo Lugari speziell entworfener Spielzeuge verwandelt den Mikrokosmos eines Labors in eine konkrete Welt der Innovation.

Das Unterrichtssystem schafft Kindern den Freiraum für eine Wahrnehmung der Welt, die besser ist als ihre Eltern sie sich in ihren kühnsten Träumen je vorstellen könnten. Letztendlich träumen Eltern davon, dass es ihr Kind einmal besser hat und es besser auf die Welt vorbereitet ist, als sie es selbst waren. Dieses Unterrichtssystem bietet die nötige Grundlage, um sich von dem negativem Bild zu befreien, das durch die Flut schlechter Nachrichten in den Medien erzeugt wird. Es erlaubt zudem, eine positive Haltung einzunehmen, die durch das Vertrauen in die eigene Handlungsfähigkeit noch verstärkt wird. Da der Ausgangspunkt von all dem die Wissenschaft ist, machen wir uns keine Sorgen hinsichtlich dessen, was aus dem Zusammentreffen von Emotionen mit den Gesetzen der Physik und der Biologie entsteht, denn Gefühle sind die Ursache vieler Entscheidungen für eine nachhaltige Entwicklung.

VON DER WIEDERAUFFORSTUNG DES URWALDS ZU EINEM GROSSARTIGEN PROJEKT, DAS DIE GANZE WELT INSPIRIERT
28. April:
Paolo Lugari begleitet eine Besuchergruppe zur ersten Purgiernuss-Plantage (Jatropha curcas) im kolumbianischen Las Gaviotas. Das Projekt, das die Regenerierung des Urwalds mitten in der Savanne ausgelöst hat, wurde zu einem ehrgeizigen Projekt zur Produktion von Biokraftstoffen. Las Gaviotas hat die Welt

zuerst damit überrascht, dass sie solarbetriebene Warmwasserbereiter herstellten (70.000 davon wurden in Wohngebieten im ganzen Land installiert). Dann hat sich das Team an die Pflanzung von Kiefern gemacht und so eine Wiederherstellung der Artenvielfalt ermöglicht. Die ehemals 17 Pflanzenarten der Savanne wuchsen im neu geschaffenen Wald auf 256 Spezies an. Mit der Modifizierung der Wasserkreisläufe und der Verbesserung des pH-Werts im Boden kamen schließlich zusätzliche Einnahmen aus dem Verkauf von natürlichem und sauberem Mineralwasser an die wohlhabende Bevölkerung Bogotas.

Heute erkundet man in Las Gaviotas die Produktion von Biokraftstoffen. Erneuerbare Energien sind längst kein neues Thema mehr: die Stromerzeugung geschieht vor Ort mit Hilfe von Mini-Wasserkraftanlagen und Dampfkesseln, die mit Holzabfällen betrieben werden. Die eigentliche Überraschung ist jedoch die „Purgiernuss", der Prüfstein der neuen Strategie. Auf der Weltkonferenz zum Thema Zero-Emissions 1998 in der namibischen Hauptstadt Windhoek wurden zwei erfolgreiche Purgiernusspflanzungen in Mali und Simbabwe vorgestellt. Die Rockefeller-Stiftung hatte die Schirmherrschaft über das Experiment und der ZERI-Kongress war die erste Instanz, die einen Nachweis darüber erbrachte. Die Purgiernuss stammt ursprünglich aus Mittelamerika, aber erst als ihre Samen von Indien nach Vichada gebracht wurden, erinnerten sich die Ureinwohner daran, dass die Frucht bereits in Kolumbien vorkam und dass sie am Ufer von Flüssen wächst.

Anders als die meisten Projekte zur Herstellung von Biokraftstoffen, die auf afrikanischen Palmen, Soja oder Sonnenblumen beruhen, hat Las Gaviotas die heimische Purgiernuss ausgewählt. Ein Team von Las Gaviotas durchstreifte das Gebiet nach den Samen und pflanzte die ersten Pflanzen, die schon nach sechs Monaten Früchte trugen. Das ist, als ob ein Traum wahr würde! Doch auch Experimente mit Terpentin als „Abfallprodukt" der aus dem Harz der Bäume gewonnenen Farben zeigen sehr vielversprechende Ergebnisse. Das Erweiterungsprogramm, das vorsieht, die Aufforstungsfläche von 12.000 Hektar auf 100.000 Hektar zu vergrößern, konnte die Investitionskosten in einer Nacht senken, und zwar dank des Stopps der Verwendung von Palmöl zur Biokraftstoffherstellung. Der Break-Even-Point, der ein nachhaltiges Wachstum garantiert, wurde ein Jahr früher als geplant erreicht. Die von Präsident Álvaro Uribe getragene Strategie, aus ganz Vichada (63.000 km^2) eine Wirtschaftsförderzone zu machen, ist nun absolut denkbar.

Und das ist noch nicht alles. Wer das Flugzeug in der großen Wandmalerei von Las Gaviotas sah, kann die Luftschiffe jetzt mit eigenen Augen sehen. Die erste Herausforderung besteht darin, jenseits dessen zu gehen, was für möglich gehalten wird. Die zweite, dieses zu veranschaulichen und die dritte, eine nachhaltige Ressource daraus zu machen.

Ein kurzer Einblick in das Leben von ZERI zeigt, wie mit Neuem Wachstum – ohne Verschwendung von Natur- und Humanressourcen – aus einer guten Idee eine grundlegende Neuausrichtung der Wirtschaft wird.

TRÄUME WERDEN WAHR

Als Ende Mai 2007 ein Team von ZERI die chinesische Lössebene besuchte, wurde uns klar, dass das Projekt in Kolumbien, eine Savanne von 63.000 km² in Regenwald umzuwandeln, winzig war, im Vergleich zu dem chinesischen Projekt, bei dem es gilt, 640.000 km² zu sanieren. Die chinesische Regierung sah sich gezwungen, den durch nichtumweltgerechte landwirtschaftliche Praktiken verursachten dramatischen Rückgang der Bodenfruchtbarkeit zu kompensieren und beschloss, dem Trend entgegenzuwirken. Die Weltbank folgte mit einer Investition von 500 Millionen Dollar. Heute kann man feststellen, dass die Welt bereit ist, Risiken einzugehen, Ergebnisse zu verbessern, bei einer nachhaltigen Entwicklung auf die Wissenschaft zu setzen und sich zu vergewissern, dass die Gewinne das Unerreichbare erreichen. Obwohl wir nicht auf alles eine Antwort wissen, glauben wir doch, dass wir mit einer positiven Grundeinstellung, die in einem guten Verständnis der machbaren Innovationen mittels einer soliden wissenschaftlichen Argumentation verwurzelt ist, letztendlich den Unterschied bewirken können.

Dieser Unterschied ist größer, als wir ihn uns vorstellen können und genau das ermutigt uns, über das hinauszugehen, was wir bereits für den Himmel halten. Der Himmel kennt keine Grenzen.

GLOSSAR

Autopoiesis bzw. Autopoiese
Prozess der Selbsterschaffung und -erhaltung eines Systems. Es ist das charakteristische Organisationsmerkmal von Lebewesen bzw. lebenden Systemen, die selbstorganisierend, selbsterzeugend, selbsterhaltend und selbstreferentiell funktionieren. Der Begriff wurde 1972 von den chilenischen Neurowissenschaftlern und Philosophen Humberto R. Maturana und Francisco J. Varela geprägt.

Bottom-up
Wörtlich: von unten nach oben. Von der Basis ausgehende Wirkungsrichtung einer Bewegung (Graswurzelevolution). Auch „umgekehrte Pyramide" genannt, im Gegensatz zum traditionellen hierarchischen „Top-down"-System, bei dem Entscheidungen von oben getroffen werden und die Mitarbeiter nur die Rolle der Ausführenden übernehmen.

Clustering von Industrien
Eine Methodologie, die die Clusterbildung von Industrien ermöglicht, zwischen denen man bisher keinen Zusammenhang gesehen hat. Durch Nachahmung der Natur kann die Industrie dasselbe Niveau an Rohstoffproduktivität erreichen.

Community Development
Entwicklung und Unterstützung eigenständiger lokalökonomischer Lösungen, insbesondere in sozial und ökonomisch benachteiligten städtischen und ländlichen Gebieten. In Deutschland wird dafür der Begriff „Strukturentwicklung" verwendet.

Core business
Die Strategie des Kerngeschäfts, bei dem sich ein Unternehmen ausschließlich auf eine bestimmte Aktivität spezialisiert und alles andere ausblendet.

Downsizing
Maßnahmen zur Kostensenkung durch Gesundschrumpfung bzw. Effizienzsteigerung; häufig geschieht dies durch Entlassungen bei gleichzeitiger Beibehaltung des Outputs. Dadurch wird die Produktivität pro Mitarbeiter gesteigert.

(Erste) Grüne Revolution
Eine Initiative basierend auf dem Bestreben der Weltbank seit 1960 in Indien sowie in unterentwickelten Ländern Asiens, Afrikas und Lateinamerikas durch moderne Agrartechnik die Armut zu bekämpfen und die Ernährungssicherheit einer stark wachsenden Bevölkerung sicherzustellen. Die angewandten Methoden erwiesen sich oft als zu teuer und zu aufwändig für Kleinbauern und ließen sie in kürzester Zeit in die Abhängigkeit von multinationalen Chemie- und Agrarkonzernen geraten.

Forest Stewardship Council
Internationale gemeinnützige Organisation, die ein System zur Zertifizierung nachhaltiger Forstwirtschaft geschaffen hat, weiterhin betreibt und weiterentwickelt. „FSC" wird auch synonym für das Zertifizierungssystem oder das Gütesiegel verwendet, mit dem Holz-Produkte als Erzeugnisse von nach FSC-Kriterien zertifizierten Forstbetrieben gekennzeichnet werden.

GVO oder GMO
Abkürzung für gentechnisch veränderten/modifizierten Organismus. Bezeichnet das Ergebnis eines biotechnologischen Eingriffs, bei dem insbesondere zwischen verschiedenen Arten Gene übertragen werden, um Tieren oder Pflanzen Eigenschaften zu vermitteln, die mit traditioneller Züchtung nicht zu erreichen sind, jedoch aus wirtschaftlicher und/oder gesellschaftspolitischer Sicht sinnvoll erscheinen (z.B. Krankheitsresistenz, Steigerung von Fruchtbarkeit und Ertrag der Pflanzen und deren Inhaltsstoffe; Gewinnung von Medikamenten, Impfstoffen und Umweltschutz-Produkten).

Immunity Management
Das Managementsystem für die Zukunft basiert auf einer höchst dezentralen Struktur mit einer gut im Netzwerk verteilten Intelligenz.

IPCC (Intergovernmental Panel on Climate Change)
Das IPCC ist ein Zwischenstaatlicher Ausschuss für Klimaänderung, der 1988 von der Welt-Meteorologie-Organisation (WMO) und dem Umwelt-Programm der Vereinten Nationen (UNEP) gegründet wurde. Er bewertet sämtliche verfügbaren wissenschaftlichen und sozioökonomischen Informationen zur Klimaänderung, Möglichkeiten zur Vermeidung der selben bzw. zur Anpassung daran.

Just-in-time-Produktion
Eine Produktions- und Vertriebsart, die nur kurzfristige Lagerhaltung und damit einhergehende Kapitalbindung ermöglicht.

Maximale Produktivität
Produktivität kann nicht nur auf Arbeitskräfte und Kapital beschränkt werden – sie muss auch Rohstoffe – den dritten Haupt-Inputfaktor in der Wirtschaft – umfassen. Bei weniger als 10 Prozent im Produktionsprozess verarbeiteten Rohstoffen gibt es erheblichen Verbesserungsspielraum.

Output-Input-Tabellen
Schon früh haben Wirtschaftsexperten Input-Output-Tabellen entworfen. Der ZERI-Ansatz führte zur Aufstellung von Output-Input-Tabellen, die die Bildung von neuartigen Industrieclustern ermöglichen, in denen auch die im jeweiligen Produktionsprozess nicht benötigten Stoffe wiederverwendet werden.

Outsourcing
Die Entscheidung eines Unternehmens, Bereiche der Produktion oder Dienstleistung, die nicht zum Kerngeschäft gehören, anderen Unternehmen zu überlassen. Das Ziel ist Kostensenkung.

Supply Chain Management
Optimierung der Logistikkette im Unternehmen durch Vernetzung der einzelnen Wirtschaftakteure und einer genau auf die Bedürfnisse der Produktion abgestimmten Zulieferung.

UpSizing
Aufbau von wirtschaftlichen Aktivitäten durch Industriecluster, die den Abfall des einen als Wertschöpfungs-Input für den anderen nutzen.

ZERI Due Diligence
Unternehmen stellen Rentabilitätsuntersuchungen an, bevor sie eine Investition tätigen. Die Due Diligence-Prüfung von ZERI für Rohstoffe erfasst, was an Wertschöpfung verloren geht, indem man sich ausschließlich auf einen Bestandteil der Inputfaktoren konzentriert – so dass auf diese Weise versteckte Werte gefunden und kommerziell genutzt werden können.

Zero-Emissions

Wiederverwendung aller Komponenten als Wertschöpfung, so dass kein Abfall übrig bleibt. Das Konzept wird immer häufiger als Fortsetzung von Managementkonzepten wie »Null-Fehler« (TQM, Umfassendes Qualitätsmanagement), »Null-Inventur« (just-in-time), »Null-Abwanderung« (völlige Kundenloyalität) und »Null Konflikte« (Entscheidung per Konsens) verwendet.

Zweite Grüne Revolution: The Blue Economy

Als zweite Grüne Revolution wird heute oft die grüne Gentechnik angesehen. Gunter Pauli entwickelte jedoch bereits 1998 in seinem Buch „UpCycling" die Vision einer zweiten Grünen Revolution auf der Basis dessen, was gemeinhin als Abfall bezeichnet wird, sowie einer Korrektur ineffizienter Produktionsweisen und der Schaffung größerer Vielfalt. ZERI hat nachgewiesen, dass die Menschheit nicht erwarten kann, dass die Erde mehr hervorbringt. Die Menschheit muss mehr aus dem machen, was die Erde produziert. Dieses Konzept wird von hundert prominenten Wissenschaftlern auf der Welt unterstützt.

ABBILDUNGEN

Abbildung 1: Konventionellel lineares Modell versus Zero-Emission-Modell 106
Abbildung 2: Cluster von Industriezweigen um den Bambus herum 147
Abbildung 3: Die Methode des UpSizings 152
Abbildung 4: Vichada, Kolumbien 190
Abbildung 5: Suva, Fidschi 202
Abbildung 6: Das integrierte Biosystem in Montfort Boys' Town 209
Abbildung 7: Tsumeb, Namibia 210
Abbildung 8: Der Malawi- und der Karibasee 213
Abbildung 9: Das integrierte Biosystem für die Wasserhyazinthe 218
Abbildung 10: Gotland, Schweden 221

TABELLEN

Tabelle 1: Westliches und pazifisches Paradigma 49
Tabelle 2: Vergleich zwischen der ersten und der zweiten grünen Revolution 90
Tabelle 3: Die traditionelle Plantage versus Management des 21. Jahrhunderts 91
Tabelle 4: Umweltmanagernent von Plantagen: eine kleine Chronologie 94
Tabelle 5: Management der Nullen 96
Tabelle 6: Die derzeit beste Verwendung von Abfall und potenzielle neue Verwendung 98
Tabelle 7: Sauberere Produktion versus Zero Emissions 140
Tabelle 8: Vergleich von sauberer Produktion mit Zero Emission am Beispiel von Zellstoffabriken in China 144
Tabelle 9: Sektoren, die die ZERI-Methodologie seit 1994 angewendet haben 154
Tabelle 10: Einfache Input-Output-Tabelle 155
Tabelle 11: Input-Output-Tabelle für saubere Produktion 156
Tabelle 12: Output-Input-Tabelle mit dem Ziel Zero-Emissions 158
Tabelle 13: Strategie zur Bekämpfung der Armut 192
Tabelle14: Das Potenzial von Las Gaviotas' Wiederaufforstung 201
Tabelle 15: Anwendung der generativen Wissenschaft auf den Einkommensstrom von ungelernten Arbeitern am Beispiel der Wasserhyazinthe 220

LITERATUR

Brown, Lester R.: Who Will Feed China? Wake-up Call for a Small Planet, W. W. Norton, New York 1995.

Brown, Lester R., et alii: Vital Signs 1998: The Environmental Trends that are Shaping Our Future, W. W. Norton, New York 1998.

Brown, Lester R., und Linda Starke: Tough Choices: Facing the Challenge of Food Scarity, The Worldwatch Environmental Alert Series, W. W. Norton, New York 1996.

Capra, Fritjiof: Das Tao der Physik, 0. W. Barth, München 1984.

–: Lebensnetz. Ein neues Verständnis der lebendigen Welt, Droemer, München 1999.

–: Wendezeit. Bausteine für ein neues Weltbild, Scherz, Bern, München, Wien 1982.

– : Verborgene Zusammenhänge. Vernetzt denken und Handeln – in Wirtschaft, Politik, Wissenschaft und Gesellschaft; Scherz Verlag, Bern, München, Wien, 2002.

Darwin, Charles: Die Bildung der Ackererde durch die Tätigkeit der Würmer, März, Berlin 1983 (1881).

Eichelbeck, Reinhard: Das Darwin-Komplott. Aufstieg und Fall eines pseudowissenschaftlichen Weltbildes, Riemann, München 1999.

García Márquez, Gabriel, und Plinio Apuleyo Mendoza: Fragrance of Guava, Faber & Faber, London 1998.

Gates, Bill: Der Weg nach vorn, Heyne, München 1997.

Gee, S. L.: »Principle Species of Mushrooms Exported in 1996«, in National Edible Fungi Information Bulletin, Peking 1997.

Gravitis, J.: »Clustering of New Industries around Tropical Biomass: Bamboo, Palm Oil and Pineapple Based on a Comparative Scientific Analysis«, in Keto Mshigeni (Hg.): Proceedings of the 3Rd World Congress on Zero Emissions, Jakarta, Indonesia, 31 July–2 August 1997, ZERI Foundation, Genf 1998.

Hartkemeyer, Johannes und Martina; Dhority, L Freeman: Miteinan-der denken – das Geheimnis des Diualogs, Klett-Cotta, Stuttgart 2. Auflage 1999.

Jakarta Post, 15. August 1996.

Jantsch, Erich: Die Selbstorganisation des Universums. Vom Urknall bis zum menschlichen Geist, Hanser, München 1992.

Japan Architectural Digest, November 1995.

Japanisches Umweltamt: White Book on the Environment, Regierungsverlag, Tokio 1998.

Margulis, Lynn, und Schwartz, Karlene V.: Die fünf Reiche der Organismen. Spektrum der Wissenschaft, Heidelberg 1989.

Meyers, Ina: »Integrated Earthworm Farming«, in Keto Mshigeni u.a. (Hg.): New Hope for Sustainable Development in Africa: Zero Emissions and the Total Productivity of Raw Materials, University of Namibia, Windhoek, United Nations University, Tokio 1997.

Miles. G. P., und S. T. Chang: Mushroom Biology. Concise Basics and Current Development, World Scientific Publishing, Singapur 1997. Mitsuhashi, T.: Zero Emission and the Japanese Economy, Iwanemi Shaten, Tokio 1997.

Mshigeni, Keto: »An Overview of the ZERI Africa Programme«, in Mshigeni u. a. (Hg.): New Hope for Sustainable Development in Africa: Zero Emissions and the Total Productivity of Raw Materials, University of Namibia, Windhoek, United Nations University, Tokio 1997.

Naisbitt, John: Megatrends Asien. Acht Megatrends, die unsere Welt verändern, Signum, Wien 1995.

Negroponte, Nicholas: Total digital, Goldmann, München 1997.

Nkuba, Francis: »The Sisal Industry in Tanzania«, in Keto Mshigeni und Gunter Pauli: Proceedings of the 2nd Annual UNU World Congress on Zero Emissions, Chattanooga, TN, 29-31 May 1996, United Nations University, Tokio 1997.

Pai, S. H., S. C. Jong und D. W. Lo: »Uses of Mushrooms«, in Bioindustry 1(1990).

Panigoro, Arifin: »City Development: The Case of Textile Industries in Bandung«, in Mshigeni (Hg.): Proceedings of the 3Rd World Congress on Zero Emissions, Jakarta, Indonesia, 31 July–2 August 1997, ZERI Foundation, Genf 1998.

Papert, Seymour: Revolution des Lernens. Kinder, Computer, Schule in einer digitalen Welt, Heise, Hannover 1994.

Prigogine, Ilya: Die Gesetze des Chaos, Insel, Frankfurt 1998.

Proceedings of the 1st Training Workshop in Zero Emissions in the South Pacific, Suva, Fidji, 5–9 May 1997, ZERI Foundation, UNDP, Genf 1998.

Report on the Unemployment Issue in Europe, Bruno Kreisky Commission, Wien 1995.

Robins, N., und S. Roberts: »Reaping the Benefits: Trade Opportunities for Developing Country Producers from Sustainable Production and Consumption«, in Greener Management International 19 (Herbst 1997).

Schmidt-Bleek, Friedrich: Wieviel Umwelt braucht der Mensch? Faktor 10 - das Maß für ökologisches Wirtschaften; dtv; 1997

Senge, Peter M.: Die fünfte Disziplin. Kunst und Praxis der lernenden Organisation. Klett-Cotta, Stuttgart 1996.

Senge, Peter M., et. al.: Das Fieldbook zur fünften Disziplin. Klett-Cotta, Stuttgart 1997.

Smith, Adam: Der Wohlstand der Nationen. Eine Untersuchung seiner Natur und seiner Ursachen, dtv, München 1996 (1776).

Vester, Frederic: Die Kunst, vernetzt zu denken: Ideen und Werkzeuge für einen neuen Umgang mit Komplexität. Ein Bericht an den Club of Rome; dtv, 2002

Volkholz, Volker: Wertschöpfung, Gesundheit und Lernen – Berichte von Erwerbstätigen, HBS-Arbeitspapier 159 der Hans-Böckler-Stiftung, Mai 2008.

von Weizsäcker, Ernst-Ulrich, und Lovins, Amory B., und Lovins, L. Hunter: Faktor 4; Wissenschaftliche Buchgesellschaft Darmstadt; 1997

Wenhua, Dr. Li: »Feasibility Study on the Application of the Integrated Biosystem Concept of Zero Emissions to the Beer Brewing Industry«, unveröffentlichter Bericht der chinesischen Academy of Engineering Sciences, Peking, für die United Nations University, August 1995.

ZERI FABLES

GUNTER PAULI

ZERI FABLES
"Mögen die Träume nie enden"

Pilze lieben Kaffee

Educational Initiative ZeRi

Gunter Pauli hat **36 Märchen** verfasst, um Kinder spielerisch an ZERI Themen und eine nachhaltige Lebenshaltung heranzuführen. Liebevoll illustriert und mit pädagogischen Anregungen versehen.

Auf Deutsch erhältlich ab Oktober 2010, bestellbar unter www.blueeconomy.de.

Zen and the Art of Blue

Das neue Buch von Gunter Pauli beschreibt ausführlich, wie jeder einzelne in seinem Alltag die ZERI Prinzipien für sich persönlich umsetzen kann - ganz pragmatisch und positiv. Das Buch führt den Leser an eine selbständige Sichtweise heran, ohne Vorschriften zu machen. Im Vordergrund steht das Verständnis für die Zusammenhänge zwischen Natur, Wirtschaft und dem Individuum.

Englische Erstausgabe Sept. 2010 (ISBN: 978-3-942276-01-6)
Deutsche Ausgabe erscheint Ende 2010 (ISBN: 978-3-942276-02-3)